Treisch

Die private Rentenversicherung im Einkommensteuerrecht

GABLER EDITION WISSENSCHAFT

Corinna Treisch

Die private Rentenversicherung im Einkommensteuerrecht

Historische Entwicklung – Systematische Einordnung – Neuregelung

Mit einem Geleitwort
von Prof. Dr. Jochen Sigloch

Springer Fachmedien Wiesbaden GmbH

Die Deutsche Bibliothek – CIP-Einheitsaufnahme

Treisch, Corinna:
Die private Rentenversicherung im Einkommensteuerrecht :
historische Entwicklung – systematische Einordnung – Neuregelung
/ Corinna Treisch. Mit einem Geleitw. von Jochen Sigloch. -
Wiesbaden : Dt. Univ.-Verl. ; Wiesbaden : Gabler, 1995
  (Gabler Edition Wissenschaft)
  ISBN 978-3-8244-6133-2

ISBN 978-3-8244-6133-2   ISBN 978-3-663-08405-1 (eBook)
DOI 10.1007/978-3-663-08405-1

Der Deutsche Universitäts-Verlag und der Gabler Verlag sind Unternehmen der
Bertelsmann Fachinformation.

Gabler Verlag, Deutscher Universitäts-Verlag, Wiesbaden
© Springer Fachmedien Wiesbaden, 1995
Ursprünglich erschienen bei Betriebswirtschaftlicher Verlag Dr. Th. Gabler GmbH, Wiesbaden 1995
Lektorat: Claudia Splittgerber

ISBN 978-3-8244-6133-2

Geleitwort

Eigenfürsorge für die Zeit nach der Erwerbstätigkeit gewinnt an Bedeutung. Zum einen wird in Frage gestellt, ob die gesetzlichen Sicherungssysteme das heute gewährte Niveau halten können, zum anderen wird für die Bezieher von Einkommen jenseits der Bemessungsgrenze die Gefahr einer "Versorgungslücke" beschworen und schließlich besteht vor allem für nicht zwangsversicherte Personen die Notwendigkeit, selbst für den Aufbau einer Altersversorgung Sorge zu tragen.

Diese Problematik wird durch die Besteuerung zusätzlich verschärft: Vielfältig komplex und widersprüchlich ist die Besteuerung der verschiedenen Formen der Altersversorgung, für die nach dem Willen des Bundesverfassungsgerichts eine einheitliche Neuregelung gefunden werden muß.

Als Vorstufe und zugleich Grundlage für die Erarbeitung eines eigenen Vorschlags zur Neuregelung der Rentenbesteuerung unternimmt es Frau Treisch, die wechselvolle Geschichte der Besteuerung der privaten Altersversorgung nachzuzeichnen, die geltende Regelung umfassend zu würdigen und einen eigenen Reformvorschlag zu entwickeln. Wegen der praktisch unlösbaren Schwierigkeiten, alle Reinvermögenszugänge zum Realisationszeitpunkt vollständig zu erfassen, spricht sie sich als second-best-Lösung für eine Cash-Flow-Besteuerung der Altersbezüge aus: In ihrem Modell mindern die Ansparleistungen in der Erwerbsphase das steuerliche Einkommen, in der Rentenphase findet eine volle Besteuerung der Rentenbezüge statt.

Die vorliegende Arbeit von Frau Treisch scheint in mehrfacher Weise höchst beachtenswert: Die überaus lesenswerte historische Analyse erweist sich auch für den Kenner als wahre Fundgrube für historische Details und sollte dazu beitragen, bei der anstehenden Neuregelung alte Fehler nicht zu wiederholen. Ihr konkreter Regelungsvorschlag vermag theoretisch wie praktisch zu überzeugen, ihm ist eine vorurteilsfreie Diskussion zu wünschen.

Prof. Dr. J. Sigloch

Vorwort

Die vorliegende Arbeit entstand im Sommersemester 1993 als Diplomarbeit am Lehrstuhl für Betriebswirtschaftliche Steuerlehre und Wirtschaftsprüfung der Universität Bayreuth. Herrn Prof. Dr. Jochen Sigloch möchte ich für das mir entgegengebrachte Vertrauen und für seine großzügige persönliche Unterstützung meinen herzlichen Dank aussprechen. Herrn Dipl.-Kfm. Alfred Krätzschmar danke ich für die Zeit, die er der Betreuung meiner Diplomarbeit gewidmet hat.

Für die Ehre, die mir durch die Auszeichnung meiner Diplomarbeit mit einem Preis der Stadt Bayreuth zuteil wurde, möchte ich mich bei der Stadt Bayreuth und der Universität Bayreuth herzlich bedanken. Es hat mich besonders gefreut, daß die Verleihung im Rahmen des Festaktes zum 19. Jahrestag der Universität Bayreuth stattfand, da ich mich mit meinen ehemaligen akademischen Lehrern und Kollegen sowie der Universität Bayreuth sehr verbunden fühle.

C. Treisch

Inhaltsverzeichnis

Abkürzungsverzeichnis

BayEStG	Bayerisches EStG
BB	Betriebsberater
BdF	Bundesminister der Finanzen
BFABl.	Amtsblatt des Bayerischen Staatsministeriums der Finanzen
BFH	Bundesfinanzhof
BFHE	Sammlung der Entscheidungen und Gutachten des Bundesfinanzhofs
BFH GrS	Großer Senat des Bundesfinanzhof
BGBl.	Bundesgesetzblatt
BMF	Bundesminister der Finanzen
BR-Drucks.	Bundesrat-Drucksache
BStBl.	Bundessteuerblatt
BT-Drucks.	Bundestag-Drucksache
Buchst.	Buchstabe
BVerfG	Bundesverfassungsgericht
BVerfGE	Entscheidungen des Bundesverfassungsgerichts
DB	Der Betrieb
Diss.	Dissertation
DNV-Drucks.	Drucksache der Verfassunggebenden Deutschen Nationalversammlung
Doppelbuchst.	Doppelbuchstabe
DRV	Deutsche Rentenversicherung
DStR	Deutsches Steuerrecht
DStZ	Deutsche Steuerzeitung
ESt	Einkommensteuer
EStÄndG	Einkommensteueränderungsgesetz
EStDB	Durchführungsbestimmungen zum Einkommensteuergesetz
EStDV	Einkommensteuer-Durchführungsverordnung
EStG	Einkommensteuergesetz
EStR	Einkommensteuer-Richtlinien
EStRG	Einkommensteuerreformgesetz
FinArch.	Finanzarchiv
FR	Finanz-Rundschau
GG	Grundgesetz
GS	Gesetz-Sammlung für die Königlichen Preußischen Staaten
HdA	Preußisches Haus der Abgeordneten
HGB	Handelsgesetzbuch
HH	Preußisches Herrenhaus
h.M.	herrschende(r) Meinung
HS	Halbsatz
HStruktG	Haushaltsstrukturgesetz
i.d.F.	in der Fassung

i.d.R.	in der Regel
i.S.	im Sinne
i.S.d.	im Sinne der/des
i.S.v.	im Sinne von
i.V.m.	in Verbindung mit
JZ	Juristenzeitung
KEStG	Kapitalertragsteuergesetz
KritV	Kritische Vierteljahresschrift für Gesetzgebung und Rechtswissenschaft
KSt	Körperschaftsteuer
KStÄndG	Körperschaftsteueränderungsgesetz
KStRG	Körperschaftsteuerreformgesetz
KultStiftFG	Kultur- und Stiftungsförderungsgesetz
KVÄG	Krankenversicherungsänderungsgesetz
LStDV	Lohnsteuer-Durchführungsverordnung
N.F.	Neue Folge
No.	number
NZ	Neumanns Zeitschrift für Versicherungswesen
o.V.	ohne Verfasser
PreußEStG	Preußisches Einkommensteuergesetz
RGBl.	Reichsgesetzblatt
RdF	Reichsminister der Finanzen
Rdnr.	Randnummer
RFH	Reichsfinanzhof
RFHE	Sammlung der Entscheidungen und Gutachten des Reichsfinanzhofs
RRG	Rentenreformgesetz
RStBl.	Reichssteuerblatt
RT-Drucks.	Reichstag-Drucksache
s.a.	siehe auch
StÄndG	Steueränderungsgesetz
StEntlG	Steuerentlastungsgesetz
StbJb.	Steuerberater-Jahrbuch
StRG	Steuerreformgesetz
StSenkG	Steuersenkungsgesetz
StuW	Steuer und Wirtschaft
StW	Die Steuerwarte
StuZBl.	Steuer und Zollblatt
StVj	Steuerliche Vierteljahresschrift
SubvAbG	Subventionsabbaugesetz
Tz.	Textziffer
Vol.	Volume
VW	Versicherungswirtschaft

WiGBl.	Gesetz und Verordnungsblatt des Wirtschaftsrates des Vereinigten Wirtschaftsgebietes bzw. Gesetzblatt der Verwaltung des Vereinigten Wirtschaftsgebietes
WoBauFG	Wohnungsbauförderungsgesetz
WPg	Die Wirtschaftsprüfung
ZfB	Zeitschrift für Betriebswirtschaft
zfbf	Schmalenbachs Zeitschrift für betriebswirtschaftliche Forschung
ZfhF	Zeitschrift für handelswissenschaftliche Forschung
ZfV	Zeitschrift für Versicherungswesen
ZPO	Zivilprozeßordnung
ZVersWiss	Zeitschrift für die gesamte Versicherungswissenschaft

Abbildungsverzeichnis

A. Einleitung

Immer weitere Bevölkerungskreise werden für die Bedeutung der privaten Altersvorsorge sensibilisiert. Hierzu tragen die Diskussionen über Finanzierungsprobleme
der gesetzlichen Rentenversicherung und über entsprechende Reformvorhaben bei. Die
Bemühungen der Banken und Versicherungen, die gezielt mit dem Hinweis auf die
Versorgungslücke[1] (Differenz zwischen der Rente aus der gesetzlichen Rentenversicherung einschließlich einer evtl. betrieblichen Altersrente und dem letzten Einkommen vor Eintritt in den Ruhestand) für den Abschluß privater Vorsorgeverträge wer-
ben, verstärken diesen Effekt. Die erkannte Bedeutung der Eigenvorsorge schlägt sich
in den Erfolgen der Lebensversicherungen nieder, die in den letzten Jahren steigende
Marktanteile für sich und zu Lasten der Banken gewinnen konnten sowie in den zahlreichen Kooperationen zwischen Kreditinstituten und Versicherungen bzw. Neugrün-
dungen von Lebensversicherungen.

1. Problemstellung und logischer Aufbau der Arbeit

Der Gesetzgeber ist (spätestens) seit dem Beschluß des Bundesverfassungsgerichts
vom 26.03.1980 aufgefordert, die Ungleichbehandlung der Einkommensbesteuerung
der Beamtenpensionen und der Renten aus der gesetzlichen Rentenversicherung zu
überdenken und eine Neuregelung herbeizuführen[2]. Im Einkommensteuerrecht werden
die privaten und gesetzlichen Renten gleichbehandelt, so daß eine Neuregelung der
Besteuerung der privaten Rentenversicherung ebenfalls ansteht. Hinzu kommt, daß das
Bundesverfassungsgericht in einem weiteren Beschluß, in dem es die unvollständige
steuerliche Erfassung der Kapitaleinkünfte als verfassungswidrig kritisierte und dem
Gesetzgeber eine Frist zur Neuregelung setzte, ausdrücklich auf die aufgrund der §§ 20
Abs. 1 Nr. 6, 22 Nr. 1 S. 3 EStG 1990 nicht vollständig erfaßten Zinsen aus Lebensversicherungen hinwies[3]. Die Besteuerung der Alterseinkünfte wird schon seit Jahren
in der Politik und in der Literatur sehr kontrovers diskutiert. Bisher hat der Gesetzgeber jedoch keine grundlegende Neuregelung getroffen[4].

Ziel dieser Arbeit ist die Untersuchung der einkommensteuerlichen Behandlung
einer Leibrentenversicherung, die aufgrund eines privatrechtlichen Vertrages abgeschlossen wurde. Auf die gesonderte Problematik der gesetzlichen Rentenversicherung
wird nicht eingegangen. Die Gesetzesvorschriften sind sehr komplex gestaltet. Es gilt
daher zu überprüfen, welche Systematik diesem Regelungskomplex zugrundeliegt und
inwieweit diese Regelungen den grundlegenden Prinzipien der Einkommensbesteue-

---

[1] Vgl. zum Begriff der Versorgungslücke Farny, D., Lebensversicherung (VW 1975), S. 825.

[2] BVerfG, Beschluß vom 26.03.1980 - 1 BvR 121, 122/76, BVerfGE, Bd. 54, S. 34ff.

[3] Vgl. BVerfG, Beschluß vom 27.06.1991 - 2 BvR 1493/89, BVerfGE, Bd. 84, S. 242f.

[4] Eine Verfassungsbeschwerde aufgrund des Nichttätigwerdens des Gesetzgebers hinsichtlich der
Beseitigung der Ungleichbehandlungen bei den Pensions- und Renteneinkommen wurde negativ be-
schieden, aber die Aufforderung zur Neuregelung beibehalten. Eine Frist wurde nicht gesetzt.
Vgl. BVerfG, Beschluß vom 24.06.1992 - 1 BvR 459, 467/87, BVerfGE, Bd. 86, S. 380.

rung gerecht werden. Die beiden Hauptteile der vorliegenden Arbeit (die Abschnitte B und C) sind daher wie folgt aufgebaut:

Abschnitt B befaßt sich mit den relevanten Vorschriften des Einkommensteuergesetzes. Um die bestehende gesetzliche Regelung, ihre Ursachen und die verfolgten Intentionen verstehen zu können, ist eine Analyse ihrer Entstehungsgeschichte nötig. Zu klären sind die zwei Fragen, wie es zu der heutigen Regelung kam und worin die Ursachen zu sehen sind. Nur eine genaue Kenntnis der Ausgangsbasis ermöglicht die Vermeidung von Wiederholungen[5] und bildet das Fundament für eine Neuregelung. Da sich zudem die Literatur nur in geringem Umfang mit dem historischen Hintergrund der Rentenbesteuerung beschäftigt, bildet dieser Teil den Schwerpunkt der Arbeit.

In Abschnitt C wird eine Definition des Einkommensbegriffs gegeben. In diesem Zusammenhang werden die Grundprinzipien der Einkommensbesteuerung erläutert. Aufbauend auf dem gewählten Einkommensbegriff werden Schlußfolgerungen für die einkommensteuerliche Behandlung der Vorsorgeaufwendungen und der Rentenbezüge gezogen und ein Lösungsvorschlag unterbreitet.

2. Die private Rentenversicherung als Vorsorge für den Ruhestand

Rentenversicherungen dienen der Altersversorgung. Unter Altersversorgung wird die allgemeine Daseinsvorsorge verstanden, die z.B. durch Sparen, durch Erwerb und Bereitstellen von Sachwerten und durch Beiträge zur gesetzlichen Rentenversicherung oder zu Lebensversicherungen, insbesondere Leibrentenversicherungen, erfolgen kann[6].

Die private Rentenversicherung ist eine auf privatrechtlicher Grundlage abgeschlossene Leibrentenversicherung. Sie gehört zu der Gruppe der Lebensversicherungen. Rentenversicherungen, die der eigenen Altersvorsorge dienen, weisen die Besonderheit auf, daß es nur zwei Beteiligte des Vertragsverhältnisses gibt: den Versicherungsnehmer, der den Vertrag abschließt und die Prämien zahlt, und den Versicherer, d.h. das Versicherungsunternehmen. Die Person des Versicherungsnehmers fällt mit der des Versicherten und der des Bezugsberechtigten zusammen. Das Überleben des Versicherten bildet die Voraussetzung für die Leistungspflicht des Versicherers gegenüber dem Bezugsberechtigten, der vom Versicherungsnehmer als Empfänger der Versicherungsleistung bestimmt wurde.

Die Rentenversicherung[7] ist eine Versicherung auf den Erlebensfall, d.h. der Versicherungsnehmer muß einen bestimmten Zeitpunkt erleben, um den Eintritt des Versi-

---

5   Hinsichtlich der Abzugsfähigkeit von Versicherungsprämien warnte Schanz bereits 1896 vor einer rein mechanischen Nachahmung durch die nachfolgenden Gesetzgeber und vor einer Vernachlässigung der innerhalb des ganzen Steuersystems bestehenden Zusammenhänge. Vgl. Schanz, G. v., Lebensversicherungsprämien (FinArch. 1896), S. 223.

6   Vgl. o.V., Altersversorgung, in: Schierenbeck, H. (Hrsg.), Bank- und Versicherungslexikon (1990), S. 17.

7   Vgl. dazu o.V., Lebensversicherung, in: Schierenbeck, H. (Hrsg.), Bank- und Versicherungslexikon (1990), S. 435f.

cherungsfalls zu bewirken. Dieser Zeitpunkt wird i.d.R. so gewählt, daß er mit dem Eintritt des Versicherungsnehmers in den Ruhestand zusammenfällt. Beim Eintritt des Versicherungsfalls entsteht die Verpflichtung des Versicherers zur Erbringung der Versicherungsleistung. Bei der privaten Leibrentenversicherung besteht die Versicherungsleistung aus der Gewährung einer lebenslangen Rente (Leibrente). Auf die Sonderformen der abgekürzten bzw. verlängerten Leibrenten wird nicht eingegangen, da sie nicht ausschließlich dem Zweck der eigenen Altersversorgung dienen.

Wesentliches Merkmal der privaten Rentenversicherung ist, daß der Versicherte über einen gewissen Zeitraum i.d.R. laufende Beiträge leistet und ab einem vereinbarten Zeitpunkt bis zu seinem Lebensende regelmäßig wiederkehrende, in ihrer Höhe gleichbleibende Zahlungen erhält. Die Rentenversicherung erfüllt damit im wesentlichen zwei Zwecke[8]: Zum einen ist die Sparfunktion der Rentenversicherung zu nennen. Durch die Beitragszahlung werden Mittel angesammelt, die zunächst nicht für Konsumzwecke verwendet werden können, um später zur Bestreitung des Lebensunterhalts zur Verfügung zu stehen. Neben der Sparfunktion hat die Sicherungsfunktion der Rentenversicherung ein starkes Gewicht. Da die Lebenserwartung des Versicherten ungewiß ist, dient die Versicherung der Abdeckung des Risikos, daß dem Versicherten keine Mittel mehr zur Verfügung stehen, weil das angesparte Kapital und die darauf angefallenen Zinsen bereits zu Lebzeiten verbraucht sind. Aufgrund dieser beiden Merkmale ist die Rentenversicherung zur Altersvorsorge besonders geeignet. Die Lebensversicherung wird neben der gesetzlichen und betrieblichen Altersversorgung als dritte Säule der Altersvorsorge angesehen[9].

Um die Besteuerung der privaten Rentenversicherung analysieren zu können, ist es erforderlich, den Charakter der Rentenleistungen und seine Bestandteile zu betrachten. Zwischen der laufenden Beitragszahlung (Ansparphase) und den periodischen Rentenleistungen (Absparphase) liegt eine Zeitspanne, in der die Versicherungsbeiträge Kapital darstellen, das der Versicherungsgesellschaft zur Nutzung überlassen wurde und Zinsen trägt[10]. Da das zur Rentenfinanzierung aufgewendete Kapital gemäß dem Rentenversicherungsvertrag und der von den Lebensversicherungen aufgestellten Kalkulationsgrundlage an den Versicherten zurückfließen soll, enthalten die Rentenleistungen einen Zins- und einen Kapitalrückzahlungsanteil. Aufgrund der periodischen Kapitalrückzahlung sinken die Zinserträge auf das restliche Kapital mit zeitlichem Fortschreiten der Rentenleistung bis das restliche Kapital und der Zinsertrag daraus nur noch für eine einzige Rentenleistung ausreichen. Da das Merkmal der Rentenleistung in der Gleichmäßigkeit der Rentenhöhe liegt, muß folglich im Zeitablauf

---

[8]   Vgl. Farny, D., Rentabilität (ZVersWiss, 72. Jg.), S. 364. Zu den Zwecken, die mit dem Abschluß von Lebensversicherungen verfolgt werden vgl. Farny, D., Lebensversicherung (VW 1975), S. 825ff.

[9]   Vgl. Laux, H., Lebensversicherung (BB 1988), Beilage Nr. 7, S. 2. Zur Drei-Säulen-Theorie vgl. auch Paulsdorff, J., Altersversorgung, Schriftenreihe des Deutschen Sozialgerichtsverbandes, Bd. 17 (o.J.), S. 79ff.

[10] Vgl. zur Aufteilung in eine Zins- und Kapitalrückzahlungsquote Bieri, H.P., Rentenbesteuerung (1970), S. 4f.

der Tilgungsanteil steigen und der Zinsanteil sinken. Die folgende Übersicht zeigt das Guthaben des Versicherungsnehmers in der Zeitspanne, in der die Versicherungsgesellschaft über Kapital aus den Beiträgen des Versicherungsnehmers verfügt:

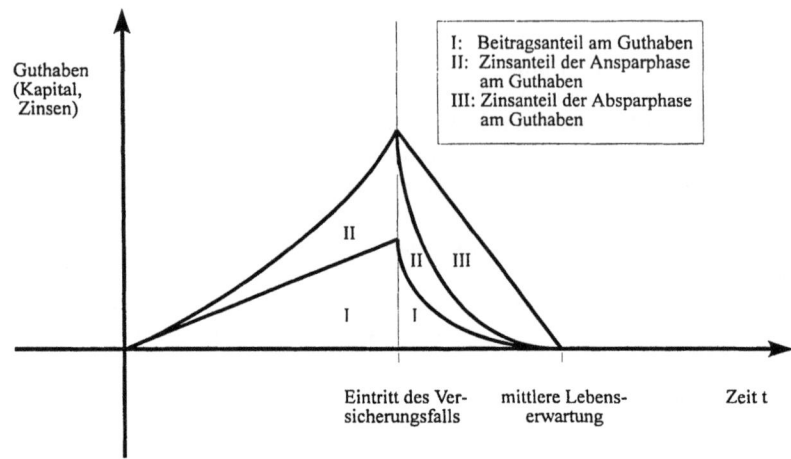

Abb. 1: Verlauf des Guthabens des Versicherungsnehmers bei der privaten Rentenversicherung

Die Rentenhöhe ist so festgelegt, daß bei Erreichen der kalkulierten Lebenserwartung des Versicherten das angesparte Kapital und die Zinsen der An- und Absparphase zurückgezahlt sind. Über alle Versicherten hinweg erfolgt ein Risikoausgleich. Während für die Gemeinschaft der Versicherten als Ganzes ein Ausgleich besteht, entsteht für den individuellen Versicherten ein Versicherungsgewinn (oder Umverteilungsgewinn), wenn die tatsächliche Lebensdauer des Versicherten über der mittleren Lebenserwartung liegt, und ein entsprechender Versicherungsverlust, falls der Versicherte dieses Alter nicht erreicht.

Bei der Darstellung und Analyse der Besteuerung der privaten Rentenversicherung ergeben sich damit folgende vier Aspekte, die zu klären sind:
1) die Behandlung von Vermögensumschichtungen,
2) die Erfassung der Zinsen,
3) die Berücksichtigung des Versicherungsgewinns und
4) die Beachtung des Versicherungsverlustes.

im entwicklungsgeschichtlichen Ablauf

Im folgenden Abschnitt werden die für die private Rentenversicherung relevanten einkommensteuerlichen Vorschriften geschildert. Die Gesetzesregelungen werden in chronologischer Reihenfolge unter Hinzuziehung der amtlichen Gesetzesbegründung erläutert, um die Intention, die mit der Änderung verfolgt wurde, deutlich zu machen und aufzuzeigen, wie es zu der heutigen Regelung kam und welche Überlegungen dabei eine Rolle gespielt haben.

Die Darstellung erfolgt untergliedert nach der Behandlung der Vorsorgeaufwendungen und der Behandlung der Rentenbezüge. Die einzelnen Regelungen werden unter Angabe des jeweiligen Gesetzes, der Änderung des Gesetzesinhaltes sowie weiterer dem Verständnis dienenden Erläuterungen aufgeführt. Soweit die Vorschriften noch heute Gültigkeit haben, sind sie in der Gegenwartsform, ansonsten in der Vergangenheitsform gehalten. Dem Anhang, der dem zeitlichen Aufbau entsprechend folgt, kann die jeweilige wörtliche Änderung des Gesetzestextes entnommen werden (Anhang 1-4). Die nachfolgenden Ausführungen beschränken sich daher auf das Wesentliche.

Unabhängig von einer Beitragsleistung wird Arbeitnehmern von Amts wegen eine Vorsorgepauschale gewährt (Anhang 5). Darüber hinaus gibt es besondere Höchstbeträge, die speziell ältere Personen in Anspruch nehmen können (Anhang 6). Bezüglich der Entstehung und Veränderung dieser Vorschriften sei der interessierte Leser auf eine überblicksmäßige Darstellung im entsprechenden Anhang verwiesen. Weitere Verweise auf den Anhang erfolgen nicht.

1. Die einkommensteuerliche Behandlung der Vorsorgeaufwendungen

a) Das Preußische EStG 1891/1906

Das deutsche Einkommensteuerrecht ist erheblich von dem am 24.06.1891 eingeführten PreußEStG 1891[11] geprägt worden[12]. Die heute bestehende einkommensteuerliche Behandlung der privaten Rentenversicherung läßt sich in vielen Gesichtspunkten auf dieses erste preußische Einkommensteuergesetz zurückführen, so daß die Darstellungen mit diesem Gesetz beginnen.

In § 9 Abs. 1 PreußEStG 1891 wurden alle Ausgaben zusammengefaßt, die zur Ermittlung des steuerpflichtigen Einkommens von den gesamten Jahreseinkünften in Abzug zu bringen waren. Abzuziehen waren "die zur Erwerbung, Sicherung und Erhaltung des Einkommens verwendeten Ausgaben" (§ 9 Abs. 1 Nr. 1 PreußEStG 1891) und

---

[11] In: Grotefend, G.A. (Hrsg.), Gesetzgebungsmaterial (1891), S. 187. Die Einführung der Einkommensteuer in Preußen ist unter der Bezeichnung Miquelsche Reform bekannt, obwohl Miquel den Einkommensteuergesetzentwurf so gut wie fertig vorfand. Vgl. Strutz, G., EStG 1925 (1927/29/39), Einleitung, S. 70f.

[12] Vgl. Söhn, H., Sonderausgaben (StuW 1985), S. 396.

die in § 9 Abs. 1 Nr. 2-7 PreußEStG 1891 aufgezählten persönlichen Aufwendungen, für die noch heute das Enumerationsprinzip gilt. Eine eindeutige Trennung zwischen Werbungskosten[13] und persönlichen Aufwendungen bestand nicht. Zu den persönlichen Aufwendungen zählten u.a. Beiträge zu Versicherungen auf den Erlebens- oder Todesfall des Steuerpflichtigen, die innerhalb eines Höchstbetrags von M 600,- pro Kalenderjahr abzugsfähig waren (§ 9 Abs. 1 Nr. 7 PreußEStG 1891). Begünstigt waren sowohl Kapital- als auch Rentenversicherungen[14]. Die Beiträge waren um die auf die Prämie gewährten Rückzahlungen bzw. Dividenden der Versicherungsgesellschaft zu kürzen[15].

Die Abzugsfähigkeit von Versicherungsprämien und die Beschränkung durch einen Höchstbetrag wurden in der Begründung zum Gesetzentwurf nicht erläutert[16], da diese Regelung erst im Laufe der Gesetzesverhandlungen eingebracht wurde[17]. Ausgeführt wurde nur, daß sich aus der Besteuerung nach der Leistungsfähigkeit, die für das Einkommensteuerrecht charakteristisch ist, ergebe, daß nur das reine Einkommen besteuert werden dürfe. Daher seien Schuldzinsen, Renten und auf besonderen Rechtstiteln beruhende Lasten "unbedenklich" abziehbar. Die Beiträge zu Alterskassen seien nur abzugsfähig, soweit ihnen eine allgemeine, die Freiwilligkeit der Beitragszahlung ausschließende Verpflichtung zugrundeliegt. Diese Wertung folgt aus dem auf der Quellentheorie beruhenden Einkommensbegriff. Nach der Quellentheorie ergibt sich das Reineinkommen aus dem Roheinkommen, das um die Beiträge zu mindern ist, die zwecks Erfüllung bestehender, dauernder, höherer rechtlicher Verpflichtungen für an-

---

[13] Den Begriff Werbungskosten gibt es erst seit dem § 8 Abs. 1 PreußEStG 1906. Im PreußEStG 1891/1906, im EStG 1920 und im EStG 1925 gab es noch keine Unterscheidung zwischen Werbungskosten und Betriebsausgaben. Vielmehr wurden letztere unter dem Begriff der Werbungskosten subsumiert. Die amtliche Begründung zum EStG 1925 verwies ausdrücklich darauf, daß die Werbungskosten auch die Betriebsausgaben umfaßten. Vgl. RdF, EStG 1925, RT-Drucks. 3/795, S. 47. Erst in § 2 Abs. 6 Nr. 2 EStG 1934 wurden die Werbungskosten auf die Überschußeinkunftsarten beschränkt. Bemerkenswert ist, daß bis zum EStG 1934 die Ausdehnung des Werbungskostenbegriffs vom finalen Veranlassungsprinzip auch der Erweiterung der Abzugsfähigkeit der Betriebsausgaben diente. Ursprünglich waren beide Begriffe sehr eng gefaßt. Eine Interpretation i.S.d. Veranlassungsprinzips wurde sehr früh gefordert und eine Unterscheidung zwischen Betriebsausgaben und Werbungskosten abgelehnt. Vgl. Becker, E., EStG 1925 (1928/1929/1933), § 16 Anm. 21, 31, 38ff., § 7 Anm. 16b, 21; Glaser, F., EStG 1920 (1922), § 13 Anm. 10; Walther, C., Reichseinkommensteuer (1921), S. 12.

[14] Vgl. Art. 25 Nr. 2 Buchst. a der Ausführungsanweisungen 1891, in: Wilmowski, B. v., PreußEStG 1891 (1896). Dies galt auch in den Folgejahren. Vgl. z.B. Strutz, G., EStG 1920 (1921), § 13 Anm. 102.

[15] Vgl. Maatz u.a., PreußEStG (1915), Sp. 1075. Diese Vorschrift gilt auch in den folgenden Einkommensteuergesetzen. Vgl. z.B. Kuhn, K., EStG 1920 (1922), § 13 Anm. 7; Becker, E., EStG 1925 (1928/1929/1933), § 17 Anm. 8, 13; Knollmann-Gotha, J., Sonderausgaben (1935), S. 6; Abschn. 52 EStR 1941 (RStBl. 1942 S. 97); Schropp, H., Steuerreform-Gesetz (DStZ 1948), S. 75.

[16] Vgl. im folgenden Finanzminister, PreußEStG 1891 (FinArch. 1890), S. 679f.

[17] Vgl. o.V., Zusammenstellung 1891, HdA-Drucks. Session 1890-91/153, S. 4.

dere Zwecke zu verwendenden sind[18]. Nur dieses Reineinkommen bildet die Grundlage und das Maß der Einkommensbesteuerung, weil sich nur hiernach die Leistungsfähigkeit bemißt. Abzugsfähig sind nur die Leistungen, die auf einer rechtlichen Verpflichtung beruhen[19]. Leistungen, die der freien Entscheidung des Steuerpflichtigen entspringen, sind nicht abzugsfähig, auch wenn sie von ihm aus moralischen oder sonstigen Gründen für notwendig erachtet werden.

Die Gesetzesbegründung verwies desweiteren auf die frühere Vorschrift des § 30 Abs. 3 des Gesetzes vom 01.05.1851 bzw. 25.05.1873, die als zu eng angesehen wurde[20]. Nach § 30 Abs. 3 S. 2 des preußischen Gesetzes betreffend die Einführung einer Klassen- und klassifizierten Einkommensteuer vom 1. Mai 1851[21] waren die aufgrund einer gesetzlichen Verpflichtung zu leistenden Pensions- und Witwenkassenbeiträge von den Besoldungen und Pensionen abzugsfähig. Nicht abzugsfähig waren Beiträge, die über das gesetzliche Maß hinaus geleistet wurden sowie Lebensversicherungsprämien[22]. Ursprünglich waren nur Beiträge an einige wenige Kassen begünstigt[23]. Der Kreis der zugelassenen Kassen wurde für Reichsbeamte, dann für die preußischen Beamten und schließlich für die Eisenbahnbeamten auf die verschiedenen staatlichen Versorgungseinrichtungen ausgedehnt. Beiträge an Privatversicherungsgesellschaften waren nicht abzugsfähig.

Diese Vorschrift war als Begünstigung des Beamtentums gedacht und sollte einen Ausgleich für die knapp bemessenen Gehälter darstellen[24]. Zwecks gleichmäßiger Behandlung ähnlicher Fälle erfolgte eine Ausdehnung auf die Arbeiterversicherungen, zu denen Zwangsbeiträge entrichtet werden mußten. Dies führte dazu, daß Beamte Pensionsansprüche erwarben, die ihrem Einkommen nicht hinzugerechnet wurden. Arbeiter, deren Einkommen M 2.000,- nicht überstieg und die deshalb einer allgemeinen Versicherungpflicht unterlagen, hatten diejenigen Beiträge nicht zu versteuern, die ihnen für die Invaliden- und Altersversicherung von ihrem Lohn abgezogen wurden. Benachteiligt wurden Personen, die keine Zwangsausgaben aufgrund bestimmter Gesetze leisten mußten. Hierfür sollte ein Ausgleich geschaffen werden: Es sollte kein formaler Unterschied gemacht werden, ob eine gesetzliche Versicherungspflicht vorlag oder nicht. Gleiche Verhältnisse sollten unterschiedslos behandelt werden. Im Gesetz-

---

18 Hierzu zählen z.B. die Schuldzinsen und die Renten. Die Verpflichtungen können privater oder öffentlich-rechtlicher Natur sein. Vgl. im folgenden Fuisting, B., Grundzüge (1902), S. 134, 194f.

19 Vgl. im folgenden Fuisting, B., Einkommensbesteuerung (1903), S. 45.

20 Vgl. Finanzminister, PreußEStG 1891 (FinArch. 1890), S. 680.

21 GS 1851 S. 193. Das Gesetz wegen Abänderung des Gesetzes vom 1. Mai 1851, betreffend die Einführung einer Klassen- und klassifizierten Einkommensteuer vom 25. Mai 1873 (GS 1873 S. 213), behielt diese Vorschrift unverändert bei.

22 Vgl. § 24 Abs. 3 der Instruktion 1877, in: Meißen, R. (Hrsg.), Klassensteuer (1887).

23 Vgl. im folgenden Meißen, R. (Hrsg.), Klassensteuer (1887), Abschnitt 3, § 24, Anm. 9 a-d.

24 Vgl. hierzu die Ausführungen bei Wagner, A., Staatsbesteuerung in Preußen (FinArch. 1891), S. 710f.; Stenographische Berichte, Haus der Abgeordneten 1891, Bd. 2, S. 848f., Bd. 3, S. 1222, 1281.

gebungsverfahren wurde auf Antrag eine entsprechende Klarstellung in den Gesetzeswortlaut des § 9 Abs. 1 Nr. 6 PreußEStG 1891 eingefügt, nach der auch aufgrund von vertraglichen Verpflichtungen an Alterskassen und sonstige Kassen geleistete Beiträge abzugsfähig waren und nicht nur die aufgrund von Gesetzesvorgaben geleisteten Beiträge, wie es im ursprünglichen Gesetzentwurf vorgesehen war[25].

Die Abzugsfähigkeit von Versicherungsbeiträgen wurde als Konsequenz auf die Einführung dieser Regelung in das Gesetz aufgenommen, um nichtpensionsberechtigte Personen und solche, die nicht unter die Einrichtungen des Witwen- und Pensionswesens für die Staatsbeamten fielen (wie insbesondere die Privatbeamten), nicht zu benachteiligen[26]. Damit sollte dem Umstand Rechnung getragen werden, daß im privaten Sektor die Lebensversicherung den Witwen-, Waisen- und Pensionsversicherungen u.a. aufgrund ihrer Flexibilität vorgezogen wurde und Lebensversicherungen nationalökonomisch von Bedeutung waren. Alle Mittel, die den als förderungswürdig anerkannten Zwecken dienten, sollten gleichbehandelt werden. Zur Rechtfertigung wurde desweiteren angeführt, daß Personen, die vorsorgen, später nicht auf die staatliche Fürsorge angewiesen seien und somit Staatsausgaben vermieden würden. Die Förderung und Begünstigung kleinerer Einkommensschichten wurde begrüßt. Zur Begründung der Abzugsfähigkeit von Versicherungsprämien wurde auf nicht näher erläuterte soziale Gründe verwiesen. Die Lebensversicherung wurde als Möglichkeit angesehen, unfundiertes Einkommen in fundiertes Einkommen umzuwandeln und so "die Unsicherheit des Lebens, die der alleinige Bezug von unfundiertem Einkommen bedingt", abzumildern[27].

Die Argumente, die in der 10. Kommission zur Ablehnung der Abzugsfähigkeit der Versicherungsbeiträge führten, setzten sich nicht durch[28]. In der Kommission wurde z.B. eingewandt, daß andere Formen der Kapitalbildung steuerlich benachteiligt würden[29]. Auf die Notwendigkeit der Gleichstellung der Beiträge zu sonstigen Sparformen mit den Versicherungsprämien und den Pensionskassenbeiträgen wurde schon sehr früh hingewiesen und auf den Verstoß gegen den Gleichheitsgrundsatz aufgrund der Ungleichbehandlung der Steuerpflichtigen, je nachdem welche Vorsorgeart sie bevorzugen, aufmerksam gemacht[30]. Es wurde darauf hingewiesen, daß die Beiträge zu

---

[25] Vgl. Richter, Antrag, HdA-Drucks. Session 1890-91/99; Stenographische Berichte, Haus der Abgeordneten 1891, Bd. 2, S. 848ff.

[26] Vgl. im folgenden Stenographische Berichte, Haus der Abgeordneten 1891, Bd. 2, S. 851f., 855f., Bd. 3, S. 1222, 1279ff.; 10. Kommission, Bericht, HdA-Drucks. Session 1890-91/75, S. 25.

[27] Stenographische Berichte, Haus der Abgeordneten 1891, Bd. 3, S. 1280.

[28] Vgl. 10. Kommission, Bericht, HdA-Drucks. Session 1890-91/75, S. 25.

[29] Vgl. Stenographische Berichte, Haus der Abgeordneten 1891, Bd. 2, S. 852; 10. Kommission, Bericht, HdA-Drucks. Session 1890-91/75, S. 25. Entsprechende Einwände wurden auch während der Gesetzesverhandlungen vorgebracht. Vgl. Stenographische Berichte, Haus der Abgeordneten 1891, Bd. 3, S. 1219f.

[30] Vgl. Stüssi, H., Lebensversicherung (FinArch. 1891), S. 166f., 199f.; Schanz, G. v., Lebensversicherungsprämien (FinArch. 1896), S. 220; Wagner, A., Staatsbesteuerung in Preußen (FinArch. 1891), S. 711.

Kapitalansammlungen nicht vom Einkommen abgezogen, sondern als Einkommen versteuert werden müßten und die Abzugsfähigkeit von Versicherungsbeiträgen abgelehnt werden müsse, weil das Gesetz sonst nicht konsequent gehandhabt werde[31]. Dem wurde ohne nähere Erläuterung entgegengehalten, daß bei Lebensversicherungen der Gedanke der Kapitalansammlung hinter den Versicherungsgedanken zurücktrete[32]. Die Lebensversicherung sei nicht als Ersparnis, sondern als Versicherung gegen die Todesgefahr des Ernährers zu betrachten, die den wirtschaftlichen Bestand der Familie bedrohe[33]. Desweiteren sei die Verbreitung des Sparens in Form der Lebensversicherung erwünscht[34]. Der Einwand, daß Versicherungen häufig gekündigt würden und es zu einer Rückzahlung der Prämien kommen könne[35], wurde mit der Begründung abgewiesen, daß meistens die Versicherung nicht gekündigt, sondern die Versicherungssumme reduziert und die Beitragszahlung eingestellt wird[36]. Zudem könnten Versicherungen im Gegensatz zu Spareinlagen innerhalb der ersten drei Jahre nicht zurückgefordert werden. Auch eine spätere Kündigung sei nur unter Verlust eines Teils der Beiträge möglich.

Eine kombinierte Festsetzung des Höchstbetrags auf M 500,- und 5% des Jahreseinkommens setzte sich nicht durch[37]. Gegen die Begrenzung des Höchstbetrags auf 5% des Jahreseinkommens wurde eingewandt, daß dies insbesondere zum Nachteil für diejenigen kleineren Einkommen führe, bei denen die absolute betragliche Grenze mehr als 5% des Einkommens ausmache[38]. Der ursprünglich vorgesehene Höchstbetrag von M 500,- wurde während der Verhandlungen auf M 600,- heraufgesetzt[39]. Weitere Erhöhungen der Höchstbetragsgrenze setzten sich nicht durch[40]. In der 11. Kommission[41] und im Herrenhaus[42] fanden keine Beratungen über die Abzugsfähigkeit als solche statt.

---

[31] Vgl. Stenographische Berichte, Haus der Abgeordneten 1891, Bd. 3, S. 1280f. Diese Aussage bezog sich auf den quellentheoretischen Einkommensbegriff, nach dem ein Abzug nicht statthaft war.

[32] Vgl. Stenographische Berichte, Haus der Abgeordneten 1891, Bd. 3, S. 1222.

[33] Vgl. 10. Kommission, Bericht, HdA-Drucks. Session 1890-91/75, S. 25.

[34] Vgl. Stenographische Berichte, Haus der Abgeordneten 1891, Bd. 2, S. 852, 855.

[35] Vgl. Wagner, A., Staatsbesteuerung in Preußen (FinArch. 1891), S. 711; Schanz, G. v., Lebensversicherungsprämien (FinArch. 1896), S. 213, 215.

[36] Vgl. im folgenden Stenographische Berichte, Haus der Abgeordneten 1891, Bd. 3, S. 1282.

[37] Vgl. Lückhoff u.a., Antrag, HdA-Drucks. Session 1890-91/101; 10. Kommission, Bericht, HdA-Drucks. Session 1890-91/75, S. 25.

[38] Vgl. Stenographische Berichte, Haus der Abgeordneten 1891, Bd. 2, S. 852.

[39] Vgl. Stenographische Berichte, Haus der Abgeordneten 1891, Bd. 2, S. 852ff.

[40] Vgl. Stenographische Berichte, Haus der Abgeordneten 1891, Bd. 2, S. 856; Bd. 3, S. 1280; Rickert, Antrag, HdA-Drucks. Session 1890-91/113.

[41] Vgl. 11. Kommission, Bericht 1891, HH-Drucks. Session 1890-91/77, S. 8.

[42] Vgl. Stenographische Berichte, Herrenhaus 1891, Bd. 1, S. 148.

Durch das Gesetz betreffend die Änderung des Einkommensteuergesetzes und des Ergänzungssteuergesetzes vom 19.06.1906[43] entstand das **PreußEStG 1906** vom 19.06.1906[44], das erstmals die vom "Rohertrag" der Jahreseinkünfte (§ 6 PreußEStG 1906) abzuziehenden Werbungskosten (§ 8 Abs. 1 PreußEStG 1906) und die von dem so ermittelten "Gesamteinkommen" abzuziehenden persönlichen Aufwendungen[45] (§ 8 Abs. 2 PreußEStG 1906) getrennt regelte. Lebensversicherungsprämien waren nun auch für Versicherungen auf den Erlebens- oder Todesfall von nicht selbständig zu veranlagenden Haushaltsangehörigen, wie die Ehefrau und die Kinder, abzugsfähig. Diese Erweiterung erfolgte aufgrund der Beschlüsse des Abgeordnetenhauses[46]. Diese Regelung war formeller Art, da auch vorher bereits Versicherungen für die Ehefrau und die Kinder als abzugsfähig behandelt worden waren[47]. Für andere Kassenbeiträge wurde ebenfalls eine Höchstgrenze von M 600,- eingeführt.

Der Begriff der Prämie umfaßte nur solche Versicherungsbeiträge, zu deren Zahlung der Steuerpflichtige sich gegenüber dem Versicherer verpflichtet hatte[48]. Wenn der Versicherer unter bestimmten Voraussetzungen verpflichtet war (z.B. wenn der Versicherte eine bestimmte Altersgrenze erreicht), die Beiträge ohne Zinsen bei Erlöschen der Versicherung an den Versicherten oder einen Erben zurückzuzahlen, lag ein nicht begünstigter Kapitalansammlungsvertrag vor und die Prämien waren nicht abzugsfähig. In diesem Fall handelte es sich um eine zeitlich begrenzte Versicherung einer bestimmten Gefahr gegen die Nutzungsüberlassung eines in Raten gezahlten Kapitals[49]. Diese Beiträge waren keine Prämien, sondern Kapitalansammlungen. Sie

---

[43] In: Cretschmar, C./Grotefend, G.A. (Hrsg.), Gesetzgebungsmaterial (1906), S. 975.

[44] In: Cretschmar, C./Grotefend, G.A. (Hrsg.), Gesetzgebungsmaterial (1906), S. 983. Beide Gesetze verwendeten unterschiedliche Paragraphenbezeichnungen. Innerhalb dieser Abhandlung werden die des PreußEStG 1906 verwendet.

[45] Das BayEStG vom 14.08.1910 bezeichnete die abzugsfähigen Ausgaben als abziehbare Verbrauchsausgaben (Art. 11 Abs. 1 i.V.m. Art. 12 Abs. 2 Nr. 2, 3 BayEStG 1910), da sie wie andere persönliche Verbrauchsausgaben, z.B. Ausgaben für den Lebensunterhalt, Einkommensverwendung darstellten. Da sie die Leistungsfähigkeit des Steuerpflichtigen von vornherein beschränkten und die Einkommensteuer insbesondere die gegenwärtige Leistungsfähigkeit des Steuerpflichtigen berücksichtigte, waren sie ausnahmsweise von der Besteuerung des Einkommens ausgenommen. Solche Verpflichtungen und Lasten ließen sich daher als "abziehbare Verbrauchsausgaben" bezeichnen. Vgl. Breunig, G. v., BayEStG 1910 (1911), § 11 Anm. 9, § 12 Anm. 23, 25, 29.

[46] Vgl. o.V., ESt- und Ergänzungssteueränderungsgesetz II, HH-Drucks. Session 1905-06/106, S. 587. Diese Vorschrift sollte Unbilligkeiten vermeiden, wenn dem Steuerpflichtigen aus Gesundheitsgründen der Abschluß einer Lebensversicherung versagt blieb. Vgl. o.V., ESt- und Ergänzungssteueränderungsgesetz I, HdA-Drucks. Session 1905-06/9, S. 28.

[47] Vgl. 11. Kommission, Bericht 1906 II, HH-Drucks. Session 1905-06/113, S. 645. Anders Art. 25 Nr. 1 Abs. 1 der Ausführungsanweisungen 1891, in: Wilmowski, B. v., PreußEStG 1891 (1896); Art. 25 Nr. 1 Abs. 1 der Ausführungsanweisungen 1900, in: Fuisting, B./Strutz, G., PreußEStG 1891 (1903).

[48] Vgl. Fuisting, B./Strutz, G., PreußEStG 1906 (1917), § 8 Anm. 66a.

[49] Vgl. Mrozek, A., PreußEStG (1914), § 8 Anm. 19 Buchst. g. Diese Regelung galt auch in späteren Einkommensteuergesetzen. Vgl. z.B. Glaser, F., EStG 1920 (1922), § 13 Anm. 121; Blümich, W./Schachian, H., EStG 1925 (1925), § 17 Anm. 4; Peters, J.F.H., EStG, § 10 Anm. 12. Anders

waren nicht abzugsfähig, da sie keine Gegenleistung des Versicherten darstellten und ihnen das wesentliche Charakteristikum einer Versicherung, das Risiko, fehlte[50]. Es waren nur laufende Zahlungen abzugsfähig, während Einmalbeiträge sowie Nachzahlungen als Kapitalanlagen behandelt wurden[51]. Entsprechendes galt im PreußEStG 1891. Nicht abzugsfähig waren Beiträge zu Kapitalansammlungsverträgen, die in die Form einer Lebensversicherung gekleidet waren[52]. Das Vorliegen einer Kapitalansammlung wurde vermutet, wenn der Steuerpflichtige bei Eintreten bestimmter Voraussetzungen, wie z.B. dem Erreichen eines bestimmten Lebensalters, Anspruch auf Rückgewähr der gezahlten Prämien hatte[53]. Der Rückkauf bzw. die Rückkaufsmöglichkeit einer Rentenversicherung tangierte die Abzugsfähigkeit der Versicherungsbeiträge nicht[54].

Die Gesetzesbegründung enthält keine Erläuterungen[55]. In der Kommission[56], im Abgeordnetenhaus[57] und im Herrenhaus[58] fand eine Beratung über die Abzugsfähigkeit als solche nicht statt. Es findet sich lediglich der Hinweis, daß die Begünstigung insbesondere für Steuerpflichtige mit geringen Aufwendungen gedacht sei und hohe Rentenversicherungen nicht unbegrenzt begünstigt werden sollten, so daß eine Begrenzung

---

Becker, der die Rückzahlung von Prämien ohne Zinsen im Fall des Nichteintretens des Versicherungsfalls nicht für schädlich hielt. Vgl. Becker, E., EStG 1925 (1928/1929/1933), § 17 Anm. 13.

[50] Vgl. Mrozek, A., PreußEStG (1914), § 8 Anm. 20 Buchst. i. Diese Auffassung bestand auch in späteren Einkommensteuergesetzen. Vgl. Strutz, G., EStG 1920 (1921), § 13 Anm. 102; Kuhn, K., EStG 1925 (1926), § 17 Anm. 3c; Blümich, W./Schachian, H., EStG 1925 (1925), § 40 Anm. 3; Knollmann-Gotha, J., Sonderausgaben (1935), S. 13.

[51] Vgl. Mrozek, A., PreußEStG (1914), § 8 Anm. 19 Buchst. h. Die Auffassung änderte sich. Im EStG 1925 fielen unter den Begriff der Prämie auch Eintrittsgelder, Einmalbeiträge und Gebühren für die Ausstellung des Versicherungsscheins. Vgl. Blümich, W./Schachian, H., EStG 1925 (1925), § 17 Anm. 4. Begründet wurde die geänderte Auffassung damit, daß eine Wiederkehr, Regelmäßigkeit, gleichbleibende Höhe oder das Bestehen einer Zahlungsverpflichtung aufgrund gesetzlicher oder vertraglicher Verpflichtung nicht erforderlich war. Vgl. Becker, E., EStG 1925 (1928/1929/1933), § 17 Anm. 8; Kuhn, K., EStG 1925 (1926), § 17 Anm. 3c; Pißel, L./Koppe, F., EStG 1925 (1927), S. 199. Ab dem EStG 1934 waren Einmalbeiträge abzugsfähig. Vgl. Knollmann-Gotha, J., Sonderausgaben (1935), S. 7f.; Peters, J.F.H., EStG, § 10 Anm. 12. Im EStG 1947 wurden laufende und einmalige Beiträge sowie Voraus- und Nachzahlungen und die aufgrund der Nachzahlung zu leistenden Zinsen in dem Jahr berücksichtigt, in dem sie geleistet wurden. Vgl. Schropp, H., Steuerreform-Gesetz (DStZ 1948), S. 75f.

[52] Vgl. Maatz u.a., PreußEStG (1915), Sp. 1075.

[53] Vgl. Fuisting, B./Strutz, G., PreußEStG 1891 (1903), § 9 Anm. 34.

[54] Vgl. Maatz u.a., PreußEStG (1915), Sp. 857.

[55] Vgl. o.V., ESt- und Ergänzungssteueränderungsgesetz I, HdA-Drucks. Session 1905-06/9, S. 28.

[56] Vgl. 11. Kommission, Bericht 1906 II, HH-Drucks. Session 1905-06/113, S. 645f.; 11. Kommission, Bericht 1906 I, HH-Drucks. Session 1905-06/259, S. 29.

[57] Vgl. Stenographische Berichte, Haus der Abgeordneten 1906, Bd. 1, Sp. 87ff.; Bd. 4, Sp. 4506ff., 4533f., 4538ff., 4747ff., 4789f.

[58] Vgl. Stenographische Berichte, Herrenhaus 1906, S. 324ff.

auch der anderen Kassenbeiträge auf M 600,- erforderlich sei[59]. Der Vorschlag eines Gesamthöchstbetrags für alle Kassenbeiträge inklusive der Versicherungsprämien setzte sich nicht durch.

b) Das EStG 1920

Das EStG 1920 vom 29.03.1920[60] war die erste gesamtstaatliche Kodifikation. Die ehemals den Bundesstaaten vorbehaltene Steuerquelle Einkommen wurde vom Reich im Zuge der mit dem Namen des Reichsfinanzministers Erzberger verbundenen Finanzreform erschlossen[61]. Die Ursache lag darin begründet, daß die nach dem verlorenen 1. Weltkrieg von den Alliierten auferlegten Kriegsentschädigungsverpflichtungen finanziert werden mußten. Das EStG 1920 hob die Zweiteilung des PreußEStG 1906 auf und führte eine Dreiteilung ein. Es unterteilte die abzugsfähigen Ausgaben in Werbungskosten (§ 13 Abs. 1 Nr. 1 EStG 1920), in Schuldzinsen und auf besonderen privatrechtlichen, öffentlich-rechtlichen und gesetzlichen Verpflichtungen beruhende Renten sowie dauernde Lasten (§ 13 Abs. 1 Nr. 2 i.V.m. § 14 EStG 1920) und in andere abziehbare Ausgaben (§ 13 Abs. 1 Nr. 3-8 EStG 1920). Die abzugsfähigen Ausgaben waren abschließend aufgezählt und inklusive der Werbungskosten von dem Gesamtbetrag der Einkünfte abzuziehen. Die Enumeration der persönlichen Aufwendungen, die abzugsfähig waren, wurde erweitert.

Warum diese Einteilung vorgenommen wurde, bleibt unklar. Erler/Koppe bemerken hierzu ohne weitere Erläuterung, daß dies eine Folge der Aufgabe der Quellentheorie sei[62]. Kuhn sah den Abzug vom Gesamtbetrag der Einkünfte darin begründet, daß die Schanzsche Einkommensdefinition i.S. eines Vermögensvergleichs nicht übernommen worden sei und das Gesetz die zu berücksichtigenden Einnahmen und Ausgaben festlegen müsse, wenn es das Einkommen entsprechend der bisherigen Regelung durch Gegenüberstellung von Einnahmen und Ausgaben ermitteln will[63]. Die bisherige Berücksichtigung der Ausgaben bei der Ermittlung der einzelnen Einkünfte ergebe sich aus der Quellentheorie, müsse deshalb entfallen und werde nur aus praktischen Gründen teilweise beibehalten. Nach der Reinvermögenszugangstheorie müssen die Werbungskosten jedoch bei der Ermittlung der Einkünfte berücksichtigt und nicht erst vom Gesamtbetrag der Einkünfte abgezogen werden.

Die amtliche Begründung zum Gesetzentwurf beschäftigte sich mit dem Einkommensbegriff nach der Quellen- und der Reinvermögenszugangstheorie[64]. Die Gesetzes-

59   Vgl. im folgenden Bericht der 11. Kommission, Bericht 1906 I, HdA-Drucks. Session 1905-06/259, S. 29.

60   RGBl. 1920, S. 359. Das EStG 1920 kam aufgrund der durch die Geldentwertung erforderlichen Änderungen in seiner ursprünglichen Fassung nie zur Anwendung. Vgl. Mrozek, A., EStG 1925 (1926), S. XIII.

61   Vgl. o.V., EStG 1920, DNV-Drucks. 1624, S. 15.

62   Vgl. Erler, F./Koppe, F., EStG 1920 (1920), § 13 Anm. 1.

63   Vgl. im folgenden Kuhn, K., EStG 1920 (1922), § 13 Anm. 1, 2.

64   Vgl. im folgenden o.V., EStG 1920, DNV-Drucks. 1624, S. 44f.

begründung führte aus, daß Lebensversicherungsprämien nicht abzugsfähig sein dürften. Als Grund wurde vorgebracht, daß ansonsten die Einhaltung des Einkommensbegriffs, der dem Entwurf zugrundeliege und sich an der Reinvermögenszugangstheorie orientiere, nicht gewährleistet sei. Zudem stelle dies ein Verstoß gegen den Grundsatz der gleichmäßigen Behandlung aller Steuerpflichtigen dar. Die Orientierung an der Reinvermögenszugangstheorie lag darin begründet, daß aufgrund der Finanzsituation "im Interesse der erforderlichen Ausschöpfung der Quellen bis zum Äußersten durch eine weite Fassung des Einkommensbegriffs (...) neue Bahnen zu beschreiten" waren[65]. Die Landeseinkommensteuergesetze orientierten sich vor und nach Einführung des EStG 1920 im Gegensatz zum Reichseinkommensteuergesetz an der Quellentheorie[66].

Die im Gesetzentwurf geplante Nichtabzugsfähigkeit der Versicherungsprämien konnte im Gesetzgebungsverfahren nicht durchgesetzt werden. Grund hierfür waren Überlegungen, daß bisher der Abzug zumindest in Preußen bis M 600,- zugelassen war und bei Fortfall der steuerlichen Begünstigung für die Versicherten erhebliche Nachteile entstehen könnten[67]. Zudem sei die Vorsorge für die Hinterbliebenen gesetzlich so stark wie möglich zu fördern. Es wurde auf die gewünschte Sparförderung verwiesen sowie der Hinweis gebracht, daß das, was in günstiger wirtschaftlicher Lage gebilligt wird, in schwierigen Zeiten nicht verweigert werden könne. Es erfolgte außerdem der Hinweis auf gleichartige Regelungen in anderen Bundesstaaten. In den Gliedstaaten gab es jedoch unterschiedliche Regelungen. Das Preußische, Bayerische, Badische und Hessische EStG sahen die Abzugsfähigkeit von Lebensversicherungsbeiträgen vor[68]. Das Sächsische und das Württembergische EStG lehnten es ab.

Gegen die Abzugsfähigkeit wurde eingewandt, daß sie eine Durchbrechung der das Einkommensteuergesetz sonst beherrschenden Grundsätze darstelle. Zudem sei die Lebensversicherung nichts anderes als eine Anlage bei einer Sparkasse. Die Bevorzugung der Lebensversicherung vor anderen Sparanlagen wurde kritisiert, aber aufgrund des stärker hervortretenden Gedankens der Hinterbliebenenvorsorge für akzeptabel gehalten. Eingewandt wurde ebenfalls, daß bereits die Auszahlung der Versicherungssumme steuerfrei sei und damit eine Begünstigung darstelle. Die Abzugsfähigkeit der Versicherungsprämien erfordere zumindest eine Teilbesteuerung der ausgezahlten Versicherungssumme. Die Einwendungen wurden jedoch mit der Einschränkung vorgebracht, daß der Regelung trotz Bedenken zugestimmt werde, solange der Höchstbetrag gering gehalten werde. Die Einwände setzten sich nicht durch. Die Beibehaltung des Höchstbetrags von M 600,- sollte verhindern, daß die begüterten Steuerpflichtigen besser als die weniger begüterten gestellt wurden. Eine Erhöhung der Höchstgrenze

---

[65] Vgl. o.V., EStG 1920, DNV-Drucks. 1624, S. 16. Die Landeseinkommensteuergesetze orientierten sich vor und nach Einführung des EStG 1920 im Gegensatz zum Reichseinkommensteuergesetz an der Quellentheorie.

[66] Vgl. Kuhn, K., EStG 1925 (1926), S. 10f.

[67] Vgl. im folgenden 10. Ausschuß, Bericht I, DNV-Drucks. 2149, S. 2255f., 2284.

[68] Vgl. im folgenden Glaser, F., EStG 1920 (1922), § 13 Anm. 120.

auf M 1.000,- sowie eine Begrenzung auf eine bestimmte Einkommenshöhe oder Versicherungssumme setzten sich nicht durch.

Das **EStÄndG 1921 I** vom 24.03.1921[69] setzte den Höchstbetrag herauf. Im Gesetzesentwurf ist diese Änderung nicht aufgeführt[70]. Anhaltspunkte kann ein Vorschlag auf Erhöhung der steuerfreien Einnahmen auf M 1.000,- bieten, der mit dem Anstieg der Lebenshaltungskosten begründet wurde[71]. Die Beschlüsse des 11. Ausschusses führten die Änderung des § 13 EStG 1920 ohne Begründung auf[72]. Teilweise erfolgte ein Abgehen von der Reinvermögenszugangstheorie und eine Rückkehr zur Quellentheorie[73]. Kuhn sah in dem geänderten § 11 Nr. 5 EStG 1925, nach dem nicht mehr alle Veräußerungserlöse, sondern nur noch Spekulationsgewinne, steuerpflichtig waren, eine wesentliche Durchbrechung des Einkommensbegriffs und begrüßte die Rückkehr zur Quellentheorie[74]. Spätestens nach der Novelle vom 24.03.1921 konnte kaum noch davon gesprochen werden, daß dem Reichseinkommensteuergesetz der Schanzsche Einkommensbegriff zugrundelag[75]. Das Bild vom materiellen Einkommensbegriff war denkbar verschwommen und als Grundlage der Veranlagung ungeeignet.

Das **EStÄndG 1921 II** vom 20.12.1921[76] erhöhte nochmals den Höchstbetrag. Die Erhöhung des Höchstbetrags wird vom 11. Ausschuß ohne Begründung vorgeschlagen[77]. Einem mit Verwaltungsvereinfachungen für die Finanzämter begründeten Antrag auf Streichung der Sonderausgaben insgesamt und ihrer Ersetzung durch einen mit der Höhe des Einkommens sinkenden Pauschalsatz, der in den Steuertarif eingearbeitet werden sollte[78], wurde nicht stattgegeben.

Das **EStÄndG 1922 I** vom 20.07.1922[79] brachte mehrere Veränderungen. Spareinlagen, bei denen eine Rückzahlung nur im Todesfall oder im Fall des Erlebens erst nach 20 Jahren erfolgte und bei denen die Vertragsparteien auf eine Änderung des Vertrages verzichteten[80] und diese Verzichtserklärung dem zuständigen Finanzamt

---

[69] RGBl. 1921 S. 313.

[70] Vgl. RdF, EStÄndG 1921 I, RT-Drucks. 1/1205, S. 1.

[71] Vgl. RdF, EStÄndG 1921 I, RT-Drucks. 1/1205, insbesondere S. 19.

[72] Vgl. o.V., Zusammenstellung 1920 I, RT-Drucks. 1/1710, S. 1362, 1383.

[73] Vgl. Strutz, G., EStG 1920 (1921), S. 5f.; Strutz, G., EStG 1925 (1927/1929/1939), § 6 Anm. 4.

[74] Vgl. Kuhn, K., EStG 1920 (1922), S. 27ff.

[75] Vgl. im folgenden Blümich, W./Schachian, H., EStG 1925 (1925), S. 31ff.

[76] RGBl. 1921 S. 1580.

[77] Vgl. 11. Ausschuß, Bericht, RT-Drucks. 1/3228, S. 3170f.

[78] Vgl. Marx, Emminger und Genossen, Änderung des EStG, RT-Drucks. 1/3129.

[79] RGBl. I 1922 S. 607.

[80] In der Literatur war strittig, ob die vorzeitige Rückzahlung zu einer Nachversteuerung führte. Vgl. Becker, E., EStG 1925 (1928/1929/1933), § 17 Anm. 14; Kuhn, K., EStG 1925 (1926), § 17 Anm. 3cβ; Hollaender, A., EStG 1925 (1926), § 17 Anm. 4; Zimmermann, E., EStG 1925 (1925), § 17 Anm. 19; Strutz, G., EStG 1925 (1927/1929/1939), § 17 Anm. 23.

14

anzeigten, waren nun ebenfalls begünstigt (§ 13 Abs. 1 S. 1 Nr. 5a EStG 1920). Der Höchstbetrags wurde erhöht und schloß die Sparprämien i.S. eines Gesamthöchstbetrags mit ein (§ 13 Abs. 3 EStG 1920). Die Änderungen wurden vom 11. Ausschuß ohne Begründung vorgeschlagen[81]. Die Änderung des Einkommensteuergesetzes wurde von Crispien u.a. aufgrund der Geldentwertung initiiert und sollte eine Verdopplung der Werbungskosten u.a. aufgrund der steigenden Sozialversicherungsbeiträge beinhalten[82]. Ein Änderungsvorschlag des § 13 EStG 1920 wurde nicht abgegeben. Meyer beurteilte die Gleichbehandlung der Sparanlagen positiv, da hiermit die Inkonsequenz der Einkommensbesteuerung, diese Form der Vorsorge nicht zu berücksichtigen, aufgehoben wurde[83]. Zudem betonte er die Flexibilität der Spareinlagen hinsichtlich der betraglichen und terminlichen Einzahlung, der Beleihungsmöglichkeiten und der möglichen Einsparung von hohen Risikoprämien. Strutz wies auf den Ausnahmecharakter der Abzugsfähigkeit von Versicherungsbeiträgen hin, da diese Beiträge der Vermehrung des Vermögens dienen würden und deshalb nicht abzugsfähig sein dürften[84]. Er hielt die Abzugsfähigkeit jedoch für richtig, wenn derartige Beiträge hauptsächlich von wirtschaftlich Schwachen geleistet werden würden, da der Grundsatz der Besteuerung nach der Leistungsfähigkeit eine Milderung der wirtschaftlichen Nachteile dieser Bevölkerungsgruppen erfordere. Strutz begrüßte die Begünstigung der Spareinlagen. Sie sei aus Gründen der Gleichbehandlung erforderlich, da bestimmte Gruppen von Steuerpflichtigen aufgrund ihrer beschränkten Mittel oder ihres Gesundheitszustands keine Lebensversicherung abschließen könnten.

Durch das **EStÄndG 1922 II** vom 23.12.1922[85] wurde der Höchstbetrag weiter erhöht[86]. Der vorausgegangene Regierungsentwurf sah eine geringere Erhöhung vor, die er mit der Geldentwertung begründete[87].

c) **Das EStG 1925**

Aufgrund des völligen Zusammenbruchs der deutschen Währung im Herbst 1923 war die Einkommensbesteuerung einer Ersatzbesteuerung gewichen[88]. Für 1923 war

---

[81] Vgl. 11. Steuerausschuß, Bericht, RT-Drucks. 1/4768.

[82] Vgl. im folgenden Crispien und Genossen, EStÄndG 1922 I, RT-Drucks. 1/4203.

[83] Vgl. im folgenden Meyer, Sparkonten (DStZ 1922), Sp. 1070.

[84] Vgl. im folgenden Strutz, G., Grundlehren des Steuerrechts (1922), S. 74.

[85] RGBl. I 1922 S. 978.

[86] Die Änderung blieb unbegründet. Vgl. o.V., Zusammenstellung 1920 II, RT-Drucks. 1/5335.

[87] Vgl. RdF, EStÄndG 1922 II, RT-Drucks. 1/5195, S. 5642. Zu den erheblichen Inflationsproblemen und den zahlreichen Anpassungsmaßnahmen vgl. Strutz, G., Steuerrecht (DStZ 1925), Sp. 6f.; Blümich, W./Schachian, H., EStG 1925 (1925), S. 30f.

[88] Vgl. im folgenden Zimmermann, E., Reichseinkommensteuer (StuW 1930 I), Sp. 1002; Zimmermann, E., EStG 1925 (1925), S. 9. Die Vorauszahlung bemaß sich nach den Konsumausgaben, sofern sich hieraus eine höhere Steuerzahlung ergab. In diesem Fall sah man in den Konsumausgaben ein Merkmal für die Leistungsfähigkeit des Steuerpflichtigen. Vgl. Kuhn, K., EStG 1925 (1926),

eine Abschlußzahlung zu leisten. In der Folgezeit waren Vorauszahlungen zu entrichten, die auf einer anderen Grundlage ermittelt wurden und einen (soll)ertragsteuerähnlichen Charakter aufwiesen. Nach der Währungsreform stabilisierten sich die wirtschaftlichen Verhältnisse, so daß eine Neuregelung der Einkommensbesteuerung möglich wurde.

Das EStG 1925 vom 10.08.1925[89] sah eine Dreiteilung der abzugsfähigen Ausgaben in Werbungskosten (§ 15 Abs. 1 Nr. 1 i.V.m. § 16 EStG 1925), Sonderleistungen (§ 15 Abs. 1 Nr. 2 i.V.m. § 17 EStG 1925) und Schuldzinsen und auf besonderen privatrechtlichen, öffentlich-rechtlichen und gesetzlichen Verpflichtungen beruhende Renten und dauernde Lasten (§ 15 Abs. 1 Nr. 3 EStG 1925) vor. Erstmals sind die Werbungskosten *bei der Einkommensart*, mit der sie in wirtschaftlichem Zusammenhang stehen, abzugsfähig, während die anderen abzugsfähigen Ausgaben weiterhin vom Gesamtbetrag der Einkünfte abzuziehen waren (§ 15 Abs. 2 EStG 1925). Unter dem Begriff Sonderleistungen wurden u. a. auch die Lebensversicherungsprämien subsumiert. Der für alle begünstigten Versicherungen und Spareinlagen geltende Gesamthöchstbetrag wird seitdem als Grundhöchstbetrag bezeichnet[90] und erhöhte sich erstmals um einen bestimmten Betrag für die zum Haushalt des Steuerpflichtigen gehörende Ehefrau sowie jedes zum Haushalt gehörende, nicht selbständig veranlagte, minderjährige Kind. Die Abzugsfähigkeit der Beiträge zu Gunsten von nicht selbständig veranlagten Haushaltsangehörigen wurde auf Beiträge zu Spareinlagen erweitert. Die Gesetzesbegründung sprach von einer Staffelung der Höchstbeträge nach sozialen Gesichtspunkten[91]. Insbesondere kinderreiche Familien sollten begünstigt werden[92]. Im Zusammenhang mit den kinderbedingten Erleichterungen spricht man auch von der sog. Kinderadditive[93].

Die Abzugsfähigkeit der Sonderleistungen von der Bemessungsgrundlage wurde mit nicht näher erläuterten sozialen Gesichtspunkten begründet[94]. Diese Regelung wurde eingeführt, obwohl Sonderleistungen zur Einkommensverwendung gehören und nicht in Zusammenhang mit der steuerlichen Leistungsfähigkeit stehen. Es wurde die Gefahr erkannt, daß die Sonderleistungen eine gleichmäßige Belastung verhindern. Die Vorschrift begünstigte Steuerpflichtige mit höheren Einkommen, da diese entsprechende Aufwendungen tätigen konnten und aufgrund der Progression stärker entlastet

---

S. 23. Die Vorauszahlungen konnten nicht als Einkommensteuer bezeichnet werden. Vgl. mit weiteren Beispielen Blümich, W./Schachian, H., EStG 1925 (1925), S. 34f.

[89] RGBl. I 1925 S. 189.

[90] Vgl. Pißel, L./Koppe, F., EStG 1925 (1927), S. 703.

[91] Vgl. RdF, EStG 1925, RT-Drucks. 3/795, S. 49.

[92] Vgl. 6. Ausschuß, Bericht, RT-Drucks. 3/1229, S. 8f.

[93] Vgl. Lang, J., Bemessungsgrundlage (1988), S. 74.

[94] Vgl. im folgenden RdF, EStG 1925, RT-Drucks. 3/795, S. 28, 47; 6. Ausschuß, Bericht, RT-Drucks. 3/1229, S. 8f.

wurden. Zudem standen die Sonderregelungen der erwünschten Vereinfachung des Einkommensteuergesetzes entgegen. Im Gesetzgebungsverfahren wurde auf den Bezug zum PreußEStG 1891/1906 hingewiesen[95]. Eine weiterführende Erörterung des § 15 EStG 1925 hat weder im Ausschuß noch im Reichstag stattgefunden[96]. Im Parlament wurde nur auf den Zusammenhang des § 17 EStG 1925 mit der sozialen Absicherung hingewiesen[97].

Die Wahl des Begriffs "Sonderleistungen" und die Unterteilung der abzugsfähigen Privatausgaben in Sonderleistungen und Schuldzinsen bzw. dauernde Lasten wurde in der Begründung zum Gesetzentwurf nicht erläutert. Es wurde lediglich von einer systematischen Gliederung der Vorschriften und einer für die praktische Handhabung wesentlichen, scharf abgegrenzten und konsequent durchgehaltenen Terminologie gesprochen[98]. Die Bezeichnung Sonderleistung ließ keinen Schluß darauf zu, was darunter zu verstehen war[99]. Der Begriff war unbestimmt. Ein gemeinsames Charakteristikum aller erfaßten Ausgaben ließ sich nicht erkennen. Das Merkmal der "sozialen Gründe" lag unabhängig von der Vieldeutigkeit des Begriffs "sozial" entgegen der Behauptung nach der amtlichen Begründung nicht allen Sonderleistungen als gemeinsamer, einheitlicher Charakterzug zugrunde. Es handelte sich vielmehr um sehr unterschiedliche Ausgaben, die trotz ihrer Verschiedenheit zu einer Gruppe zusammengefaßt wurden. Die Gemeinsamkeit lag nur darin begründet, daß sie vom Gesetzgeber ausdrücklich zu einer Gruppe von Leistungen zusammengefaßt wurden, die von den bei der einzelnen Einkunftsart abzugsfähigen Aufwendungen zu trennen und gesondert der Summe der Einkünfte gegenüberzustellen waren. Aus diesem Umstand könne auch die Bezeichnung Sonderleistungen herrühren. Ähnlich Becker, der als gemeinsames Merkmal nur erkennen konnte, daß sie das Gesetz unter allen Umständen abgezogen wissen wolle[100].

Dies hat sich bis heute nicht geändert. Eine einheitliche Definition der Sonderausgaben erscheint unmöglich[101]. Wie weit sich Begriffe einbürgern können, ist daran zu erkennen, daß der Wissenschaftliche Beirat beim BdF im Vorfeld der großen Steuerreform von 1953 eine Änderung des Begriffs Sonderausgaben nicht vorschlagen wollte, obwohl er ihm als wenig sinnvoll erschien[102]. Da es sich jedoch um einen jahrzehntelang eingebürgerten Fachausdruck handele, sei dessen Beibehaltung zweckmäßig.

---

[95] Vgl. 6. Ausschuß, Bericht, RT-Drucks. 3/1229, S. 8f.

[96] Vgl. Strutz, G., EStG 1925 (1927/1929/1939), § 15 Anm. 3.

[97] Vgl. Stenographische Berichte, Reichstag 1925, Bd. 387, S. 3589ff.

[98] Vgl. RdF, EStG 1925, RT-Drucks. 3/795, S. 22.

[99] Vgl. im folgenden Strutz, G., EStG 1925 (1927/1929/1939), § 17 Anm. 4.

[100] Vgl. Becker, E., EStG 1925 (1928/1929/1933), § 17 Anm. 1.

[101] Vgl. Haacke, H.R., Einkommensverwendung (Steuerberaterkongress-Report 1986), S. 48.

[102] Vgl. im folgenden Wissenschaftlicher Beirat beim BdF, Organische Steuerreform (1953), S. 48f.

Die Durchbrechung des Einkommensbegriffs wurde in der Literatur erkannt[103]. Die Sonderleistungen bildeten eine Ausnahme zu dem Grundsatz, daß Ausgaben nicht abgesetzt werden dürfen, die Einkommensverwendung darstellen (§ 18 EStG 1925)[104]. Die Abzugsfähigkeit von Versicherungsbeiträgen wurde von Strutz kritisiert[105]. Sie sei prinzipienlos und systemwidrig, da sie dem Grundprinzip des Einkommensteuergesetzes widerspreche, nach dem die Verwendung von Einkommen zur Bildung und Vermehrung von Vermögen und Kapitalanlagen sowie zur Bestreitung des Unterhalts nicht abzugsfähig ist. Sie widerspreche der Steuergerechtigkeit, weil die Leistungsfähigen vor den Leistungsschwachen begünstigt würden[106]. Die Gleichbehandlung der Spareinlagen vermindere die Ungerechtigkeit nur teilweise, da bei Versicherungen Versicherungsgewinne erzielt werden könnten. Die Argumentationskraft dieser Aussage bleibt mangels näherer Erläuterungen im dunkeln.

Auch Becker hielt die Gleichstellung von Spareinlagen für folgerichtig, da Kapitallebensversicherungen, die bei Erreichen einer bestimmten Altersgrenze einen bestimmten Betrag auszahlen und mit einer Todesfallversicherung verknüpft sind, den Spareinlagen sehr verwandt seien[107]. Eine Ausdehnung der Begünstigung auf Aussteuerversicherungen, Ausbildungsversicherungen etc. könne ebenfalls nicht ausgeschlossen werden. Bei Versicherungen komme dem Versicherungszweck ein höheres Gewicht zu als dem Ersparniszweck. Dies gelte auch, wenn die Versicherung vorzeitig aufgelöst werde, weil bei vorzeitiger Auflösung nur die Rückzahlung der geleisteten Prämien erfolge und der Zweck von Ersparnissen in der Zinsansammlung liege.

Die einheitliche Höchstgrenze wurde von Strutz als "widersinnig" bezeichnet, da die verschiedenen Sonderleistungen sehr verschiedener Natur seien, der Höchstbetrag eine Ungleichbehandlung bewirke und insbesondere zur Benachteiligung von Familien mit mehreren Kindern in der Ausbildung führe[108]. Ausgaben für die berufliche Fortbildung waren nach § 17 Abs. 1 Nr. 4 EStG 1925 ebenfalls abzugsfähig. Auch Hollaender konstatierte, daß die gemeinsame Höchstgrenze Aufwendungen betrifft, zwischen

---

[103] Vgl. Kuhn, K., EStG 1925 (1926), § 17 Anm. 3d.

[104] Die Durchbrechung des Einkommensbegriffs und der Abzug der Sonderleistungen wurden mit sozialen Gründen gerechtfertigt. Vgl. Hollaender, A., EStG 1925 (1926), § 17 Anm. 1.

[105] Vgl. im folgenden Strutz, G., EStG 1925 (1927/1929/1939), § 17 Anm. 18.

[106] Die einzelnen Ausführungen hierzu sind wenig überzeugend. Es erfolgen z.B. Hinweise auf eine Bevorzugung von Gesunden, da Kranke von der Versicherung abgelehnt werden. Strutz weist auf eine Bevorzugung von jungen Personen hin, da ältere Versicherte höhere Beiträge zahlen müssen. Zudem käme es zu einer Benachteiligung derer, die weniger leistungsfähig sind und die Versicherungsbeiträge nicht aufbringen können, weil sie ihr Einkommen vollständig zur Deckung ihres Lebensunterhalts benötigen. Damit vertrat Strutz eine andere Meinung als früher. Siehe die Ausführungen zum EStÄndG 1922 I bzw. Strutz, G. v., Grundlehren des Steuerrechts (1922), S. 74.

[107] Vgl. im folgenden Becker, E., EStG 1925 (1928/1929/1933), § 17 Anm. 13.

[108] Vgl. Strutz, G., Das neue EStG (DStZ 1925), Sp. 682.

denen kaum eine innere Beziehung besteht, meinte aber, daß dadurch im Ergebnis der soziale Zweck dieser Vorschriften stärker betont werde[109]. Durch das **EStÄndG 1927** vom 22.12.1927[110] wurden der Grundhöchstbetrag und die Erhöhungsbeträge für den Ehegatten und die Kinder heraufgesetzt. Die Veränderung erfolgte im Rahmen einer Lohnsteuersenkung und wurde mit der Förderung des für die Volkswirtschaft in höherem Maße erforderlichen Sparens begründet[111]. Dabei wurde der Vorsorgecharakter der Spareinlagen hervorgehoben, da sie der Versorgung der Hinterbliebenen dienten sowie auf die Bedeutung der Entlastung der Familien hingewiesen. Eine Diskussion über die Abzugsfähigkeit fand im 6. Ausschuß, im Reichstag und im Reichsrat nicht statt[112].

d) Die Entwicklung vom EStG 1934 bis zum EStG 1990

Das im Rahmen der Reinhardtschen Steuerreform[113] ergangene **EStG 1934** vom 16.10.1934[114] erhielt eine Grundstruktur, die bis heute in vielen Details erhalten ist[115]. Hierzu zählen der Aufbau des Gesetzes, die Paragraphenfolge, der Einkommensbegriff, die Ermittlung der Einkünfte, insbesondere die Gewinnermittlung, und die Reduktion auf wieder sieben Einkunftsarten. Im EStG 1925 gab es im Gegensatz zum PreußEStG 1891/1906, dem EStG 1920 und des seit dem EStG 1934 geltenden Aufbaus acht und nicht sieben Einkunftsarten. Achte Einkunftsart waren die sonstigen Leistungsgewinne, wie Einkünfte aus Spekulationsgeschäften, aus gelegentlichen Vermittlungen und aus der Vermietung von beweglichen Gegenständen (§§ 41, 42 EStG 1925). Die 7. und 8. Einkunftsart wurden zu den sonstigen Einkünften des § 22 EStG 1934 aus "technischen" Gründen zusammengefaßt[116]. Es bildet noch heute die Grundlage des geltenden Einkommensteuergesetzes[117].

Seit dem EStG 1934 werden die Sonderausgaben in § 10 EStG getrennt von den Werbungskosten des § 9 EStG geregelt. Die Lebensversicherungsprämien werden unter dem Begriff Sonderausgaben geregelt. Es sind nur noch Beiträge zu Versicherungen abzugsfähig, die ihren Sitz oder ihre Geschäftsleitung im Inland haben oder denen eine Erlaubnis zum Geschäftsbetrieb im Inland erteilt wurde. Die Gleichbehand-

---

[109] Vgl. Hollaender, A., EStG 1925 (1926), § 17 Anm. 1.

[110] RGBl. I 1927 S. 485.

[111] Vgl. hierzu RdF, EStÄndG 1927, RT-Drucks. 3/3772, S. 4ff.; Stenographische Berichte, Reichstag 1925, Bd. 394, S. 11950ff., insbesondere S. 11951.

[112] Vgl. 6. Ausschuß, Mündlicher Bericht, RT-Drucks. 3/3840; RdF, EStÄndG 1927, RT-Drucks. 3/3772, S. 9; Stenographische Berichte, Reichstag 1925, Bd. 394, S. 1950ff., 12191ff., insbesondere S. 12192f.

[113] Vgl. Grieken, W. v./Gutknecht, W., EStG 1947 (1947), Heft 1, S. 11.

[114] RGBl. I 1934 S. 1005.

[115] Vgl. Pohmer, D./Jurke, G., Leistungsfähigkeitsprinzip (FinArch., N.F., 1984), S. 465.

[116] Vgl. o.V., EStG 1934, RStBl. 1935 S. 35.

[117] Vgl. Bundesregierung, Drittes Steuerreformgesetz, BT-Drucks. 7/1470, S. 210.

lung der Spareinlagen wurde nicht übernommen. Die Abzugsmöglichkeit der Prämien wurde auf Versicherungen auf den Erlebens- und Todesfall des Steuerpflichtigen, seiner Ehefrau und Kinder eingeschränkt[118]. Für die Berücksichtigungsfähigkeit der Kinder wurde die Gewährung von Kinderermäßigung als Voraussetzung eingeführt. Die Voraussetzung der nichtselbständigen Veranlagung der Ehefrau bzw. Kinder entfiel. Bausparkassenbeiträge waren erstmals abzugsfähig. Für Bausparkassenbeiträge und Versicherungsprämien wurde ein gemeinsamer Höchstbetrag eingeführt. Der Erhöhungsbetrag für den Ehegatten wurde angehoben und die betragliche Staffelung der Kinderadditive verstärkt.

Die Neugliederung des Einkommensteuergesetzes sollte diejenigen Vorschriften an den Anfang des Gesetzes stellen, die die überwiegende Zahl der Steuerpflichtigen betreffen[119]. Die Begriffswahl der Sonderausgaben statt Sonderleistungen wird nicht begründet. Die Aufhebung der in § 15 Abs. 1 Nr. 1-3 EStG 1925 eingeführten Dreiteilung durch die Trennung in Werbungskosten und in Sonderausgaben, unter denen die bisherigen Sonderleistungen und die Schuldzinsen und dauernden Lasten zusammengefaßt wurden, wurde nicht erläutert. Zu der Einführung eines gemeinsamen Höchstbetrags für Versicherungs- und Bausparkassenbeiträge sowie der Abzugsfähigkeit von Versicherungsbeiträgen als solches wurde nicht Stellung genommen. Der Katalog der Sonderausgaben hatte sich vermindert, da bei gleichbleibendem Steueraufkommen Familien verstärkt gefördert werden sollten, um dem nationalsozialistischen Bevölkerungsgedanken zum "Durchbruch" zu verhelfen. Entsprechend wurden die Höchstbeträge erhöht und stärker nach der Kinderanzahl gestaffelt. Die Gleichbehandlung der Sparbeiträge mit den Versicherungsprämien wurde aufgehoben, weil von ihr nur in geringem Umfang Gebrauch gemacht wurde[120].

Aufgrund der festen Einkommensteuerstufen, zwischen denen erhebliche Abstände bestanden, führte der Abzug von der Bemessungsgrundlage in einigen Fällen zu erheblichen Steuerersparnissen und zeigte in anderen Fällen keine Auswirkung[121]. In bestimmten Fällen hatte dies für Ledige die Konsequenz, daß die Lebensversicherung die günstigste Kapitalanlage war. Da die Abstände zwischen den Einkommensteuerstufen mit steigender Kinderzahl abnahmen, waren die Steuerersparnisse bei kinderreichen Familien geringer. Diese Wirkung wurde kritisiert, da gerade in diesen Fällen eine Absicherung durch eine Lebensversicherung wichtig sei.

---

[118] Für andere Angehörige des Steuerpflichtigen, wie z.B. Großeltern, Eltern und Geschwister galt die Begünstigung nicht mehr. Vgl. Knollmann-Gotha, J., Sonderausgaben (1935), S. 17. Diese Handhabung wurde bereits im EStG 1920 und im EStG 1925 durch eine entsprechende Interpretation des Begriffs Haushaltsangehöriger erreicht. Vgl. Glaser, F., EStG 1920 (1922), § 13 Anm. 115; Becker, E., EStG 1925 (1928/1929/1933), § 17 Anm. 9.

[119] Vgl. im folgenden o.V., EStG 1934, RStBl. 1935 S. 33f., 39f.

[120] Vgl. Blümich, W., EStG 1938 (1938), § 10 Anm. 9.

[121] Vgl. im folgenden Heyn, W., Lebens- und Pensionsversicherung (NZ 1935), Nr. 2, S. 51.

Einen ganz anderen Ansatzpunkt zur Begründung der Abzugsfähigkeit von Versicherungsbeiträgen wählte Becker[122]. Er begründete die Abzugsfähigkeit der Sonderausgaben damit, daß es Aufwendungen seien, die aus dem Einkommen bestritten werden und nicht der Lebenshaltung dienen. Sie würden nicht durch ein Zufließen von Werten ausgeglichen und minderten i.d.R. die Leistungsfähigkeit des Steuerpflichtigen. Deshalb müßten sie auch i.d.R. abzugsfähig sein. Becker führte zur Begründung dieser Vorschrift nicht die bisher vorgebrachten sozialen Gesichtspunkte an, sondern dehnte die ursprünglich für die Rechtfertigung der Abzugsfähigkeit von Schuldzinsen, Renten und dauernden Lasten vorgebrachten Überlegungen auf Versicherungsbeiträge aus.

Aufgrund der Änderungen durch das **Kontrollrat Gesetz Nr. 12** vom 11.02.1946[123] fielen Lebensversicherungsprämien nicht mehr unter die Sonderausgaben. Abzugsfähig waren nur Beiträge zu Sozialversicherungen, deren Abzug vom Arbeitslohn gesetzlich zugelassen war. Es waren nur Pflichtbeiträge abzugsfähig, die von Arbeitnehmern und bei weiterer Auslegung auch von sozialversicherungspflichtigen Nichtarbeitnehmern geleistet wurden[124]. Aufgrund der Höchstbeträge war der Abzug der hohen Sozialversicherungsbeiträge erheblich eingeschränkt. Der Grundhöchstbetrag und die Erhöhungsbeträge für den Ehegatten und die Kinder wurden gesenkt. Zweck dieser Regelung war, die öffentlichen Haushalte trotz des Zusammenbruchs der deutschen Wirtschaft nach dem Krieg auszugleichen und der Inflation durch Abschöpfung der nominellen Kaufkraft Einhalt zu gebieten[125].

Das **Gesetz Nr. 64** vom 20.06.1948[126] führte die Abzugsfähigkeit von Versicherungsbeiträgen als Sonderausgaben wieder ein. Bestimmte andere Kapitalansammlungsverträge[127] wurden gleichgestellt. Die Höchstbetragsregelung wurde geändert. Seit dieser Änderung wird zwischen dem Grundhöchstbetrag und dem besonderen Höchstbetrag unterschieden. Der Grundhöchstbetrag umfaßt den Höchstbetrag für den Steuerpflichtigen und die Erhöhungsbeträge für den Ehegatten und die Kinder. Es wurde ein besonderer "drei-achteliger" Höchstbetrag eingeführt, der bei Überschreiten der Höchstbeträge zusätzlich geltend gemacht werden konnte, soweit keine Sonderausgaben für nicht entnommene Gewinne geltend gemacht wurden.

---

[122] Vgl. im folgenden Becker, E., Grundlagen (1982), S. 336f.

[123] STuZBl. 1946 S. 2. Das EStG 1920, das EStG 1925 und das EStG 1934 stellen jeweils Neufassungen mit durchgreifenden Änderungen dar. Seit dem EStG 1938 handelt es sich um Bekanntmachungen des Gesetzestextes unter Berücksichtigung der vorhergehenden Änderungen.

[124] Vgl. im folgenden Wieneke, K., Kontrollratgesetz Nr. 12 (1947), S. 62f.

[125] Vgl. Littmann, E., EStG 1948 (1950), S. 5.

[126] WiGBl. 1948 Nr. 14 Beilage 4.

[127] Zu Einzelheiten, Voraussetzungen und Formen der Kapitalansammlungsverträge vgl. Oeftering, Änderungen der Einkommensteuer (DStZ 1948), S. 155f; Littmann, E., EStG 1948 (1950), S. 233f.

Diese Regelungen sowie weitere Änderungen der Höchstbeträge[128] und die Entwicklung der Einkommensteuergesetzgebung in dem Zeitraum von 1948 bis 1953 allgemein lagen darin begründet, daß gegen den Willen der alliierten Behörden eine Senkung des als zu hoch empfundenen Einkommensteuertarifs nicht durchsetzbar war[129]. Die Förderung der für den Wiederaufbau der deutschen Wirtschaft dringend benötigten Kapitalbildung wurde als unumgänglich angesehen. Die schädlichen Folgen der hohen Steuersätze auf Wirtschaftsführung und Steuermoral sollten beseitigt und die Unternehmerinitiative und die für den Export wichtigen Rationalisierungsbestrebungen erhöht werden. Ziel war die Wiedererreichung normaler Verhältnisse in der Wirtschaft.

Die Gesetzgebung war durch die Genehmigungspflicht durch die Alliierte Hohe Kommission eingeschränkt, die das ESt- und KStÄndG 1950 anfangs nicht genehmigte, da die Kommission das Herbeiführen innerer finanzieller Stabilität und eines ausgeglichenen Haushalts durch die Einkommensteuersenkung und den damit verbundenen Steuerausfall gefährdet sah[130]. Die Kommission befürchtete, daß aufgrund der dann steigenden Inlandsnachfrage mit der Folge einer entsprechend steigenden Importnachfrage und rückläufigen Exporten ein verstärkter Devisenbedarf und eine erhöhte Notwendigkeit ausländischer Hilfe entstünden. Betont wurde, daß Einkommensteuersenkungen auf Zustimmung stoßen würden, wenn die Steuerersparnis in Staatspapieren oder in bestimmten zur "Erzielung wirtschaftlicher Lebensfähigkeit" wesentlichen Investitionen angelegt werde.

Das **ESt- und KStÄndG 1951** vom 27.06.1951[131] führte für die Anerkennung der Beiträge zu Kapitalansammlungsverträgen die Voraussetzung ein, daß keine fremden Mittel verwendet werden durften. Die Begrenzung des hälftigen Höchstbetrags auf DM 15.000,- wurde zur Förderung der Fremdfinanzierung, als Ausgleich für andere weggefallene Steuervergünstigungen und aus Gründen der Vereinfachung der komplizierten Regelungen aufgehoben[132]. Die Vereinfachung der Steuergesetze mit dem Ziel, eine verbesserte Durchführung der Einkommensteuererhebung zu gewährleisten und damit

---

[128] Durch das Zweite Gesetz zur vorläufigen Neuordnung von Steuern vom 20.04.1949 (WiGBl. 1949 S. 69) wurde der Grundhöchstbetrag und die Erhöhungsbeträge für den Ehegatten und die Kinder heraufgesetzt. Der besondere "drei-achtelige" Höchstbetrag wurde auf einen hälftigen Höchstbetrag angehoben und seitdem als hälftiger Höchstbetrag bezeichnet. Der hälftige Höchstbetrag wurde auf 7,5% des Gesamtbetrags der Einkünfte und absolut auf insgesamt DM 15.000,- begrenzt. Durch das ESt- und KStÄndG 1950 vom 29.04.1950 (BGBl. 1950 S. 95) wurde die relative Begrenzung des hälftigen Höchstbetrags auf 15% des Gesamtbetrags der Einkünfte heraufgesetzt. Die aus Gründen der Vereinfachung geplante Abschaffung des hälftigen Höchstbetrags wurde verschoben. Vgl. Bundeskanzler, EStÄndG, BT-Drucks. 1/317, S. 17f.

[129] Vgl. im folgenden Bundeskanzler, EStÄndG, BT-Drucks. 1/317, S. 11ff.; Bundeskanzler, Gesetz zur Änderung steuerlicher Vorschriften, BT-Drucks. 3/260, S. 30f.; Schropp, H., Steuerreform-Gesetz (DStZ 1948), S. 74, 77; Oeftering, Änderungen der Einkommensteuer (DStZ 1948), S. 155; Oeftering, Neuordnung der Steuern (DStZ 1948), S. 35.

[130] Vgl. im folgenden Alliierte Hohe Kommission für Deutschland, Schreiben vom 21.04.1950, BT-Drucks. 1/854.

[131] BGBl. I 1951 S. 411.

[132] Vgl. im folgenden Bundeskanzler, ESt- und KStÄndG 1951, BT-Drucks. 1/1982, S. 14, 16f.

Steuermehreinnahmen zu erreichen, war ein wesentlicher Gesichtspunkt der Änderungen. Aus Vereinfachungsgründen sollte die Aufhebung der Begrenzung des hälftigen Höchstbetrags nicht nur für den Kauf von Wertpapieren, sondern auch für alle anderen Sonderausgaben gelten.

In den folgenden Gesetzen wurden sehr unterschiedliche Abzugsvoraussetzungen eingeführt. Die nachstehende Übersicht soll das Verständnis dieser Änderungen erleichtern:

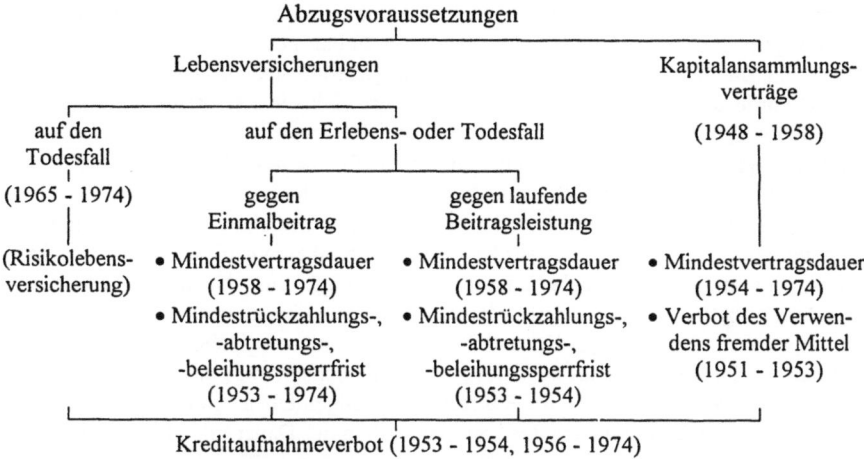

Abb. 2: Sonderausgabenabzug von Lebensversicherungsbeiträgen in den Jahren 1951 bis 1974

Das **Gesetz zur Änderung steuerlicher Vorschriften und zur Sicherung der Haushaltsführung** vom 24.06.1953[133] wurde als die kleine Steuerreform bezeichnet[134]. Die Entwicklung der Einkommensteuergesetzgebung von 1953 bis 1956 stand unter dem Ziel einer allgemeinen Senkung des Steuertarifs und der Verbesserung der Steuerwahrheit und -klarheit, mit der der Abbau von Steuervergünstigungen und Sonderregelungen verbunden war[135]. Durch die kleine Steuerreform wurde der Einkommensteuertarif durchschnittlich um 15 % gesenkt[136]. Zweck der kleinen und großen Steuerreform war, mittels einer Tarifsenkung und dem Abbau von Steuerbegünstigungen die Gleichmäßigkeit der Besteuerung wieder herzustellen, den Steuerdirigismus zu beseitigen, Verwaltungsvereinfachungen zu erreichen, den Verbrauch und die Spartätigkeit zu erhöhen, die Produktivität und das Sozialprodukt zu steigern, die Wirtschaftsinitia-

133 BStBl. I 1953 S. 192.

134 Unter dieser Bezeichnung hat sich diese Gesetzesänderung in der Öffentlichkeit eingebürgert. Vgl. Mersmann, Steuerneuordnung 1954 (DStZ (A) 1954), S. 373.

135 Vgl. Bundeskanzler, Gesetz zur Änderung steuerlicher Vorschriften, BT-Drucks. 3/260, S. 31.

136 Vgl. im folgenden Mersmann, Steuerneuordnung 1954 (DStZ (A) 1954), S. 374f.

tive und den Expansionswillen zu stärken, den Wettbewerb zu verschärfen, eine Tendenz zu Preissenkungen auszulösen, Anreize zu unwirtschaftlichen Betriebsausgaben und wirtschaftlich unerwünschten Fehlleitungen zu vermeiden und die Steuermoral zu heben.

Die Dauer der Abzugsfähigkeit von Beiträgen zu Kapitalansammlungsverträgen wurde beschränkt. Die Voraussetzungen der Abzugsfähigkeit von Versicherungsprämien wurden verschärft, indem ein sog. Kreditaufnahmeverbot[137] eingeführt wurde, das auch für Kapitalansammlungsverträge galt und dort das Verbot der Verwendung fremder Mittel ersetzte. Nach dem Kreditaufnahmeverbot durfte die als Sonderausgabe geltend gemachte Beitragsleistung weder unmittelbar noch mittelbar in wirtschaftlichem Zusammenhang mit der Aufnahme eines Kredits stehen. Das Kreditaufnahmeverbot wurde durch die Einschränkung gemildert, daß die Kreditaufnahme steuerunschädlich war, wenn nach Ablauf der ersten drei Vertragsjahre die Prämien laufend in der ursprünglich bei Vertragsabschluß vereinbarten Höhe gezahlt wurden. Desweiteren durfte keine teilweise oder volle Auszahlung der Versicherungssumme bzw. der Versicherungsbeiträge innerhalb der ersten drei Vertragsjahre erfolgen und die Versicherung nicht beliehen oder abgetreten werden. Bei Nichteinhaltung dieser Mindestrückzahlungs-, -abtretungs- und -beleihungssperrfrist erfolgte eine Nachversteuerung. Der Grundhöchstbetrag und die Erhöhungsbeträge für den Ehegatten und die Kinder wurden angehoben. Der hälftige Höchstbetrag wurde statt wie bisher auf 15% des Gesamtbetrags der Einkünfte auf 50% des einfachen Höchstbetrags begrenzt.

Die Änderung bezweckte im Rahmen eines allgemeinen Abbaus von Steuervergünstigungen die Beschränkung der Sonderausgaben der Dauer und Höhe nach und die Einschränkung des aufgetretenen Mißbrauchs[138]. Die vom Wirtschaftsrat eingeführten temporären Vergünstigungen, wie die Begünstigung von Kapitalansammlungsverträgen, sollten im Zuge der Normalisierung des Einkommensteuerrechts, unter der hauptsächlich eine Tarifsenkung verstanden wurde, zum Zeitpunkt der Tarifsenkung aufgehoben werden. Aufgrund der Tarifsenkung war es den Steuerpflichtigen zuzumuten, die Kapitalbildung teilweise auch ohne steuerliche Vergünstigungen vorzunehmen. Für die absolute Begrenzung des hälftigen Höchstbetrags auf 50% der einfachen Höchstbeträge statt auf 15 % des Gesamtbetrags der Einkünfte sprachen daneben auch haushaltsmäßige Gründe. Zudem stellte diese Regelung eine Vereinfachung dar. Die Abzugsfähigkeit von Versicherungsbeiträgen sollte beibehalten werden. Da eine möglichst große steuerliche Förderung des Versorgungsgedankens erwünscht war, wurde der einfache Höchstbetrag verdoppelt.

Das Kreditaufnahmeverbot wurde eingeführt, weil insbesondere bei Kontensparverträgen, Wertpapiersparverträgen und Lebensversicherungen gegen Einmalbeitrag Mißbräuche vorgekommen waren. Die Änderung des Verbots der Verwendung frem-

---

[137] Diese Bezeichnung wird in der Literatur und im Gesetzgebungsverfahren verwendet. Vgl. z.B. Fraktionen der CDU/CSU und FDP, Steuerreformgesetz 1990, BT-Drucks. 11/2157, S. 144.

[138] Vgl. im folgenden Bundeskanzler, Entwurf eines Gesetzes zur Änderung steuerlicher Vorschriften und zur Sicherung der Haushaltsführung, BT-Drucks. 1/4092, S. 40ff.

der Mittel in ein Kreditaufnahmeverbot stellte eine Verschärfung dar, da auch die Fälle erfaßt wurden, in denen der Steuerpflichtige die Aufwendungen aus eigenen Mitteln finanzierte, aber durch die Ausgaben gezwungen war, innerhalb einer gewissen Zeit nach Vertragsabschluß Kredit aufzunehmen. Der Ausschluß der teilweisen oder vollständigen Rückzahlung der Beiträge bzw. der Auszahlung der Versicherungssumme sollte verhindern, daß Beiträge, die geleistet und als Sonderausgaben abgezogen wurden, im Folgejahr von der Versicherung zurückgezahlt und unter erneutem Sonderausgabenabzug wieder angelegt wurden.

Das als große Steuerreform[139] bezeichnete **Gesetz zur Neuordnung von Steuern** vom 16.12.1954[140] schaffte das Kreditaufnahmeverbot ab. Die Mindestrückzahlungs-, -abtretungs- und -beleihungssperrfrist galt nur noch für Versicherungen gegen Einmalbeitrag und wurde auf zehn Jahre erhöht. Statt des Erhöhungsbetrags für den Ehegatten wird ab dieser Änderung der Grundhöchstbetrag im Fall der Zusammenveranlagung von Ehegatten verdoppelt. Die Dauer der Abzugsfähigkeit von Beiträgen zu Kapitalansammlungsverträgen wurde verlängert und eine Mindestvertragsdauer von zehn Jahren eingeführt, deren Nichteinhaltung bis auf Ausnahmen zur Nachversteuerung führte.

Die Beibehaltung des Kreditaufnahmeverbots wurde angesichts der geplanten, aber nicht durchgesetzten Abschaffung der Abzugsfähigkeit von Beiträgen zu Kapitalansammlungsverträgen und der wesentlichen Einschränkung des hälftigen Höchstbetrags nicht mehr für nötig gehalten[141]. Obwohl die Begünstigung der Kapitalansammlungsverträge beibehalten wurde, blieb es bei der Abschaffung des Kreditaufnahmeverbots. Da bei Versicherungsverträgen mit Rückkaufsrecht der Sparcharakter wesentlich im Vordergrund steht, mußte insbesondere bei Versicherungen gegen Einmalbeitrag eine langfristige Festlegung gewährleistet sein, damit die Abschaffung der Begünstigung von Kapitalansammlungsverträgen nicht zu einer Geldanlage in kurzfristigen Versicherungen führt. Da der schützenswerte Vorsorgecharakter erst bei längerer Vertragsdauer gewährleistet ist, sollten auch nur Beiträge zu langfristigen Verträgen abzugsfähig sein[142]. Bei Versicherungsverträgen mit laufenden Beitragszahlungen wurden keine Mindestfestlegungsfristen vorgeschrieben und die früheren Regelungen zur Mißbrauchsvermeidung aufgehoben. Zur Begründung wurde vorgebracht, daß beim Rückkauf innerhalb der ersten Vertragsjahre erhebliche Verluste eintreten, anfangs die Beleihungswerte sehr gering sind und aufgrund des gesenkten hälftigen Höchstbetrags und des niedrigeren Einkommensteuertarifs der Anreiz zu Mißbrauch gering sei. Die Erhöhung der einfachen Höchstbeträge, wie sie ursprünglich nach der kleinen Steuerreform in Kraft treten sollte, wurde durch die Neuregelung eingeschränkt. Es wurde nur der Höchstbetrag für die Ehefrau erhöht, um eine betragsmäßige Gleichstellung der

---

[139] Vgl. Mersmann, Steuerneuordnung 1954 (DStZ (A) 1954), S. 373.

[140] BStBl. I 1954 S. 575.

[141] Vgl. im folgenden Bundeskanzler, Gesetz zur Neuordnung von Steuern, BT-Drucks. 2/481, S. 81ff.

[142] Diese Überlegungen galten auch für Kapitalansammlungsverträge, von denen ebenfalls nur die Langfristigen mit Vorsorgecharakter gefördert werden sollten. Vgl. Bundeskanzler, Gesetz zur Änderung steuerlicher Vorschriften, BT-Drucks. 3/260, S. 31.

Höchstbeträge für den Steuerpflichtigen und seine Ehefrau zu erreichen. Die Versorgung der Ehefrau im Todesfall des Ehemanns sollte unterstützt und der Familiengedanke betont werden. Aufgrund der Senkung des Einkommensteuertarifs wurde die Senkung der Höchstbeträge gegenüber der ursprünglichen Regelung nicht für wesentlich gehalten.

Das **ESt- und KStÄndG 1956 I** vom 05.10.1956[143] beinhaltete wieder ein generelles Kreditaufnahmeverbot. Die Kreditaufnahme war steuerunschädlich, wenn nach Ablauf der ersten fünf Vertragsjahre die Prämien laufend in der ursprünglich bei Vertragsabschluß vereinbarten Höhe gezahlt wurden. Eine entsprechende Vorschrift hatte bereits früher schon bestanden. Die Dauer der Abzugsfähigkeit von Beiträgen zu Kapitalansammlungsverträgen wurde verlängert. Die Mindestrückzahlungs-, -abtretungs- und -beleihungssperrfrist bei Versicherungen gegen Einmalbeitrag betrug statt zehn nur noch fünf Jahre. Die Mindestvertragsdauer bei Kapitalansammlungsverträgen verringerte sich von zehn auf drei Jahre. Der Grundhöchstbetrag wurde befristet erhöht. Die geplanten Erhöhungen konnten nicht in voller Höhe durchgesetzt werden[144].

Das **ESt- und KStÄndG 1956 II** vom 19.12.1956[145] senkte die Mindestrückzahlungs-, -abtretungs- und -beleihungssperrfrist bei Versicherungen gegen Einmalbeitrag auf drei Jahre und paßte sie damit der Mindestvertragsdauer bei Kapitalansammlungsverträgen an. Die Legaldefinition der Kapitalansammlungsverträge wurde präzisiert, um die Rechtsanwendung zu erleichtern und Auslegungszweifeln vorzubeugen[146]. Bei Verwendung der Versicherungen zur Finanzierung des sozialen Wohnungsbaus und zur Kreditversorgung nichtbuchführungspflichtiger, landwirtschaftlicher Betriebe wurden zusätzliche Begünstigungen eingeführt. In Zusammenhang mit der Begünstigung von Kapitalansammlungsverträgen mit Ausnahme der Sparverträge sollte den Steuerpflichtigen die Wahlmöglichkeit eröffnet werden, sich entweder für die absolute Beschränkung des hälftigen Höchstbetrags auf 50% der einfachen Höchstbeträge oder auf 10% des Gesamtbetrags der Einkünfte zu entscheiden[147]. Dieser Vorschlag wurde nicht verwirklicht.

Das **Gesetz zur Änderung steuerlicher Vorschriften auf dem Gebiet der Steuern vom Einkommen und Ertrag und des Verfahrensrechts** vom 18.07.1958[148] erhöhte die Mindestrückzahlungs-, -abtretungs- und -beleihungssperrfrist bei Versicherungen gegen Einmalbeitrag von fünf wieder auf zehn Jahre und führte eine entsprechende Mindestlaufzeit ein. Für Versicherungen gegen laufende Beitragszahlung wurde eine fünfjährige Mindestvertragsdauer eingeführt. Kapitalansammlungsverträge

---

[143] BStBl. I 1956 S. 433.

[144] Vgl. Fraktionen der CDU/CSU, DP, DA, EStÄndG, BT-Drucks. 2/2283, S. 1.

[145] BStBl. I 1957 S. 4.

[146] Vgl. Labus, O., EStÄndG (BB 1957), S. 25.

[147] Vgl. Fraktionen der CDU/CSU, DP, FVP, ESt- und KStÄndG, BT-Drucks. 2/2724, S. 1.

[148] BStBl. I 1958 S. 412.

waren nicht mehr begünstigt. Die befristete Erhöhung der Grundhöchstbeträge wurde aufgehoben und die Grundhöchstbeträge unbefristet weiter erhöht.

Die Steuerbegünstigung der Versicherungsbeiträge wurde mit der Förderungswürdigkeit der Vorsorge, insbesondere der der Zukunftssicherung, begründet[149]. Desweiteren erfolgte der Hinweis auf einen nicht erläuterten Zusammenhang mit den Sozialversicherungsbeiträgen und der Altersvorsorge, insbesondere der der freien Berufe. Die Abzugsfähigkeit der Versicherungsbeiträge wurde allgemein für nötig befunden. Die Mindestvertragsdauer umfaßte zehn Jahre, da der Vorsorgecharakter nur gewahrt ist, wenn die Vertragsdauer einen entsprechen langen Zeitraum umfaßt und kurzfristige Versicherungen diesen Zweck nicht erfüllen. Zudem wollte man Mißbrauch verhindern. Bei Versicherungen gegen laufende Beitragszahlung wurde die Mißbrauchsgefahr als geringer angesehen und daher eine Mindestlaufzeit von fünf Jahren für ausreichend erachtet.

Die Sparförderung im Rahmen der Sonderausgaben wurde abgeschafft und durch Sparprämien ersetzt. Erreicht werden sollten Verwaltungsvereinfachungen und die Förderung von Beziehern insbesondere kleiner und mittlerer Einkommen. Der Wegfall des ehemals aufgrund der Progression bestehenden Steuervorteils für die Bezieher höherer Einkommen wurde als sich kaum auf deren Sparverhalten auswirkend angesehen und hatte bisher mehr zu einer Kapitalverlagerung als zu einer Neuanlage geführt. Das im Rahmen der Sonderausgaben entstehende finanzielle Opfer des Staates wurde für die relativ kurzfristige Anlage in diesen Fällen als zu groß erachtet. Die geplante Senkung der einfachen Höchstbeträge, die aufgrund der erhöhten Sparförderung durch Gewährung einer Sparprämie als zu hoch angesehen wurden, konnte nicht durchgesetzt werden. Es fand im Gegenteil eine Erhöhung statt.

Bereits 1950 sollte eine entsprechende Regelung in das EStG 1949 eingeführt werden. Die geplante Umstellung der Begünstigung von Kapitalansammlungsverträgen auf einen prozentual festgelegten Abzug von der Einkommensteuer wurde jedoch verschoben, da die Wahl des Prozentsatzes und die Auswirkungen einer solchen Änderung noch nicht abschließend untersucht worden waren[150]. 1951 wurde die geplante grundlegende Neuordnung der Sonderausgaben, die Umstellung des Abzuges von der Bemessungsgrundlage auf ein Prämiensystem und die Ausgliederung und die Neuregelung der Aufwendungen für Kapitalansammlungsverträge bzw. des Ersterwerbs bestimmter Wertpapiere in einem neuen § 10a EStG verschoben[151]. Die Vorbereitungen waren noch nicht abgeschlossen und noch keine ausreichenden Lösungen für die entstehenden Schwierigkeiten bei der Lohnsteuer entwickelt worden. Die Begünstigung von Kapitalansammlungen sollte nicht eingeengt, sondern weiter ausgebaut und Vereinfachungen erreicht werden.

---

149 Vgl. im folgenden Bundeskanzler, Gesetz zur Änderung steuerlicher Vorschriften, BT-Drucks. 3/260, S. 32f., 44f., 53f.

150 Vgl. Bundeskanzler, EStÄndG, BT-Drucks. 1/317, S. 17f.

151 Vgl. im folgenden Bundeskanzler, ESt- und KStÄndG 1951, BT-Drucks. 1/1982, S. 16.

Durch das **StÄndG 1961** vom 13.07.1961[152] wurde ein weiterer Sonderausgaben-höchstbetrag, der als Vorwegabzug bezeichnet wird[153], eingeführt. Der Vorwegabzug gilt nur für Versicherungsbeiträge und wird um die geleisteten Arbeitgeberzuschüsse zur gesetzlichen Rentenversicherung des Arbeitnehmers vermindert. Diese Regelung gilt für den Steuerpflichtigen und seinen Ehegatten. Seitdem unterscheidet man drei Arten von Höchstbeträgen: den Grundhöchstbetrag, den hälftigen Höchstbetrag und den Vorwegabzug. Die ursprünglich geplante Voraussetzung, daß der Gesamtbetrag der Einkünfte einen bestimmten Betrag nicht überschreiten darf[154], setzte sich nicht durch. Die geplante Höchstbeschränkung sollte gewährleisten, daß der Vorwegabzug hauptsächlich den mittleren Einkommensschichten zugute kommt. Von den Steuer-pflichtigen mit höherem Einkommen wurde erwartet, daß sie diejenigen Aufwendun-gen zur Alterssicherung, die die Sonderausgabenhöchstbeträge überschreiten, ohne steuerliche Hilfe aufbringen können.

Der Vorwegabzug soll der Steuergerechtigkeit dienen, indem er für die Selbständi-gen einen Ausgleich dafür darstellt, daß der Arbeitgeberbeitrag zur gesetzlichen Ren-tenversicherung für Arbeitnehmer steuerfrei ist[155]. Aus Gründen des Ausgleichs und des Grundsatzes der gleichmäßigen Besteuerung sollte der Vorwegabzug allen Steuer-pflichtigen zugebilligt werden, obwohl er bei einem Einkommen von etwa DM 15.000,- nicht mehr gewährt werden durfte. Ab diesem Einkommen endete bei Arbeit-nehmern die Versicherungspflicht und damit die Steuerfreiheit des Arbeitgeberanteils zur Sozialversicherung. Ein weiterer Grund für die Gewährung des Vorwegabzugs an alle Steuerpflichtigen war die Überlegung, daß in gewissen Fällen ein Bedürfnis für eine höhere Alterssicherung, insbesondere für Personen in vorgeschrittenem Alter, bestehe, die sich eine solche Grundlage für ihr Alter nicht im Rahmen der geltenden Sonderausgabenhöchstbeträge verschaffen könnten.

Seit dem **StÄndG 1964** vom 16.11.1964[156] sind die Sonderausgaben für den Ehe-gatten und die Kinder nicht mehr abzugsfähig. Die Vorschrift über die Berücksichti-gung der Versicherungsbeiträge für den Ehegatten und die Kinder des Steuerpflichti-gen als Sonderausgaben hatte weitgehend an Bedeutung verloren. Für den Sonder-ausgabenabzug war nur die Person des Verpflichteten ausschlaggebend, d.h. des Versiche-rungsnehmers, und nicht die des Begünstigten oder desjenigen, dessen Leben versi-chert ist[157]. Zudem bildeten Ehegatten eine Einheit[158]. Da Kinder nach § 27 EStG 1958

---

[152] BStBl. I 1961 S. 444.

[153] Vgl. Bundesregierung, StÄndG 1979, BT-Drucks. 8/2118, S. 62; Fraktionen der CDU/CSU und FDP, Steuerreformgesetz 1990, BT-Drucks. 11/2157, S. 121.

[154] Vgl. Bundeskanzler, StÄndG 1961, BT-Drucks. 3/2573, S. 3, 17.

[155] Vgl. im folgenden Bundeskanzler, StÄndG 1961, BT-Drucks. 3/2573, S. 17, 21.

[156] BStBl. I 1964 S. 553.

[157] Vgl. BFH, Urteil vom 20.11.1952 - IV 6/52 U, BStBl. III 1953 S. 37f. Die Ansicht, daß es für die Abzugsfähigkeit nicht auf die Person des Versicherungsberechtigten, sondern auf die des zur Zah-lung Verpflichteten ankommt, der auch der Versicherte ist, bestand schon 1925. Vgl. Blümich, W./Schachian, H., EStG 1925 (1925), § 17 Anm. 4.

mit dem Steuerpflichtigen zusammenveranlagt wurden, wirkte sich die Vorschrift nur für den Sonderausgabenabzug von Kindern von über 18 Jahren aus, für die dem Steuerpflichtigen ein Kinderfreibetrag gewährt wurde[159]. Das Bundesverfassungsgericht erklärte die Zusammenveranlagung mit den Kindern für verfassungswidrig, weil insbesondere die Besteuerung im Fall der Zusammenveranlagung trotz Anwendung des Splittingtarifs in aller Regel ungünstiger als die getrennte Veranlagung war und dies mit Art. 6 Abs. 1 GG nicht in Einklang stand[160]. Deshalb entschloß sich der Gesetzgeber, die Kinder getrennt zu besteuern und deren Sonderausgaben nur bei deren Besteuerung zu berücksichtigen[161]. Der Höchstbetrag des Vorwegabzugs wurde verdoppelt, um eine angemessene Altersversorgung zu ermöglichen[162].

Das StÄndG 1965 vom 14.05.1965[163] setzte die Mindestvertragsdauer für Versicherungen gegen laufende Beitragszahlung von fünf auf sieben Jahre herauf. Beiträge zu Risikolebensversicherungen sind unabhängig von ihrer Laufzeit als Sonderausgaben abzugsfähig. Um Mißbrauch zu vermeiden und nur die "echte" Zukunftsvorsorge zu begünstigen, sollte die Mindestlaufzeit einheitlich auf zwölf Jahre erhöht werden[164]. Die Erhöhung konnte nur teilweise durchgesetzt werden.

Das StÄndG 1966 vom 23.12.1966[165] setzte die bisher unterschiedlichen Mindestvertragsdauern für Versicherungen gegen Einmalbeitrag und für Versicherungen gegen laufende Beitragszahlungen mit Ausnahme der Risikolebensversicherung einheitlich auf zwölf Jahre herauf. Die bei Nichteinhaltung eine Nachversteuerung auslösende Mindestrückzahlungs-, -abtretungs- und -beleihungssperrfrist für Versicherungen gegen Einmalbeitrag wurde von zehn auf zwölf Jahre heraufgesetzt. Um nur noch diejenigen Versicherungen zu begünstigen, die der "echten" Alterssicherung dienen und nicht überwiegend Sparcharakter haben, sollte die Mindestvertragsdauer für Lebensversicherungen einheitlich auf zwanzig Jahre heraufgesetzt und ein generelles Abtretungs- und Beleihungsverbotes für die Dauer der ersten zehn Jahre nach Vertragsabschluß bzw. für eine kürzere Vertragsdauer eingeführt werden[166]. Diese Änderungen konnten nur teilweise durchgesetzt werden.

---

[158] Vgl. Längsfeld, H., StÄndG 1964 (DB 1964), S. 1641.

[159] Vgl. Längsfeld, H., StÄndG 1964 (DB 1964), S. 1641.

[160] Vgl. BVerfG, Beschluß vom 30.06.1964 - 1 BvL 16 bis 25/62, DB 1964, S. 1094f.

[161] Vgl. Längsfeld, H., StÄndG 1964 (DB 1964), S. 1641.

[162] Vgl. Längsfeld, H., StÄndG 1964 (DB 1964), S. 1642.

[163] BStBl. I 1965 S. 217.

[164] Vgl. Bundeskanzler, StÄndG 1964, BT-Drucks. 4/2400, S. 65f.

[165] BStBl. I 1967 S. 2.

[166] Vgl. Bundeskanzler, StÄndG 1966, BT-Drucks. 5/1068, S. 20f., 25.

Das **2. KVÄG** vom 21.12.1970[167] führte die Steuerfreiheit der Arbeitgeberzuschüsse zur Zukunftssicherung der Arbeitnehmer ein (§ 3 Nr. 62 EStG 1969). Steuerbefreit sind die gesetzlichen Arbeitgeberanteile zu den gesetzlichen Sozialversicherungen der Arbeitnehmer und entsprechende Zuschüsse zu entsprechenden Versicherungen der nichtsozialversicherungspflichtigen Arbeitnehmer. Begünstigt sind auch Lebensversicherungen. Um eine Gleichbehandlung der gesetzlich und der freiwillig versicherten Arbeitnehmer zu erreichen und um eine eindeutige Rechtsgrundlage zu schaffen, wurde die teilweise bereits in § 2 Abs. 6 LStDV bestehende Regelung in das Einkommensteuergesetz übernommen[168]. Entsprechend eingeführt wurde, daß die Verwendung dieser Einnahmen nicht zusätzlich als Sonderausgaben geltend gemacht werden können. Der Vorwegabzug wird um diese Beträge gemindert. Die Ergänzung diente der Klarstellung[169]. Eine Begründung, warum Arbeitgeberanteile nicht als steuerpflichtiger Arbeitslohn eingestuft und zum Sonderausgabenabzug zugelassenen werden, wurde nicht gegeben.

Das **EStG 1974** vom 15.08.1974[170] i.d.F. des EStRG vom 05.08.1974[171] enthielt erhebliche Veränderungen. Die Versicherungen auf den Erlebens- und Todesfall werden in verschiedene Formen mit unterschiedlichen Abzugsvoraussetzungen unterteilt.

---

[167] BStBl. I 1971 S. 114.

[168] Vgl. Bundeskanzler, 2. KVÄG, BT-Drucks. 6/1130, S. 4f. Einen solchen Vorschlag machte bereits Troeger, H. (Hrsg.), Denkschrift (1958), S. 18, 30.

[169] Vgl. Bundeskanzler, 2. KVÄG, BT-Drucks. 6/1130, S. 5. Bereits im PreußEStG 1906 konnten Beiträge, die der Arbeitgeber zahlt, vom Steuerpflichtigen nicht abgesetzt werden. Vgl. Stenographische Berichte, Herrenhaus 1906, S. 325. Im Unterschied hierzu waren nach Abschn. 53 EStER 1943 (RStBl. 1944 S. 65) Beiträge des Arbeitgebers zur Zukunftssicherung des Arbeitnehmers, soweit die Beiträge den jährlichen Freibetrag von RM 312,- überstiegen und die Lohnsteuer nicht in einem Pauschbetrag erhoben wurde, als Sonderausgaben anerkannt.

[170] BStBl. I 1974 S. 578.

[171] BStBl. I 1974 S. 530.

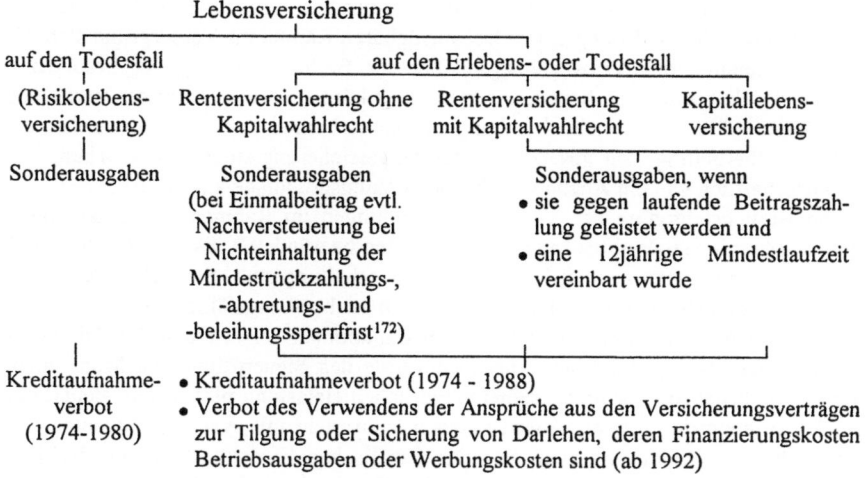

Abb. 3: Sonderausgabenabzug von Lebensversicherungsbeiträgen ab 1974

Fondsgebundene Lebensversicherungen sind ausgenommen, weil sie mehr Ähnlichkeiten mit Kapitalansammlungsverträgen aufweisen[173]. Die Beiträge werden erstmals im Gesetz als Vorsorgeaufwendungen bezeichnet. Der Grundhöchstbetrag und die Kinderadditive wurden erhöht. Die Nachversteuerung bei Nichteinhaltung der Mindestrückzahlungs-, -abtretungs- und -beleihungssperrfrist wurde infolge der Einschränkung der begünstigten Lebensversicherungen eingegrenzt und gilt nur noch für Rentenversicherungen gegen Einmalbeitrag[174]. Erfolgt die Auszahlung in Form der vertragsmäßigen Rentenzahlungen ist dies steuerunschädlich. Die Ausnahme des Kreditaufnahmeverbots, wenn die Beitragsleistung nach Ablauf von fünf Jahren nach Vertragsbeginn laufend in der ursprünglich vereinbarten Höhe geleistet wird, entfiel. Die Neuregelung hatte den Zweck, vermehrt auf die Lebens- und Altersvorsorge abzustellen[175]. Versicherungen gegen Einmalbeitrag sind nur noch begünstigt, falls es sich

---

[172] Das StÄndG 1992 vom 25.02.1992 (BGBl. I 1992 S. 297) hob das generelle Abtretungs- und Beleihungsverbot auf und dehnte die Auszahlungssperre auf die gesamte Vertragsdauer aus.

[173] Vgl. Pogge - v. Strandmann, C.-A., EStRG (DB 1974), S. 1832. Fondsgebundene Lebensversicherungen sind Kapitallebensversicherungen auf den Erlebens- oder Todesfall, bei denen der Teil der Beiträge, der der Ansammlung des Deckungsstocks dient, in Wertpapieren angelegt wird. Vgl. BMF, Schreiben des BMF vom 31.08.1979 - IV B 4 - S 2252 - 77/79, Betr.: Steuerliche Behandlung der rechnungsmäßigen und außerrechnungsmäßigen Zinsen aus Lebensversicherungen, BStBl. I 1979 S. 594f.; Kieschke, H.-U./Pogge - v. Strandmann, C.-A., EStRG (DB 1974), S. 1449.

[174] Diese Eingrenzung wirkt sich nicht aus, da Kapitallebensversicherungen gegen Einmalbeitrag ab dieser Änderung generell vom Sonderausgabenabzug ausgenommen sind.

[175] Vgl. Pogge - v. Strandmann, C.-A., EStRG (DB 1974), S. 1832.

um Rentenversicherungen ohne Kapitalwahlrecht handelt, da bei diesen der Vorsorge-charakter und nicht das Erlangen von frei verfügbaren Kapital im Vordergrund steht[176].

Die Anhebung des Vorwegabzugs sollte der Berücksichtigung der besonderen Situation der Selbständigen dienen, denen der ungekürzte Vorwegabzug zur Verfügung steht. Damit sollte eine Gleichbehandlung mit den Arbeitnehmern erreicht werden, die die Arbeitgeberbeiträge zur gesetzlichen Rentenversicherung steuerfrei beziehen, was sich wirtschaftlich wie ein Abzug von der Bemessungsgrundlage auswirkt[177].

Die Berücksichtigung der Vorsorgeaufwendungen im Rahmen der Einkommen-steuer wurde mit sozialpolitischen Gesichtspunkten begründet[178]. Es wurde betont, daß Vorsorgeaufwendungen an sich Kosten der Lebenshaltung sind. Sie stellen Ausgaben dar, die einkommensteuerrechtlich grundsätzlich nicht abzugsfähig sind. Sie dienen nicht der Einkünfteerzielung, sondern stellen Einkommensverwendung dar. Die gene-relle Berücksichtigung derartiger Ausgaben würde den Steuerpflichtigen Möglichkei-ten zur willkürlichen Gestaltung seiner steuerlichen Belastung bieten. Die steuerliche Berücksichtigung der Vorsorgeaufwendungen kann nicht mit systemimmanenten Ge-sichtspunkten begründet werden. Aus der fiskalischen Zweckbestimmung der Ein-kommensteuer ergibt sich nicht zwingend, daß Kosten der Lebensführung zu berück-sichtigen sind. Werden diese ausnahmsweise doch berücksichtigt, so verfolge der Gesetzgeber damit außerfiskalische Ziele, insbesondere um durch die Schaffung eines Anreizes zur eigenverantwortlichen Lebens- und Altersvorsorge die Gemeinschaft von Sozialausgaben zu entlasten.

Der Abzug von der Bemessungsgrundlage sollte durch einen Vomhundertsatz der geleisteten Aufwendungen ersetzt werden[179]. Dieser Satz sollte auf 22% festgesetzt werden und dem Steuersatz der unteren Proportionalzone des Einkommensteuertarifs entsprechen. Grund für die Änderung war, daß sich die Entlastung für alle Steuer-pflichtigen, die Vorsorgeaufwendungen leisten, in gleicher Höhe auswirken sollte und nicht durch den Abzug von der Bemessungsgrundlage als Kehrseite des progressiven Einkommensteuertarifs eine mit steigendem Einkommen überproportionale Begünsti-gung auftreten sollte. Der Vorschlag der Steuerreformkommission, die Vorsorgeauf-wendungen durch einen Pauschbetrag von 30% des Gesamtbetrags der Einkünfte ab-zugelten[180], wurde aus diesen Gründen abgelehnt. Zudem wäre die erstrebte Anreiz-wirkung zur Leistung freiwilliger Vorsorgeaufwendungen entfallen. Die Höchstbeträge sollten erheblich angehoben werden und der hälftige Höchstbetrag entfallen. Die Ge-setzesverhandlungen gestalteten sich schwierig. Man einigte sich auf den Kompromiß,

---

176 Vgl. Pogge - v. Strandmann, C.-A., EStRG (DB 1974), S. 1832.

177 Vgl. Porzner, K., Aktuelle Fragen (StbJb. 1973/74), S. 37.

178 Vgl. im folgenden Bundesregierung, Drittes Steuerreformgesetz, BT-Drucks. 7/1470, S. 212, 214f.

179 Entsprechende Überlegungen wurden bereits zum StÄndG 1964 und StÄndG 1966 angestellt, aber nicht umgesetzt. Vgl. Bundeskanzler, StÄndG 1964, BT-Drucks. 4/2400, S. 65; Bundeskanzler, StÄndG 1966, BT-Drucks. 5/1068, S. 18ff.

180 3. Vorschlag der Steuerreformkommission (Modell II). Vgl. Steuerreformkommission, Gutachten (1971), Tz. II/290.

den Abzug von der Steuerbemessungsgrundlage beizubehalten und dafür die Höchstbeträge nur geringfügig anzuheben, so daß die Steuerausfälle nicht so hoch ausfielen[181]. Durch das **StÄndG 1977** vom 16.08.1977[182] wurde der Grundhöchstbetrag erhöht und mit gestiegenen Vorsorgeaufwendungen, insbesondere mit gestiegenen Sozialversicherungsbeiträgen begründet[183]. Bei Steuerpflichtigen, die nicht in der gesetzlichen Rentenversicherung versichert sind und die verbunden mit der Beschäftigung eine Art Zukunftsvorsorge teilweise ohne eigene Beitragsleistung erwerben, wird der Vorwegabzug gekürzt. Der Vorwegabzug minderte sich in Abhängigkeit der Einnahmen aus der Beschäftigung. Die Erweiterung der Kürzungsvorschriften des Vorwegabzugs ergab sich aus dem Zweck des Vorwegabzugs, der einen Ausgleich für die Selbständigen bringen sollte, die nicht wie die Arbeitnehmer steuerfreie Arbeitgeberbeiträge zur gesetzlichen Rentenversicherung erhielten, sondern ihre Beiträge zur Altersvorsorge in voller Höhe selbst aufbringen mußten. Aus Gründen der Gleichmäßigkeit wurde der Vorwegabzug allen Steuerpflichtigen zugebilligt, bei Arbeitnehmern jedoch um die steuerfreien Arbeitgeberzuschüsse und entsprechend auch bei Beamten und bei anderen Steuerpflichtigen um eine ohne eigene Beitragsleistung erworbene Alterssicherung gekürzt. Aus Vereinfachungsgründen werden auch solche Steuerpflichtigen, die im Zusammenhang mit ihrer Berufstätigkeit Anwartschaften auf eine Altersversorgung nach beamtenrechtlichen, kirchenrechtlichen oder betrieblichen Regelungen erwerben, ohne dazu eigene Beiträge aufzuwenden, einbezogen. Die Änderung trug der Forderung Rechnung, diesen Personenkreis (z.B. Beamte, Richter, Berufssoldaten, Geistliche, Vorstandsmitglieder einer Aktiengesellschaft) künftig auszuschließen. Der Kürzungsbetrag entsprach der Höhe des Arbeitgeberbeitrags zur gesetzlichen Rentenversicherung. Aus Praktikabilitätsgründen wurde nicht auf den Wert von betrieblichen Pensionsanwartschaften abgestellt.

Durch das **StÄndG 1979** vom 30.11.1978[184] wurde der Vorwegabzug erhöht und die Minderung eines etwaigen Ausgleichsanspruchs selbständiger Handels- und Versicherungsvertreter nach § 89b HGB als eigene Beitragsleistung anerkannt. Die Kinderadditive wurde geändert, so daß die Regelung durch die Einführung eines hälftigen Ansatzes für unterhaltspflichtige Steuerpflichtige weiter kompliziert wurde. Durch das **Gesetz zur Änderung des Entwicklungsländer-Steuergesetzes und des Einkommensteuergesetzes** vom 21.05.1979[185] wurden die steuerfreien Einnahmen um Beiträ-

---

[181] Vgl. Laux, H., Einkommensteuer und Sparförderung (1974), S. 6, 28f. Bei einem Vergleich der endgültigen Sonderausgabenregelung mit dem ursprünglichen Konzept für Verheiratete mit zwei Kindern stellt sich heraus, daß die endgültige Gesetzesregelung nicht nur den Spitzenverdienern zugute kam, sondern für eine breite Mittelstandsschicht mit Sonderausgaben in Höhe von DM 5.000,- bis DM 10.000,- günstiger war als die geplante Regelung. Vgl. Laux, H., Einkommensteuer und Sparförderung (1974), S. 42.

[182] BStBl. I 1977 S. 442.

[183] Vgl. im folgenden Bundesregierung, StÄndG 1977, BT-Drucks. 8/292, S. 21.

[184] BStBl. I 1978 S. 479.

[185] BStBl. I 1979 S. 288.

ge des Arbeitgebers zu Pensionskassen erweitert. Diese Beiträge können nicht als Sonderausgaben geltend gemacht werden und vermindern den Vorwegabzug. Die Gesetzesbegründung zu dieser Änderung und der des StÄndG 1979 verwies auf die "inzwischen eingetretene Entwicklung" und auf den generellen Zweck des Vorwegabzug: Aus Gleichmäßigkeitsgründen soll den Selbständigen ein Ausgleich dafür geboten werden, daß sie ihre Altersvorsorge aus versteuertem Einkommen finanzieren müssen, während Arbeitnehmer steuerfreie Arbeitgeberzuschüsse erhalten[186]. Aus diesem Grund wird der Vorwegabzug um solche Zuschüsse gemindert.

Durch das **Gesetz zur Änderung und Vereinfachung des Einkommensteuergesetzes und anderer Gesetze** vom 18.08.1980[187] wurde das Kreditaufnahmeverbot auf Versicherungsbeiträge mit Sparanteil beschränkt. Beiträge zu Risikolebensversicherungen konnten damit auch als Sonderausgaben geltend gemacht werden, wenn sie fremdfinanziert wurden. Die Änderung wurde aus Vereinfachungsgründen vorgenommen[188]. Durch das StEntlG 1981 vom 16.08.1980[189] wurde der Grundhöchstbetrag erhöht und mit insbesondere im Bereich der kleineren Einkommen erwünschten Steuerentlastungen begründet[190]. Der Vorwegabzug wurde ebenfalls angehoben. Seit dem SubvAbG vom 26.06.1981[191] wird der Sonderausgabenabzug nicht neben der Förderung durch das Vermögensbildungsgesetz gewährt. Das StSenkG 1986/1988 vom 26.06.1985[192] schaffte die Kinderadditive ab, da sie aus Vereinfachungsgründen insbesondere bei der Berechnung der Vorsorgepauschale in den erhöhten Kinderfreibeträgen aufgegangen war[193].

Das StRG 1990 vom 25.07.1988[194] schaffte das Kreditaufnahmeverbot ab. Die Änderung erfolgte aus Vereinfachungsgründen und weil Verstöße kaum nachweisbar waren[195]. Gleichzeitig wurden die Begriffe Grundhöchstbetrag, Vorwegabzug und hälftiger Höchstbetrag erstmals im Gesetzestext verwendet. Die Einführung dieser Begriffe sollte dem besseren Verständnis der Vorschrift dienen. Der Vorwegabzug wurde erhöht. Sein Zweck erweiterte sich, indem Entlastungen bei der Krankenversorgung in die Kürzungsvorschriften aufgenommen werden. Die Kürzungsbeträge werden pauschal durch einen Prozentsatz von einer einheitlichen Bemessungsgrundlage berechnet.

---

[186] Vgl. im folgenden Bundesregierung, StÄndG 1979, BT-Drucks. 8/2118, S. 62.

[187] BStBl. I 1980 S. 581.

[188] Vgl. Bundesregierung, Entwurf eines Gesetzes zur Änderung und Vereinfachung des Einkommensteuergesetzes und anderer Gesetze, BT-Drucks. 8/3688, S. 18f.

[189] BStBl. I 1980 S. 534.

[190] Vgl. Bundesregierung, StEntlG 1981, BT-Drucks. 8/3901, S. 65.

[191] BStBl. I 1981 S. 523.

[192] BStBl. I 1985 S. 391.

[193] Vgl. Bundesregierung, StSenkG, BT-Drucks. 10/2884, S. 100.

[194] BStBl. I 1988 S. 224.

[195] Vgl. im folgenden Fraktionen der CDU/CSU und FDP, Steuerreformgesetz 1990, BT-Drucks. 11/2157, S. 121, 144f.

Es sollten nur Steuerpflichtige den Vorwegabzug ungekürzt erhalten, die ihre Alters- und Krankenvorsorge voll aus versteuertem Einkommen finanzieren. Deshalb kamen die entsprechenden Arbeitgeberbeiträge zum Abzug. Die Minderung eines Ausgleichsanspruchs nach § 89b HGB durch einen Versorgungsanspruch und die Anrechnung eines Ausgleichsanspruchs nach § 89b HGB auf einen Versorgungsanspruch werden als eigene Beitragsleistung anerkannt. Sie mindern den Vorwegabzug nicht. Der Sonderausgabenvorwegabzug wurde angehoben, um insbesondere den Selbständigen, die ihre Vorsorgeaufwendungen weitgehend aus versteuertem Einkommen zahlen müssen, entgegenzukommen, indem der Vorwegabzug von ihnen in vollem Umfang genutzt werden kann.

Durch das **StÄndG 1992** vom 25.02.1992[196] wurden die Abzugsvoraussetzungen für Versicherungen auf den Erlebens- bzw. Todesfall erweitert. Die Ansprüche aus den Versicherungsverträgen dürfen nicht der Tilgung oder Sicherung von Darlehen dienen, deren Finanzierungskosten Betriebsausgaben oder Werbungskosten z.B. beim Mietwohnungsbau sind. In bestimmten Fällen gelten Ausnahmen[197]. Diese Anforderung gilt nicht für Risikolebensversicherungen. Wird diese Anforderung nicht erfüllt, so erfolgt eine Nachversteuerung. Wird die Versicherungsleistung nach Fälligkeit der Versicherung im Erlebensfall bzw. im Versicherungsfall zur Darlehenstilgung verwendet, ohne daß vorher eine Tilgungs- bzw. Sicherungsabrede getroffen wurde, so ist dies unschädlich[198]. Diese Regelung soll insbesondere den Mißbrauch bei Policendarlehen[199] verhindern, da der Zweck der Begünstigung nicht in der Schaffung steuersparender Finanzierungsmodelle liegt, sondern in der steuerlichen Förderung der privaten Vorsorge[200]. Gleichzeitig wird die Nachversteuerung bei der Rentenversicherung gegen Einmalbeitrag dahingehend geändert, daß das generelle Abtretungs- und Beleihungsverbot entfällt und die Auszahlungssperre von vorher 12 Jahren auf die gesamte Vertragsdauer ausgedehnt wird. Diese Änderung erfolgte, da der Vorsorgezweck der Lebensversicherung auch über die Mindestvertragsdauer hinaus erhalten bleiben soll[201].

---

[196] BGBl. I 1992 S. 297.

[197] Zur Beschreibung der Ausnahmen hinsichtlich bestimmter Wirtschaftsgüter, der Direktversicherung und der kurzfristigen Sicherung betrieblicher Darlehen vgl. mit Beispielen Scheurmann-Kettner, P./Broudré, A.M., StÄndG 1992 (DB 1992), S. 1110ff.

[198] Vgl. BMF, Schreiben vom 21.12.1992 - IV B1 - S 2221 - 210/92 / IV B 2 - S 2134 - 90/92, Betr.: Anwendung des § 10 Abs. 2 Satz 2 und des § 52 Abs. 13a Satz 4 EStG in der Fassung des Steueränderungsgesetzes 1992 vom 25. Februar 1992 (BGBl. I S. 297, BStBl. I S. 146), BStBl. I 1993, S. 11.

[199] Zur Beschreibung des Policendarlehens und der Funktionsweise dieser steuersparenden Finanzierungsmodelle vgl. Fraktionen der CDU/CSU und FDP, StÄndG 1992, BT-Drucks. 12/1108, S. 555ff.

[200] Vgl. Fraktionen der CDU/CSU und FDP, StÄndG 1992, BT-Drucks. 12/1108, S. 57.

[201] Vgl. Fraktionen der CDU/CSU und FDP, StÄndG 1992, BT-Drucks. 12/1108, S. 57.

Das **Zinsabschlaggesetz** vom 09.11.1992[202] erhöhte den Grundhöchstbetrag und den Vorwegabzug. Die Begründung verwies darauf, daß der Vorwegabzug in erster Linie solchen Steuerpflichtigen zugute kommen soll, die ihre Vorsorgeaufwendungen in vollem Umfang aus eigenem Einkommen bestreiten müssen[203].

2. Die einkommensteuerliche Behandlung der Rentenbezüge

Die Ausführungen dieses Kapitels behandeln die Frage, ob und in welcher Form Vermögensrückflüsse, Zinsen und der Versicherungsgewinn/-verlust durch die Gesetzesregelung erfaßt und besteuert werden. Die heutige Regelung unterscheidet zwischen den Zinsen der Ansparphase (die unter den Einkünften aus Kapitalvermögen geregelt werden) und den Zinsen der Absparphase (die unter den Einkünften aus wiederkehrenden Bezügen behandelt werden). Gemäß dieser Unterscheidung erfolgt die logische Unterteilung des Kapitels. Der Versicherungsgewinn bzw. -verlust wird gesondert behandelt.

a) Die Besteuerung der Zinsen der Ansparphase

Das **PreußEStG 1891** vom 24.06.1891[204] regelte das Einkommen aus Kapitalvermögen in § 12 PreußEStG 1891, der besagte, daß Zinsen, Renten und geldwerte Vorteile aus Kapitalforderungen steuerpflichtiges Einkommen sind. Auszahlungen von Versicherungssummen aufgrund des Eintritts des Erlebens- oder Todesfalls stellten als außerordentliche Einnahmen kein steuerpflichtiges Einkommen dar (§ 8 PreußEStG 1891).

Die unter § 12 PreußEStG 1891 fallenden Renten waren regelmäßig wiederkehrende Geldleistungen, die als Nutzungen aus einem Vermögen gezogen wurden, ohne daß ein Rückgewährungsanspruch auf den zugrundeliegenden Vermögensgegenstand bestand[205]. Leibrenten[206] fielen nicht unter Einkünfte aus Kapitalvermögen[207], sondern

---

[202] BStBl. I 1992 S. 682.

[203] Vgl. Bundesregierung, Zinsabschlaggesetz, BT-Drucks. 12/2501, S. 15.

[204] In: Grotefend, G.A. (Hrsg.), Gesetzgebungsmaterial (1891), S. 187.

[205] Vgl. Krause, P., PreußEStG 1891 (1892), § 12 Anm. 4.

[206] Der rechtliche Begriff der Leibrente ist (heutzutage) durch vier Merkmale gekennzeichnet: das Rentenstammrecht, die Leistung auf Lebenszeit, die Gleichmäßigkeit der Leistung und die Schriftform des Rentenversprechens. Vgl. Charlier, R., Renten und andere dauernde Lasten (StbJb. 1966/1967), S. 293ff.

[207] Vgl. Fuisting, B./Strutz, G., PreußEStG 1891 (1903), § 12 Anm. 8. Anders jedoch die Ausführungsanweisungen, die sie hinzurechneten. Vgl. Art 8 der Ausführungsanweisungen 1891, in: Wilmowski, B. v., PreußEStG 1891 (1896). Dies wurde von Mrozek mit der Begründung, daß Leibrenten keine Kapitalforderung zugrundeliege und es deshalb Rechte auf periodische Hebungen seien, kritisiert. Vgl. Mrozek, A., PreußEStG (1914), § 11 Anm. 1 Buchst. c. Diese Handhabung verwundert, da Zinsen eines durch jährliche Sparbeiträge angesammelten Kapitalvermögens Einkünfte aus Kapitalvermögen unabhängig von der Art ihrer Verwendung waren und dies auch galt, wenn die Zinsen bis zum Tode des Versicherten angesammelt wurden. Vgl. dazu Fuisting, B.,

unter die Rechte auf periodische Hebungen (§ 15 Abs. 1 PreußEStG 1891), obwohl der § 12 PreußEStG 1891 eine Aufteilung von Zahlungen in einen Zins- und Kapitaltilgungsanteil kannte[208]. Die Gesetzesbegründung äußerte sich zu diesem Thema nicht[209]. In den Gesetzesverhandlungen des Preußischen Hauses der Abgeordneten wurde die Aufspaltung von Zahlungen in einen steuerfreien Kapitalrückzahlungsanteil und einen steuerpflichtigen Zinsanteil diskutiert, ein Zusammenhang mit Renten jedoch nicht erwähnt[210]. In der Kommission fand eine Diskussion über Zinsanteile, die in den Rentenbezügen enthalten sind, nicht statt[211].

Nach der Begründung des Gesetzentwurfs müsse nach allgemeingültigen wirtschaftlichen Grundsätzen eine Unterscheidung zwischen steuerpflichtigem Einkommen und Stammvermögen getroffen werden[212]. Außerordentliche Zuwendungen Dritter, die dem Begünstigten ohne eigene Aufwendungen zufließen und nicht nach wirtschaftlichen Grundsätzen der Befriedigung laufender Bedürfnisse dienen, seien Zuwächse des Stammvermögens[213]. Die Aufzählungen in § 8 PreußEStG 1891 seien als Beispiele für den Vermögenszuwachs anzusehen. Da eine feste Begriffsbestimmung und eine abschließende Aufzählung nicht möglich sei, sei es den Ausführungsanweisungen und der Praxis vorbehalten, die in § 8 PreußEStG 1891 angedeuteten Grundsätze sinngemäß weiterzuentwickeln. Nur diejenigen Güter, welche durch die auf Gewinn gerichtete Tätigkeit einer Person oder durch Nutzung ihres Vermögens erzielt werden und über welche sie ohne Verminderung des Stammvermögens verfügen können, würden Einkommen bilden. In den Gesetzesverhandlungen im Haus der Abgeordneten[214], im Herrenhaus[215] und in der Kommission[216] fand eine Aussprache nicht statt.

PreußEStG 1891 (1894), § 12 Anm. 5; Fuisting, B./Strutz, G., PreußEStG 1891 (1903), § 12 Anm. 5.

[208] Vgl. Fuisting, B./Strutz, G., PreußEStG 1891 (1903), § 12 Anm. 3b.

[209] Vgl. Finanzminister, PreußEStG 1891 (FinArch. 1890), S. 277ff., 281.

[210] Vgl. Stenographische Berichte, Haus der Abgeordneten 1891, Bd. 2, S. 858f., Bd. 3, S. 1269.

[211] Vgl. 10. Kommission, Bericht, HdA-Drucks. Session 1890-91/75, S. 27.

[212] Vgl. im folgenden Finanzminister, PreußEStG 1891 (FinArch. 1890), S. 678.

[213] Die Merkmale Aufwendungen aus eigenem Vermögen und Befriedigung laufender Bedürfnisse stellen keine scharfen Abgrenzungskriterien zwischen Einkommen und außerordentlichen Einnahmen dar. Vgl. Moll, W., Steuern (1911), S. 42f. Zu der Gesetzesbegründung, dem Kriterium der laufenden Bedürfnisbefriedigung und der Unterscheidung zwischen Einkommen und Stammvermögen vgl. die scharfe Kritik bei Schanz, G. v., Einkommensbegriff I (FinArch. 1896), S. 24ff.

[214] Vgl. Stenographische Berichte, Haus der Abgeordneten 1891, Bd. 2, S. 813ff.

[215] Vgl. Stenographische Berichte, Herrenhaus 1891, Bd. 1, S. 148f.

[216] Vgl. 11. Kommission, Bericht 1891, HH-Drucks. Session 1890-91/77, S. 8f. Es findet sich nur der Hinweis, daß diese Auffassung auf ungeteilte Zustimmung stieß. Vgl. 10. Kommission, Bericht, HdA-Drucks. Session 1890-91/75, S. 21.

Diese Auffassung beruhe auf dem sich an der Quellentheorie orientierenden Einkommensbegriff[217]: "Alle Erwerbungen, die nicht in einer bestimmten Ertragsquelle ihren Ursprung haben, berühren nach dem Einkommensbegriffe nicht das Einkommen, sondern das Vermögen."[218] Einmalige Einnahmen, wie z.B. Erbschaften, Schenkungen und die Auszahlung von Versicherungssummen, sind stets Stammvermögenszugänge bzw. Vermögenszuwachs und nicht Einkommen, da etwas, "was nicht einer Person als Mittel dauernder Gütererzeugung dient, (...) für sie auch keine Quelle sein" könne[219]. Die Wiederholungsfähigkeit betrifft nicht das Einkommen und ist kein Merkmal des Einkommensbegriffs, sondern bildet die Voraussetzung der Ertragsquelle[220]. Auszahlungen von Versicherungssummen im Erlebens- oder Todesfall fallen nicht unter den Einkommensbegriff. Handelt es sich um die Verpflichtung zu einer Rentenzahlung, so bildet das Hebungsrecht eine Ertragsquelle. Gegen eine Einkommensbesteuerung spricht auch, daß außerordentliche Einnahmen nicht der laufenden Bedürfnisbefriedigung dienen[221].

Folge dieser Regelung war, daß bei Ausübung des Kapitalwahlrechts die Zinsen der Ansparphase steuerfrei blieben, bei Bezug der Rentenzahlungen hingegen die darin enthaltenen Kapitalrückflüsse und die Zinsen der Ansparphase und der Absparphase besteuert wurden. Dies ist verwunderlich, weil der Barwert der Rentenzahlungen dem Wert der nach Ausübung des Kapitalwahlrechtes zu zahlenden Versicherungssumme entspricht. Dieser Sachverhalt der Steuerfreiheit der Zinsen und Zinseszinsen im Fall der Ausübung des Kapitalwahlrechtes wurde bereits von Schanz[222] und Stüssi[223] kritisiert, die darin einen Verstoß gegen den Gleichheitsgrundsatz sahen. Eine Lebensversicherung sei wie andere Sparformen eine Ansammlung verzinslicher Kapitalien. Die Ursache sah Schanz in dem zugrundegelegten Einkommensbegriff, der sich an der Quellentheorie orientierte und eine Trennung zwischen Stammvermögenszuwachs und Einkommen zu erreichen sucht, die es wegen deren Inhaltsidentität nicht gibt[224].

---

217 Das PreußEStG 1891 folgte prinzipiell der Quellentheorie, deren Hauptvertreter Fuisting als Referent im Finanzministerium die Miquelsche Steuerreform maßgeblich mitgestaltet hatte. Vgl. Tipke, K./Lang, J., Steuerrecht (1991), S. 201. Das PreußEStG 1906 war stärker von dem Einfluß Fuistings geprägt als das vorhergehende Einkommensteuergesetz, so daß die Verwirklichung der Quellentheorie vorangeschritten war, was sich insbesondere in § 9 PreußEStG 1906 äußerte. Vgl. Moll, W., Steuern (1911), S. 42.

218 Fuisting, B., Grundzüge (1902), S. 148.

219 Fuisting, B., Grundzüge (1902), S. 148f.

220 Vgl. im folgenden Fuisting, B., Grundzüge (1902), S. 149, 151.

221 Vgl. Fuisting, B./Strutz, G., PreußEStG 1891 (1903), § 8 Anm. 2.

222 Vgl. Schanz, G. v., Lebensversicherungsprämien (FinArch. 1896), S. 221; Schanz, G. v., Einkommensbegriff I (FinArch. 1896), S. 29f., 76, 82f., 85f.

223 Vgl. Stüssi, H., Lebensversicherung (FinArch. 1891), S. 166, 195f.

224 Vgl. Schanz, G. v., Einkommensbegriff I (FinArch. 1896), S. 57. Schanz machte auf die Unzulänglichkeit der mit dem Merkmal der Regelmäßigkeit operierenden Einkommensbegriffe aufmerksam, die zu der "peinlichen Lage" führen, das Entschädigungskapital einer Lebensversicherungsgesellschaft usw. als Vermögen, sobald aber dieselbe Leistung in Form einer fortlaufenden Rente ge-

Das **PreußEStG 1906** vom 19.06.1906[225] regelte das Einkommen aus Kapitalvermögen in § 11 PreußEStG 1906 und die außerordentlichen Einnahmen in § 7 PreußEStG 1906. In der Gesetzesbegründung finden sich keine Erläuterungen[226]. Im Abgeordnetenhaus[227], im Herrenhaus[228] und in der Kommission[229] fand eine Diskussion nicht statt.

Das **EStG 1920** vom 29.03.1920[230] regelte die Einkünfte aus Kapitalvermögen im § 8 EStG 1920. Vererbliche Renten wurden unter die Einkünfte aus Kapitalvermögen gezählt (§ 8 Abs. 1 Nr. 6 EStG 1920). Leibrentenbezüge fielen wie andere unvererbliche Renten unter die sonstigen Einnahmen des § 11 EStG 1920. Kapitalempfänge aufgrund von Lebens- und sonstigen Kapitalversicherungen galten nicht als steuerbares Einkommen (§ 12 Nr. 2 EStG 1920). Die Prämienrückvergütungen, die Versicherungen auf Gegenseitigkeit an ihre Mitglieder leisten, fielen nicht unter den § 8 S. 1 Nr. 1 EStG 1920[231]. Die Begründung des Gesetzentwurfs befaßte sich ausführlich mit dem zugrundezulegenden Einkommensbegriff und wägte die Quellentheorie gegen die Reinvermögenszugangstheorie ab[232]. Die Entscheidung fiel zu Gunsten der Reinvermögenszugangstheorie aus. Das Verlassen der Quellentheorie kam vor allem durch die Besteuerung der einmaligen Entschädigungen für entgangene Einnahmen, der Lotteriegewinne und ähnlicher außerordentlicher Einnahmen, der Spekulationsgewinne und

---

währt wird, diese als Einkommen anzusehen. Vgl. Schanz, G. v., Einkommensbegriff I (FinArch. 1896), S. 28ff..

[225] In: Cretschmar, C./Grotefend, G.A. (Hrsg.), Gesetzgebungsmaterial (1906), S. 983.

[226] Vgl. o.V., ESt- und Ergänzungssteueränderungsgesetz I, HdA-Drucks. Session 1905-06/9, S. 26, 32f.

[227] Vgl. Stenographische Berichte, Haus der Abgeordneten 1906, Bd. 1, Sp. 87ff., Bd. 4, Sp. 4506, 4549.

[228] Vgl. Stenographische Berichte, Herrenhaus 1906, S. 324, 328.

[229] Vgl. 11. Kommission, Bericht 1906 II, HH-Drucks. Session 1905-06/113, S. 644f., 647; 11. Kommission, Bericht 1906 I, HdA-Drucks. Session 1905-06/259, S. 21ff., 36.

[230] RGBl. 1920 S. 359.

[231] Vgl. Zimmermann, E., EStG 1920/1921 (1921), § 8 Anm. 5; 10. Ausschuß, Bericht I, DNV-Drucks. 2149, S. 2251. Ähnliche Regelungen bestanden bereits in Preußen. Vgl. Fuisting, B./Strutz, G., PreußEStG 1891 (1903), § 15 Anm. 19; Art. 25 Nr. 2 Buchst. d der Ausführungsanweisungen 1891, in: Wilmowski, B. v., PreußEStG 1891 (1896); Mrozek, A., PreußEStG (1914), § 14 Anm. 12 Buchst. f. Auch in den folgenden Einkommensteuergesetzen werden Zinsen, die mit Beiträgen verrechnet werden, nicht dem zu versteuerndem Einkommen hinzugerechnet. Vgl. Knollmann-Gotha, J., Sonderausgaben (1935), S. 6; Zeine, P., Lebens- und Pensionsversicherung (NZ 1935), S. 22; Pogge - v. Strandmann, C.-A., EStRG (DB 1974), S. 1832; Laux, H., Einkommensteuer und Sparförderung (1974), S. 68; Fraktionen der CDU/CSU und FDP, Steuerreformgesetz 1990, BT-Drucks. 11/2157, S. 162. Die vorgebrachten Begründungen sind nicht überzeugend. Entsprechende Regelungen gelten noch heute. Diese Vorgehensweise bewirkt, daß zwei Arten von Sonderausgaben entstehen: die einen sind beschränkt und die anderen unbeschränkt abzugsfähig. Zudem wird der Eindruck erweckt, daß diese Zinsen kein Einkommen darstellen.

[232] Vgl. o.V., EStG 1920, DNV-Drucks. 1624, S. 18ff., insbesondere S. 22, 24.

der sonstigen Einnahmen, unabhängig aus welchen rechtlichen oder tatsächlichen Gründen sie dem Steuerpflichtigen zugeflossen waren, zum Ausdruck[233].

Die von Schanz aufgestellte Definition, wonach sich das Einkommen als "Reinvermögenszugang eines bestimmten Zeitabschnitts inkl. der Nutzungen und geldwerten Leistungen Dritter" ergibt[234], wurde jedoch nicht übernommen, da nicht buchführungspflichtigen Personen die Gegenüberstellung der Vermögenszu- und -abgänge nicht geläufig war und sie ihr Einkommen durch Gegenüberstellung von Einnahmen und Ausgaben ermittelten[235]. Um nicht die steuerlichen Verpflichtungen ohne zwingenden Grund weiter zu erhöhen und um nicht durch Abkehr von der üblichen Handhabung Verwirrung und Unsicherheit zu schaffen, wurde das Einkommen weiterhin als Differenz des Gesamtbetrags der Einkünfte und der im Gesetz ausdrücklich zugelassenen Abzüge definiert (§ 4 EStG 1920).

Diese Definition war in Form einer Generalklausel und nicht i.S. eines Enumerationsprinzips gehalten. Die Unterscheidung in die vier Haupteinkunftsquellen Grundbesitz, Gewerbebetrieb, Kapitalvermögen und Arbeit war lediglich beispielhaft, um dem Steuerpflichtigen das Verständnis des Einkommensbegriffs zu erleichtern[236]. Die nichterschöpfende Aufzählung der den Quellen zugeschriebenen Einkünfte (§§ 6-9 EStG 1920) sowie der Hinweis darauf, daß auch solche Einkünfte den einzelnen Quellen hinzuzurechnen waren, die nach der Verkehrsauffassung der einzelnen Einkunftsart hinzuzurechnen waren (§ 10 EStG 1920), verwies ebenfalls darauf, daß mehr eine theoretisch fundierte, allgemeingültige Definition des Einkommensbegriff zugrundegelegt werden sollte und nicht eine mittels kasuistischer, enumerativer Aufzählung erreichte Umschreibung derjenigen Tatbestände, die zu einem Einkommen führen können.

In § 12 EStG 1920 wurden wichtige Ausnahmen von der Regel, daß alle einmaligen Einkünfte zu versteuern waren, gemacht[237]. Obwohl gerade die Nichtbesteuerung einmaliger Einkünfte nach z.B. dem auf der Quellentheorie beruhenden § 7 PreußEStG 1906 aufgrund ihres Widerspruchs mit der Besteuerung nach der Leistungsfähigkeit kritisiert wurde, wurden im § 12 Nr. 2 EStG 1920 Einmalbezüge aus jeder Art von Kapitalversicherung aus sozialen Gründen steuerfrei gestellt, da diese Versicherten

---

[233] Vgl. Glaser, F., EStG 1920 (1922), § 1 Anm. 11.

[234] Siehe Schanz, G. v., Einkommensbegriff I (FinArch. 1896), S. 23.

[235] Diese Schlußfolgerung beruht darauf, daß Schanz seine Einkommenslehre mit der kaufmännischen Gewinnermittlung über die Bilanz gleichsetzte. Vgl. Schanz, G. v., Einkommensbegriff I (FinArch. 1896), S. 23, 40, 42, 87. Schon Bauckner erkannte, daß die Bilanzierungsmethode und die Methode der Reinvermögenszugänge zwei unterschiedliche Spielarten sind und Schanz letztere gemeint habe. Er hielt deshalb die Gesetzesbegründung für unpassend. Vgl. Bauckner, A., Einkommensbegriff (1921), S. 82.

[236] Vgl. o.V., EStG 1920, DNV-Drucks. 1624, S. 42f.

[237] Erler/Koppe kritisierten, daß die Regelung der Besteuerung der einmaligen Einkünfte so fast zur Ausnahme wurde. Vgl. Erler, F./Koppe, F., EStG 1920 (1920), S. 13.

40

meist nicht zu den leistungsfähigsten Steuerpflichtigen gehörten[238]. Eine Erläuterung wurde nicht gegeben. Zudem sollte der Abzug der Versicherungsbeiträge abgeschafft werden und man wollte nicht in zweifacher Richtung eine Schlechterstellung gegenüber der bisherigen Rechtslage erreichen. Da im Laufe des Gesetzgebungsverfahren die Nichtübernahme der Abzugsfähigkeit der Versicherungsbeiträge nicht durchgesetzt werden konnte, hätte diese Vorschrift gestrichen werden müssen, da ihre Begründung entfiel. Es wurde darauf hingewiesen, daß es der strengen Durchführung des dem Entwurf zugrundegelegten Einkommensbegriffs entsprechen würde, daß der Unterschied zwischen den eingezahlten Prämien und der ausgezahlten Versicherungssumme besteuert wird[239]. In der Nationalversammlung hat hierüber keine Diskussion stattgefunden[240].

Die Unterscheidung zwischen vererblichen und unvererblichen Renten und damit die steuerliche Einordnung unter Einkommen aus Kapitalvermögen bzw. sonstige Einnahmen, wurde damit begründet, daß zwar beides wiederkehrende Bezüge seien, auf die der Steuerpflichtige einen Rechtsanspruch habe, aber den unvererblichen Renten im Gegensatz zu den vererblichen Renten keine Kapitalforderung zugrundeliege[241]. Die vererblichen Rentenbezüge würden wie die Erträge eines Kapitals wirken[242] und waren in voller Höhe Einkommen aus Kapitalvermögen. Eine Begründung dafür, daß die Rentenbezüge nicht ebenfalls wie Tilgungshypotheken und -grundschulden in einen Zins- und einen Kapitalanteil unterteilt wurden (§ 8 S. 1 Nr. 5 S. 2 EStG 1920), wurde in der Begründung des Gesetzentwurfs nicht genannt. Es findet sich lediglich ein Verweis auf die Bestimmungen des bisherigen Einkommensteuergesetzes und auf die Anlehnung an den Entwurf eines Kapitalertragsteuergesetzes[243].

---

238 Vgl. im folgenden o.V., EStG 1920, DNV-Drucks. 1624, S. 20f., 44f.

239 o.V., EStG 1920, DNV-Drucks. 1624, S. 44.

240 Vgl. Stenographische Berichte, Deutsche Nationalversammlung, Bd. 332, insbesondere Protokoll der 145. Sitzung vom 01.03.1920, insbesondere S. 4578. Ebenso nicht im 10. Ausschuß. Vgl. 10. Ausschuß, Bericht I, DNV-Drucks. 2149, S. 2252, 2280ff.

241 Vgl. o.V., EStG 1920, DNV-Drucks. 1624, S. 43. Im 10. Ausschuß wurde die Regelung ohne nähere Beratung angenommen. Vgl. 10. Ausschuß, Bericht I, DNV-Drucks. 2149, S. 2252, 2279f. Das BayEStG vom 14.08.1910 kannte eine entsprechende Unterteilung (Art. 15 Abs. 1 Nr. 1, Art. 16 Abs. 1 Nr. 5 BayEStG 1910). Als Unterscheidungskriterium galt die Übertragbarkeit des der Rente zugrundeliegenden Kapitalvermögens, das im Wege der Vererbung oder unter Umständen der Veräußerung übertragen werden kann. Solche Rentenbezüge fielen unter die Einkommen aus Kapitalvermögen. Renten, über deren Rentenanspruch der Berechtigte nicht selber verfügen kann und die daher entweder mit dem Ableben des Berechtigten untergehen oder Kraft solcher Bestimmungen, die außerhalb der Einflußmöglichkeit des Berechtigten liegen, auf Dritte übergehen, zählten zu den sonstigen Bezügen. Vgl. Breunig, G. v., BayEStG 1910 (1911), § 15 Anm. 6.

242 Vgl. Mirre, L., EStG 1920 (1920), § 8 Anm. 15. Rentenzahlung enthalten jedoch einen Kapitaltilgungsanteil.

243 Vgl. o.V., EStG 1920, DNV-Drucks. 1624, S. 43. Bei Zimmermann findet sich nur der Hinweis, daß die Rentenhöhe absolut bestimmt sei, da sie nicht wie Zinsen von der Höhe der zugrundeliegenden Kapitalforderung abhängig sei, weil sie das Bestehen einer solchen nicht voraussetze. Vgl. Zimmermann, E., EStG 1920/1921 (1921), § 8 Anm. 16.

Nach § 2 Abs. 1 Nr. I 3 des KEStG 1920 vom 29.03.1920[244] waren Zinsen, die bei Lebens-, Kapital- und Rentenversicherungen auf die Prämienreserve der Versicherten rechnungsmäßig nach dem Geschäftsplan entfallen, steuerbare Kapitalerträge, weil in wirtschaftlicher Hinsicht eine Lebensversicherung nichts anderes als eine längerfristige, thesaurierende Kapitalanlage bei einer Sparkasse sei[245]. Die aufgelaufenen Zinsen waren, auch wenn der Versicherungsnehmer vor Eintritt des Versicherungsfalls keinen Anspruch auf sie hatte und ihre Höhe nicht kannte, dem von der Aufsichtsbehörde genehmigten Geschäftsplan der Versicherung zu entnehmen. Die auf die Zinsen zu entrichtende Steuer war ausnahmsweise nicht erst mit Zufluß der Zinsen zu entrichten[246]. Diese Handhabung kam im Gesetzeswortlaut des § 8 EStG 1920 jedoch nicht zum Ausdruck und wurde in den Gesetzesverhandlungen nicht diskutiert.

Eine Diskrepanz zwischen diesen beiden Gesetzen wurde nur hinsichtlich der Besteuerung des Einkommens aus der Beteiligung an einer Gesellschaft mit beschränkter Haftung diskutiert[247]. Zwischen beiden Gesetzen bestand nur insofern ein Zusammenhang, als daß die Kapitalertragsteuer unter bestimmten Umständen von der Einkommensteuer absetzbar sein sollte[248]. Eine Diskussion fand hierüber nicht statt. In den im Literaturverzeichnis angegebenen Kommentaren zum EStG 1920 sind keine Hinweise auf diese Diskrepanz zu finden, noch werden Gründe genannt, warum die ursprüngliche Absicht, die Bestimmungen des Kapitalertragsteuergesetzes in das Einkommensteuergesetz zu integrieren, fallen gelassen wurde. Bei Erler/Koppe läßt sich nur der Hinweis finden, daß die Vorschriften sich im wesentlichen decken würden[249]. Lediglich Glaser nimmt zu dieser Abweichung Stellung und begründet die Nichterwähnung im Einkommensteuergesetz damit, daß die auf die Prämienreserve entfallenden Zinsen nach der Verkehrsauffassung weder als Einkünfte aus Kapitalvermögen noch als Einkünfte überhaupt angesehen werden könnten und deshalb nicht einkommensteuerpflichtig seien[250]. Sie würden stets erst mit dem Versicherungskapital bezahlt werden

---

[244] RGBl. 1920 S. 345.

[245] Vgl. im folgenden o.V., Entwurf eines Kapitalertragsteuergesetzes, DNV-Drucks. 1625, S. 14f.

[246] Die Kapitalertragsteuer war nur in bestimmten Fällen auf die Einkommensteuer anrechenbar, i.d.R. unterlagen die Erträge beiden Steuern nebeneinander. Vgl. Kuhn, K., EStG 1920 (1922), § 8 Anm. 3. Die Kapitalertragsteuer war als Objekt- und nicht als Personalsteuer ausgestaltet. Vgl. o.V., Entwurf eines Kapitalertragsteuergesetzes, DNV-Drucks. 1625, S. 7, 10f., 15; Zimmermann, E., EStG 1920/1921 (1921), § 8 Anm. 22.

[247] Vgl. 10. Ausschuß, Bericht I, DNV-Drucks. 2149, S. 2251, 2279.

[248] Vgl. 10. Ausschuß, Bericht II, DNV-Drucks. 2157, S. 2313f., 2317f., 2328f.

[249] Vgl. Erler, F./Koppe, F., EStG 1920 (1920), § 8 Anm. 1. Ebenso Kuhn, K., EStG 1920 (1922), § 8 Anm. 3.

[250] Vgl. im folgenden Glaser, F., EStG 1920 (1922), § 8 Anm. 1.

und die Eigenschaft der Steuerfreiheit dieser Kapitalzahlungen nach § 12 Nr. 4 EStG 1920[251] teilen.

Hinsichtlich der Kapitalabfindungen aus Rentenversicherungen bestanden Zweifel, ob sie steuerfrei[252] oder nach § 11 Nr. 3 EStG 1920[253] steuerpflichtig waren[254]. In den Gesetzesverhandlungen wurde ein Antrag gestellt, nach dem Kapitalabfindungen als Ersatz von Renten steuerpflichtig sein sollten[255]. Der Antrag wurde zurückgezogen, weil aufgrund des allgemeinen Grundsatzes der Einkommensbesteuerung bei der Veräußerung von Rechten der erzielte Gewinn der Einkommensteuer unterliegt. Im Fall der Ausübung des Kapitalwahlrechts wird zur Einkommensbesteuerung der Teil der Abfindung herangezogen, um den die Abfindung den kapitalisierten Wert der Rente übersteigt. Das Problem der Kapitalabfindung bestand auch in der Folgezeit[256]. Der RFH versuchte die in der Vollbesteuerung liegende Unbilligkeit abzumildern, indem er Kapitalabfindungen von Renten nicht als steuerpflichtig ansah[257]. Nach Einführung der Ertragsanteilsbesteuerung bestand dieses Problem nicht mehr. Klein / Flockermann / Kühr merkten zum EStG 1979 an, daß die Rückzahlung des gesamten Kapitals durch die Ablösesumme nicht der Einkommensteuer unterliege, da bei Leibrenten nur der in den einzelnen Rentenbezügen enthaltene Zinsanteil als Ertragsanteil, nicht aber der jeweilige Kapitaltilgungsanteil, steuerlich zu erfassen sei[258].

Das **EStG 1925** vom 10.08.1925[259] regelte die Einkünfte aus Kapitalvermögen in § 37 EStG 1925 und übernahm im wesentlichen die Regelungen des EStG 1920, jedoch wurden vererbliche Renten ausgegliedert und fielen jetzt unter die anderen wiederkehrenden Bezüge (§ 40 Nr. 1 EStG 1925). Die Aufzählung in § 37 EStG 1925 war nicht abschließend. Die Einkommensquellen waren im EStG 1925 nicht abschließend aufgezählt. Zu den acht Einkommensarten sollten auch Einkünfte zählen, die an der entsprechenden Stelle nicht genannt wurden, aber nach der Verkehrsauffassung dieser Einkommensart hinzuzurechnen waren (§ 6 Abs. 2 EStG 1925). Die Einkommensarten hingegen waren abschließend aufgezählt. Dem EStG 1925 lag weder die Quellen-

---

[251] § 12 Nr. 4 EStG 1920: "Als steuerbares Einkommen gelten nicht: Kapitalabfindungen, die aufgrund der §§ 1298, 1299, 1300, 1712, 1714, 1715, 1716 des Bürgerlichen Gesetzbuches bezahlt wurden."

[252] Diese Auffassung vertrat z.B. Kuhn. Vgl. Kuhn, K., EStG 1920 (1922), § 12 Anm. 3.

[253] § 11 Nr. 3 EStG 1920: "Zu den sonstigen Einnahmen im Sinne des § 5 gehören insbesondere Entschädigungen, die als Ersatz für entgehende Einnahmen gewährt werden."

[254] Mirre hielt es für zweifelhaft. Vgl. Mirre, L., EStG 1920 (1920), § 11 Anm. 4.

[255] Vgl. im folgenden 10. Ausschuß, Bericht I, DNV-Drucks. 2149, S. 2280f.

[256] Vgl. Becker, E., EStG 1925 (1928/1929/1933), § 6 Anm. 25, § 40 Anm. 7, § 44 Anm. 7a, d; Blümich, W./Schachian, H., EStG 1925 (1925), § 6 Anm. 5, § 44 Anm. 2; Strutz, G., EStG 1925 (1927/1929/1939), § 6 Anm. 55.

[257] Vgl. RFH, Urteil vom 14.10.1936 - VI A 82/36, RStBl. 1937 S. 110; RFH, Urteil vom 16.01.1942 - IV 75/41, RStBl. 1942 S. 365.

[258] Vgl. Klein, F./Flockermann, P.G./Kühr, C., EStG (1981), § 22 Anm. 4a Tz. 88.

[259] RGBl. I 1925 S. 189.

theorie noch der Schanzsche Einkommensbegriff zugrunde, da das Einkommen ein wirtschaftlicher Begriff sei, der für ein Steuergesetz nicht ausreichend sei[260]. Statt dessen wurde eine abschließende Aufzählung der Einkommensarten, "die für die Besteuerung überhaupt nur in Frage kommen", in § 6 EStG 1925 vorgenommen, die Vorschriften systematisch gegliedert, die Terminologie konsequent abgegrenzt und eingehalten und die pragmatische Bestimmung des Einkommensteuerobjekts durch eine abschließende Enumeration der Einkünfte beibehalten. Diese pragmatische Sicht wurde auch später beibehalten und positiv beurteilt[261]. Die angebliche Überlegenheit einer pragmatischen Aufzählung einzelner Tatbestände gegenüber einer allgemeinen, wirtschaftlichen Einkommensdefinition wurde jedoch nicht erläutert.

Die einmaligen Kapitalempfänge aufgrund von Lebensversicherungen waren nach § 6 Abs. 3 EStG 1925 steuerfrei. Die Begründung des Gesetzentwurfs verwies darauf, daß diese Einkünfte stets steuerfrei gewesen wären und diese Regelung gegenüber der erschöpfenden Bestimmung der Einkunftsarten nach § 6 Abs. 1 EStG 1925 nur deklaratorischen und keinen konstitutiven Charakter habe[262]. Im Parlament wurde diese Vorschrift nicht diskutiert[263].

Abgrenzungsprobleme bestanden zwischen den Einkünften aus Kapitalvermögen und dem Einkommen aus anderen wiederkehrenden Bezügen, wenn es sich um wiederkehrende Bezüge handelte, die gegen einmaliges Entgelt erworben wurden[264]. Wiederkehrende Bezüge lagen nicht vor, wenn sie entgeltlich erworben wurden und die Leistungen wirtschaftlich gesehen eine Kapitalrückzahlung darstellten. In diesem Fall waren die Zinsen, die sich als Differenz des unter Zugrundelegung eines Zinsfußes von 5,5% ermittelten Rentenbarwerts und der Summe der Rentenzahlungen ergaben, gleichmäßig auf die einzelnen Jahre zu verteilen. Bei Leibrenten und Versicherungsleistungen wurde ohne Erläuterung davon ausgegangen, daß keine Kapitalrückzahlung vorliegt.

Der Steuerabzug vom Kapitalertrag wurde in den §§ 82 bis 88 EStG 1925 geregelt. Zinsen auf Sparanteile in Lebensversicherungen wurden nicht mehr erfaßt. Der Kreis der unter § 83 EStG 1925 fallenden Einkünfte war einerseits enger, andererseits weiter als der des § 37 EStG 1925 gefaßt[265]. Die Gesetzesbegründung verwies auf die Geldentwertung. Diese führe dazu, daß nicht mehr wie nach dem Kapitalertragsteuergesetz

---

260 Vgl. im folgenden RdF, EStG 1925, RT-Drucks. 3/795, S. 21f. Vgl. zum Einkommensbegriff auch Becker, E., EStG 1925 (1928/1929/1933), § 6 Anm. 2-4. Mrozek sah eine vollständige Abkehr von der Schanzschen Reinvermögenszugangstheorie. Vgl. Mrozek, A., EStG 1925 (1926), S. XIV. Strutz meinte, daß der Einkommensbegriff sich grundsätzlich an der Quellentheorie orientiere. Vgl. Strutz, G., EStG 1925 (1927/1929/1930), § 6 Anm. 2.

261 Vgl. o.V., EStG 1934, RStBl. 1935 S. 34; Bundesregierung, Drittes Steuerreformgesetz, BT-Drucks. 7/1470, S. 211.

262 Vgl. RdF, EStG 1925, RT-Drucks. 3/795, S. 22, 40.

263 Vgl. Stenographische Berichte, Reichstags 1925, Bd. 387, S. 3582ff.

264 Vgl. im folgenden Becker, E., EStG 1925 (1928/1929/1933), § 37 Anm. 33, § 40 Anm. 6b.

265 Vgl. mit Beispielen Strutz, G., EStG 1925 (1927/1929/1939), § 83 Anm. 3.

von 1920 eine Sonderbelastung des Einkommens aus Kapitalvermögen vor dem den Zufälligkeiten des Fortbestandes und der Dauer der Arbeitskraft ausgesetzten unfundierten Einkommen gerechtfertigt sei[266]. Deshalb müsse die Kapitalertragsteuer keine Vorausbelastung, sondern eine Vorauszahlung auf die Einkommensteuer darstellen. Es wurde auf die aus volkswirtschaftlichen Gründen nötige Förderung der Neubildung des durch die Inflation verlorengegangenen Kapitalvermögens hingewiesen. Die Gesetzesbegründung gab als Grund für die Beschränkung des Kreises der dem Steuerabzug unterliegenden Kapitalerträge u.a. die Schwierigkeiten bei den Kontrollarbeiten und die Nichtbewährung des Verfahrens an, ging aber nicht auf Zinsen aus Lebensversicherungen ein. Im Ausschuß[267] und im Reichstag[268] setzten sich Anträge auf Beibehaltung der Fassung von 1920 nicht durch, und eine Diskussion über die geänderte Behandlung der Zinsen aus Lebensversicherungen unterblieb.

Seit dem **EStG 1934** vom 16.10.1934[269] werden die Einkünfte aus Kapitalvermögen im § 20 EStG und die steuerfreien Einnahmen[270] in § 3 EStG geregelt. Auszahlungen von Versicherungssummen im Erlebens- oder Todesfall werden nicht aufgeführt. Bei der Regelung der Einkünfte aus Kapitalvermögen wurde der § 37 EStG 1925 im wesentlichen übernommen[271]. Die Gesetzesbegründung verwies bei der Gestaltung der steuerfreien Einnahmen auf die Übernahme der Vorschriften des § 8 EStG 1925[272]. Die Kapitalzahlungen werden nicht mehr als steuerfrei aufgeführt, da sich ihre Steuerfreiheit bereits aus dem Einkommensbegriff ergibt[273].

Im **EStRG** vom 05.08.1974[274] wurden rechnungsmäßige und außerrechnungsmäßige Zinsen aus den Sparanteilen, die in den Beiträgen zu Versicherungen auf den Erlebens- oder Todesfall enthalten sind, zum ersten Mal explizit im Gesetz als zu den Einkünften aus Kapitalvermögen zählend aufgeführt. Unter rechnungsmäßigen

---

[266] Vgl. im folgenden RdF, EStG 1925, RT-Drucks. 3/795, S. 36f., 73f.

[267] Vgl. 6. Ausschuß, Bericht, RT-Drucks. 3/1229, S. 30, 55.

[268] Vgl. Stenographische Berichte, Reichstag 1925, Bd. 387, S. 3685f., 4199f.

[269] RGBl. I 1934 S. 1005.

[270] Die Titelüberschrift lautete steuerfreie Einkünfte. Es handelt sich jedoch um Einnahmen und nicht um Einkünfte. Eine folgerichtige Änderung in steuerfreie Einnahmen erfolgte erst durch das Gesetz zur Neuordnung von Steuern vom 16.12.1954 (BStBl. I 1954 S. 668).

[271] Vgl. o.V., EStG 1934, RStBl. 1935 S. 44.

[272] Vgl. o.V., EStG 1934, RStBl. 1935 S. 36.

[273] Vgl. o.V., EStG 1934, RStBl. 1935 S. 35. Alle Einkünfte, die keiner der sieben Einkunftsarten zuzurechnen sind, sind steuerfrei. Vgl. Oswald, Versicherungsrenten (WPg 1953), S. 134. Solche Auffassungen bestanden auch schon bezüglich der entsprechenden Regelung im PreußEStG 1891/1906. Die Vorschriften über die nicht als Einkommen anzurechnenden Erwerbungen hielt Fuisting aufgrund des Einkommensbegriffs für entbehrlich. Vgl. Fuisting, B., Einkommensbesteuerung (1903), S. 36. Entsprechend die Ansicht zu § 6 Abs. 3 EStG 1925. Diese Argumentation traf jedoch nur auf das PreußEStG 1891/1906 zu, da einmalige Kapitalempfänge nicht unter den Einkommensbegriff der Quellentheorie fallen. In den anderen Einkommensteuergesetzen müssen die Zinsen der Ansparphase aus der Versicherungssumme bzw. Kapitalabfindung besteuert werden.

[274] BStBl. I 1974 S. 530.

Zinsen wurden die bei Vertragsabschluß garantierten Zinsen, die mit der fälligen Lebensversicherungssumme zufließen, verstanden[275]. Außerrechnungsmäßige Zinsen sind jene, die entweder zur Beitragsrückerstattung oder zur Erhöhung der Versicherungssumme verwendet werden. Gleichzeitig wurden Zinsen aus Versicherungen, deren Prämien als Vorsorgeaufwendungen berücksichtigungsfähig sind, ausgenommen, wenn die Zinsen mit Beiträgen verrechnet wurden oder die Auszahlung frühestens im Versicherungsfall oder 12 Jahre nach Vertragsschluß erfolgte. Diese Vorschrift war für Risikolebensversicherungen, deren Beiträge auch als Vorsorgeaufwendungen berücksichtigungsfähig sind und folglich von dieser Vorschrift erfaßt wurden, nicht relevant, da Risikolebensversicherungen keine Sparanteile enthalten.

Die Änderung erfolgte, um solche Versicherungen zukünftig nicht mehr steuerlich zu begünstigen, bei denen der Vorsorgezweck nicht im Vordergrund steht und bei denen sich ohne wesentliches Risiko ein beachtlicher Vermögenszuwachs erzielen läßt[276]. Die Steuerfreiheit der erwirtschafteten Zinsen aus bestimmten Versicherungen wurde mit der Förderung der eigenverantwortlichen Vorsorge und der Schaffung eines Ausgleichs für diese dem Geldwertänderungsrisiko unterliegenden, i.d.R. sehr langfristigen Geldanlagen begründet. Steuerpflichtig waren Zinsen aus fondsgebundenen Lebensversicherungen[277], aus Rentenversicherungen, bei denen das Kapitalwahlrecht innerhalb der ersten zwölf Jahre ausgeübt werden kann, aus Versicherungen gegen Einmalbeitrag, sofern es keine Rentenversicherungen ohne Kapitalwahlrecht sind, und aus Kapitallebensversicherungen mit einer Vertragsdauer von unter zwölf Jahren. Bei Rückkauf von Versicherungen vor Ablauf der Mindestlaufzeit fand bezüglich der Sonderausgaben, mit Ausnahme der Rentenversicherung gegen Einmalbeitrag, keine Nachversteuerung statt, während die Steuerfreiheit der Zinsen aufgehoben wurde. Die Beiträge zu Rentenversicherungen ohne Kapitalwahlrecht gegen laufende Beitragszahlungen waren als Sonderausgaben abzugsfähig, ohne daß eine Mindestlaufzeit vorgegeben wurde, während die Zinsen aus ihnen nur bei Einhaltung einer 12jährigen Mindestlaufzeit steuerfrei waren. Begründungen für das Auseinanderfallen dieser Regelungen wurden nicht gegeben. Dies ist um so verwunderlicher, da die durch das StÄndG 1992 vom 25.02.1992[278] erfolgte Anpassung der Voraussetzungen für die Steuerfreiheit der Zinsen an die verschärften Voraussetzungen für den Sonderausgabenabzug, nach denen die Versicherung nicht der Sicherung oder Tilgung bestimmter

---

[275] Vgl. zu den beiden Begriffen Bundesregierung, Drittes Steuerreformgesetz, BT-Drucks. 7/1470, S. 273.

[276] Vgl. im folgenden Bundesregierung, Drittes Steuerreformgesetz, BT-Drucks. 7/1470, S. 273.

[277] Durch das KStRG vom 31.08.1976 (BStBl. I 1976 S. 445) wurde der Katalog der Versicherungen um fondsgebundene Lebensversicherungen erweitert. Dies war in dem ursprünglichen Entwurf bereits vorgesehen. Vgl. Bundesregierung, Drittes Steuerreformgesetz, BT-Drucks. 7/1470, S. 273. Warum sie als zinsbegünstigt, aber nicht als vorsorgebegünstigt eingeführt wurden und somit eine Inkongruenz vorliegt, wurde nicht erläutert.

[278] BGBl. I 1992 S. 297.

Darlehen dienen durfte, mit der Erhaltung der Gleichartigkeit der Voraussetzungen begründet wurde[279].

Eine tiefgreifende Änderung erfolgte durch das **Steuerreformgesetzes 1990** vom 25.07.1988[280]. Alle Erträge aus Versicherungen auf den Erlebens- oder Todesfall waren steuerpflichtig. Davon ausgenommen war eine Verzinsung von 3,5% der Guthaben bei Versicherungen, deren Beiträge vorsorgebegünstigt waren. Weitere Voraussetzung war, daß die Zinsen mit Beiträgen verrechnet oder erst im Zeitpunkt des Versicherungsfalls bzw. im Fall des Rückkaufs nicht innerhalb einer Frist von zwölf Jahren nach Vertragsabschluß ausgezahlt wurden. Bei außerrechnungsmäßigen Zinsen wurde der Zufluß mit Gutschrift fingiert.

Aus Gründen der Steuergerechtigkeit wurde besonders auf eine möglichst gleichmäßige Behandlung der Einkunftsarten und der Steuerpflichtigen und eine gleichmäßigere, korrekte steuerliche Erfassung der Einkünfte aus Kapitalvermögen wertgelegt[281]. Weitere Gesichtspunkte waren die Abschaffung der steuerlichen Benachteiligung von arbeitsplatzschaffenden Anlagen gegenüber Finanzanlagen, die Belebung des Risikokapitalmarkts, die Stärkung des unternehmerischen Eigenkapitals und andere wirtschafts- und beschäftigungspolitische Gründe. Die Steuerfreiheit einer Verzinsung von 3,5%, die dem von der Aufsichtsbehörde für das Versicherungswesen genehmigten Satz für rechnungsmäßige Zinsen entsprach, sollte der Freistellung der rechnungsmäßigen Zinsen von der Einkommensteuer dienen, damit das zum Aufbau der Versicherungssumme dienende Kapital nicht geschmälert wird. Da außerrechnungsmäßige Zinsen steuerpflichtig waren, scheint der Umstand, daß außerrechnungsmäßige Zinsen der Aufstockung der Versicherungssumme dienen können, nicht als förderungswürdig angesehen worden zu sein. Als Zufluß galt unabhängig vom Auszahlungszeitpunkt der Zeitpunkt der Gutschrift, z.B. der der Rückstellungsauflösung für Beitragsrückgewähr oder der Direktgutschrift. Der fingierte Zufluß bei außerrechnungsmäßigen Zinsen und die davon abweichende Behandlung der Zinsen aus Versicherungen gegen Einmalbeitrag, die im Zeitpunkt der Auszahlung als zugeflossen galten, wurden nicht begründet.

Die Änderungen standen in Zusammenhang mit der Einführung einer 10%igen sog. kleinen Kapitalertragsteuer auf außerrechnungsmäßige Erträge aus Lebensversicherungsverträgen. Diese sollte Abgeltungscharakter haben, so daß die Möglichkeit einer Anrechnung der Kapitalertragsteuer auf die Einkommensteuer und einer höheren Besteuerung als mit 10% abgesehen von Ausnahmen nicht bestand. Ausnahmen galten nur für Betriebseinnahmen und für Steuerpflichtige, die einen niedrigeren Durch-

---

279 Vgl. Fraktionen der CDU/CSU und FDP, StÄndG 1992, S. 59.

280 BStBl. I 1988 S. 224.

281 Vgl. im folgenden CDU/CSU und FDP, Steuerreformgesetz 1990, BT-Drucks. 11/2157, S. 117f., 147, 162. Die Förderung des reinen Geld- und Versicherungssparens, die bisher zur Begründung der Freistellung der Versicherungszinsen von der Einkommensteuer herangezogen wurde, war umstritten. Es wurde auf die Wichtigkeit der Förderung der Lebensversicherung im Hinblick auf die Probleme der gesetzlichen Rentenversicherung und der daraus folgenden Schaffung von Anreizen für die private, zusätzliche Altersvorsorge hingewiesen. Vgl. Finanzausschuß, Steuerreformgesetz 1990, BT-Drucks. 11/2536, S. 23, 62.

schnittseinkommensteuersatz hatten oder die nicht zur Einkommensteuer veranlagt wurden und daher eine Nichtveranlagungsbescheinigung und eine entsprechende Erstattung der Kapitalertragsteuer beantragen konnten[282]. Die damit erreichte Definitivsteuer sowie die Kapitalertragsteuer an sich waren umstritten. Es gab eine Fülle von Vorschlägen für begleitende Maßnahmen und Ersatzregelungen, die andere Möglichkeiten zur Erreichung der Gleichmäßigkeit der Besteuerung aufzeigten[283]. Auf andere Zinserträge wurde eine Kapitalertragsteuer von 25% erhoben, die auf die persönliche Einkommensteuer angerechnet wurde. Die Erträge aus Versicherungen gegen Einmalbeitrag unterlagen unabhängig von der Laufzeit des Versicherungsvertrags im Zeitpunkt der Auszahlung einer Kapitalertragsteuer von 25%. Eine Begründung für diese unterschiedliche Handhabung wurde nicht gegeben.

Für Lebensversicherungen ergab sich folgende Regelung:

	vereinbarte Laufzeit über 12 Jahre	vereinbarte Laufzeit über 12 Jahre aber Rückkauf vor Ablauf von 12 Jahren	vereinbarte Laufzeit unter 12 Jahren
rechnungsmäßige Zinsen	einkommensteuerfrei	25% KESt[1]	25% KESt[1]
laufend gutgeschriebene, außerrechnungsmäßige Zinsen	10% KESt	10% KESt[2]	10% KESt[2]
am Ende der Versicherungslaufzeit ausgezahlte Erträge	10% KESt	25% KESt	25% KESt
Erträge, die während der Laufzeit ausgezahlt werden	25% KESt	25% KESt	25% KESt
Erträge, die mit Beiträgen verrechnet werden	25% KESt	25% KESt	25% KESt

Index:
[1] Die Zinsen werden am Ende der Laufzeit ausgezahlt.
[2] Um eine umständliche Nachversteuerung der bereits mit 10 % versteuerten Erträge zu vermeiden, wurden außerrechnungsmäßige Zinsen, die laufend gut geschrieben wurden, von vornherein nur einem Steuerabzug von 10% unterworfen.

Abb. 4: Besteuerung der Zinserträge nach dem Steuerreformgesetz 1990
(Quelle: zusammengestellt nach Fraktionen der CDU/CSU und FDP, Steuerreformgesetz 1990, BT-Drucks. 11/2157, S. 162.)

Durch das **Gesetz zur Änderung des Steuerreformgesetzes 1990 sowie zur Förderung des Mietwohnungsbaus und von Arbeitsplätzen in Privathaushalten** vom

---

282 Vgl. Fraktionen der CDU/CSU und FDP, Steuerreformgesetz 1990, BT-Drucks. 11/2157, S. 162f.

283 Vgl. Finanzausschuß, Steuerreformgesetz 1990, BT-Drucks. 11/2536, S. 19ff., 54ff., 72ff.

30.06.1989[284] wurde die letzte Änderung rückwirkend aufgehoben und der vorherige Zustand wieder hergestellt. Die rückwirkende Aufhebung der für Lebensversicherungserträge geltenden Kapitalertragsteuer wurde mit der Rücknahme der Ausdehnung der Einkommenssteuerpflicht für bestimmte Erträge begründet und die Ausdehnung der Einkommensteuerpflicht "folgerichtig" mit der Abschaffung der Kapitalertragsteuer zurückgenommen.

Dieser Zirkelschluß wurde nicht näher erläutert, obwohl zwischen der Einführung der Kapitalertragsteuer und der Ausdehnung der Einkommensteuerpflicht bestimmter Versicherungserträge nur ein zeitlicher, aber kein sachlicher Zusammenhang erkennbar ist. Begründet wurde nur die Abschaffung der Kapitalertragsteuer auf sonstige Kapitalerträge[285]. Angeführt wurden die Beseitigung des erheblichen Verwaltungsaufwandes, die Belastung des Kapitalmarktes und der gestiegenen Kapitalexport sowie die Stärkung des Wechselkurses der Deutschen Mark und der Abbau des Leistungsbilanzüberschusses. Die Versteuerung der Zinseinkünfte sollte nun durch Hinweise der Kreditinstitute auf die Steuerpflicht der Zinsen, durch die Bestätigung der richtigen Erklärung der Zinseinkünfte auf den Anträgen zum Lohnsteuerjahresausgleich und der Beibehaltung des Gesetzes zur strafbefreienden, nachträglichen Erklärung der Zinseinkünfte sicher gestellt werden.

Das **Zinsabschlaggesetz** vom 09.11.1992[286] dehnte die Kapitalertragsteuer von 30%[287] auf Zinsen aus Kapitalforderungen jeder Art aus, soweit es sich nicht um Sichteinlagen mit einer Verzinsung von bis zu 1% oder um einmal pro Kalenderjahr gutgeschriebene Zinsen von nicht mehr als DM 20,- handelt oder sonstige Ausnahmetatbestände erfüllt werden (§§ 43 Abs. 1 Nr. 7, 43a Abs. 1 Nr. 4 EStG 1990). Für Zinsen aus Lebensversicherungen gilt ein besonderer Steuersatz von 25%.

Vorausgegangen war ein Beschluß des Bundesverfassungsgerichts, nach dem eine materielle Steuernorm, die nahezu allein auf der Erklärungsbereitschaft des Steuerpflichtigen beruht, verfassungswidrig ist, weil die Erhebungsregeln weitgehend Kontrollen vermeiden und daher die Durchsetzung des Besteuerungsanspruchs und damit die Gleichmäßigkeit der Besteuerung prinzipiell nicht gewährleistet ist[288]. Dem Gesetzgeber wurde bis zum 01.01.1993 eine Frist zur Nachbesserung der Zinsbesteuerung

---

[284] BStBl. I 1989 S. 251.

[285] Vgl. im folgenden Bundesregierung, Gesetz zur Änderung des Steuerreformgesetzes 1990, BT-Drucks. 11/4688, S. 9, 12f.

[286] BStBl. I 1992 S. 682.

[287] Der Entwurf sah einen Steuersatz von 25% vor. Vgl. Bundesregierung, Zinsabschlaggesetz, BT-Drucks. 12/2501, S. 17.

[288] Vgl. BVerfG, Beschluß vom 27.06.1991 - 2 BvR 1493/89, BVerfGE, Bd. 84, S. 272ff. Über die Höhe der nicht erfaßten Kapitaleinkünfte gab es nur Schätzungen, deren Schwankungsbreite erheblich war. Vgl. BVerfG, Beschluß vom 27.06.1991 - 2 BvR 1493/89, BVerfGE, Bd. 84, 260, 262f., 265, 276ff.

gewährt[289]. Bei der Neuregelung stand es dem Gesetzgeber frei, die Geldwertabhängigkeit der Kapitalanlagen zu berücksichtigen und dem Umstand Rechnung zu tragen, daß das Kapitalvermögen der Altersversorgung dient[290]. Wird die Form einer verfassungsrechtlich zulässigen Definitivsteuer gewählt, muß "dem vermutlich unterdurchschnittlichen Steuersatz der Kleinsparer durch beachtliche Freibeträge Rechnung" getragen werden[291]. Das Bundesverfassungsgericht schrieb dem Gesetzgeber vor, zwischen der Einführung einer Quellensteuer oder eines Kontrollmitteilungsverfahrens zu wählen[292].

Der Gesetzgeber bezog sich auf dieses Urteil und begründete die erhebliche Erhöhung des Sparerfreibetrags mit der zunehmenden Bedeutung der Kapitalbildung sowie der Kapitalerträge für die Altersvorsorge, insbesondere für die Eigenvorsorge des Mittelstandes[293]. In früheren Gesetzesentwürfen wurden zu seiner Begründung nicht die Altersvorsorge, sondern die eigenverantwortliche Vorsorge gegen die Wechselfälle des Lebens allgemein, kapital-, gesellschafts- und eigentumspolitische Gründe, die Zunahme des Geldvermögens breiter Bevölkerungsschichten und die Steuerfreistellung der Kleinsparer und die zunehmende Anzahl von Steuerpflichtigen, die ihre Kapitaleinkünfte ordnungsgemäß angeben, vorgebracht[294].

b) Die Besteuerung der Zinsen der Absparphase

Im **PreußEStG 1891** vom 24.06.1891[295] wurden Leibrentenbezüge im § 15 Abs. 1 PreußEStG geregelt und waren in voller Höhe steuerpflichtig, so daß der Kapitalrückfluß besteuert wurde. Die Gesetzesbegründung äußerte sich zu diesem Thema nicht[296]. Eine Diskussion fand im Haus der Abgeordneten[297], im Herrenhaus[298] und in der

---

289 Vgl. BVerfG, Beschluß vom 27.06.1991 - 2 BvR 1493/89, BVerfGE, Bd. 84, S. 285. Die Gewährung einer Übergangsfrist, nach der die steuerliche Norm erst verfassungswidrig wird, wird kritisiert. Vgl. Bilsdorfer, P., Zinsbesteuerungsurteil (BB 1991), S. 1456.

290 Vgl. BVerfG, Beschluß vom 27.06.1991 - 2 BvR 1493/89, BVerfGE, Bd. 84, S. 282.

291 Vgl. BVerfG, Beschluß vom 27.06.1991 - 2 BvR 1493/89, BVerfGE, Bd. 84, S. 282f. Die erhebliche Anhebung des Sparerfreibetrags bewirkt, daß gut 80% der vorher Steuerpflichtigen von der Besteuerung der Einkünfte aus Kapitalvermögen freigestellt sind. Vgl. Bundesregierung, Zinsabschlaggesetz, BT-Drucks. 12/2501, S. 11. Die Einführung eines beachtlichen Sparerfreibetrages ruft neue Ungleichheiten gegenüber den Beziehern anderer Einkunftsarten hervor. Vgl. Dziadkowski, D., Zinsbesteuerung (BB 1991), S. 1833.

292 Vgl. Bilsdorfer, P., Zinsbesteuerungsurteil (BB 1991), S. 1457.

293 Vgl. Bundesregierung, Zinsabschlaggesetz, BT-Drucks. 12/2501, S. 11.

294 Vgl. Bundesregierung, Drittes Steuerreformgesetz, BT-Drucks. 7/1470, S. 220; Bundesregierung, Gesetz zur Änderung des Steuerreformgesetzes 1990, BT-Drucks. 11/4688, S. 9, 13.

295 In: Grotefend, G.A. (Hrsg.), Gesetzgebungsmaterial (1891), S. 187.

296 Vgl. Finanzminister, PreußEStG 1891 (FinArch. 1890), S. 277ff., 281.

297 Vgl. Stenographische Berichte, Haus der Abgeordneten 1891, Bd. 2, S. 865; Bd. 3, S. 1283.

298 Vgl. Stenographische Berichte, Herrenhaus 1891, Bd. 1, S. 149.

Kommission[299] nicht statt. Eine entsprechende Vorschrift bestand im **PreußEStG 1906** vom 19.06.1906[300], das die Leibrenten in § 14 Abs. 1 PreußEStG 1906 regelte. In der Gesetzesbegründung finden sich keine Erläuterungen[301] und im Abgeordnetenhaus[302], im Herrenhaus[303] und in der Kommission[304] wurde nicht über Leibrenten beraten.

Die Vorschriften lassen sich mit der Quellentheorie erläutern: Einkommen ist die Gesamtheit der Sachgüter, welche in einer bestimmten Periode dem Einzelnen als Erträge aus dauernden Quellen der Gütererzeugung zur Bestreitung der persönlichen Bedürfnisse für sich und für die auf den Bezug ihres Lebensunterhaltes von ihm gesetzlich angewiesenen Personen zur Verfügung stehen[305]. Einkommen ist der Reinertrag bestimmter Ertragsquellen, zu denen das Geldkapital, der Grundbesitz, der Gewerbebetrieb, die reine Arbeitstätigkeit und die Hebungsrechte, d.h. die Rechte auf wiederkehrende Bezüge, zählen. Die Quelle der Hebungsrechte besteht aus dem zugrundeliegenden Rechtsanspruch. Renten werden nicht als aus einem Zinsanteil und einem Kapitalanteil zusammengesetzt betrachtet. Periodische Hebungen sind keine "Fruchtziehungen" aus vorhandenem Kapital. Wesentliches Merkmal der Rente ist die Ausschließung einer Kapitalrückzahlung. Ergebnis dieser Anschauung ist, daß die Rente in voller Höhe zu besteuern ist. Entsprechend führten die Kommentare aus, daß die wesentlichen Merkmale und zugleich die Voraussetzungen für die Steuerpflicht der Renten in dem Bestehen eines besonderen Rechtsanspruchs, in der periodischen Wiederkehr (wobei aus dem Zahlungstatbestand nicht auf das Bestehen eines Rechtsverhältnisses geschlossen werden könne), in dem Fehlen einer Kapitalforderung und dem Nichtvorliegen von Kapitalrückzahlungen zu sehen sei[306].

Die Vollbesteuerung galt auch in den folgenden Einkommensteuergesetzen. Es änderten sich nur die Bezeichnungen der Einkunftsart und des Paragraphen. Im EStG 1920 wurden Leibrenten im § 11 Nr. 1 EStG 1920 unter dem Begriff der sonstigen Einnahmen geregelt[307]. Der Begriff der sonstigen Einnahmen war im Gegensatz zu der heutigen Regelung der sonstigen Einkünfte in seiner Aufzählung nicht abschließend

---

[299] Vgl. 11. Kommission, Bericht 1891, HH-Drucks. Session 1890-91/77, S. 9; 10. Kommission, Bericht, HdA-Drucks. Session 1890-91/75, S. 29.

[300] In: Cretschmar, C./Grotefend, G.A. (Hrsg.), Gesetzgebungsmaterial (1906), S. 983.

[301] Vgl. o.V., ESt- und Ergänzungssteueränderungsgesetz I, HdA-Drucks. Session 1905-06/9, S. 32f.

[302] Vgl. Stenographische Berichte, Haus der Abgeordneten 1906, Bd. 4, Sp. 4549, 4790.

[303] Vgl. Stenographische Berichte, Herrenhaus 1906, S. 330.

[304] Vgl. 11. Kommission, Bericht 1906 II, HH-Drucks. Session 1905-06/113, S. 647; 11. Kommission, Bericht 1906 I, HdA-Drucks. Session 1905-06/259, S. 38.

[305] Vgl. im folgenden Fuisting, B., Grundzüge (1902), S. 110, 133f., 151f., 186, 195.

[306] Vgl. Art. 23 S. 2 Nr. 1 und 2 der Ausführungsanweisungen 1900, in: Fuisting, B./Strutz, G., PreußEStG 1891 (1903); Fernow, A., PreußEStG 1906 (1908), § 14 Anm. 5a, 5e; Fuisting, B./Strutz, G., PreußEStG 1906 (1917), § 14 Anm. 24; Mrozek, A., PreußEStG (1914), § 14 Anm. 11 Buchst. k, 12 Buchst. a, 15 Buchst. b; Krause, P., PreußEStG 1891 (1892), § 15 Anm. 3; Maatz u.a., PreußEStG (1915), Sp. 853.

[307] RGBl. 1920 S. 359.

geregelt[308]. Er wurde unter dem Einfluß der Schanzschen Einkommenslehre erweitert. Die Herkunft des Begriffs an sich bleibt unklar. Die Gesetzesbegründung erläuterte diese Vorschrift nicht[309]. Im EStG 1925 wurden Leibrenten unter den wiederkehrenden Bezügen besteuert (§ 40 Nr. 2 EStG 1925)[310]. Die vererblichen Rentenbezüge wurden aus systematischen Gründen ebenfalls unter den anderen wiederkehrenden Bezügen erfaßt[311]. Der Begriff der anderen wiederkehrenden Bezüge wurde eingeführt, um den unbestimmten Begriff der sonstigen Einnahmen des § 11 EStG 1920 bewußt zu vermeiden und um die einzelnen Einkunftsarten genauer zu umgrenzen. Eine Erörterung fand im Parlament nicht statt[312]. Seit dem EStG 1934[313] werden die Leibrenten unter dem Begriff der sonstigen Einkünfte in § 22 EStG geregelt. Der Begriff wiederkehrende Bezüge war in tatsächlicher Hinsicht nicht geändert worden[314]. Die bisherigen anderen wiederkehrenden Bezüge waren lediglich mit den sonstigen Leistungsgewinnen in der neuen Einkunftsart der sonstigen Einkünfte, deren Begriff neu gebildet wurde, zusammengefaßt worden[315]. Weitere Erläuterungen wurden in der Gesetzesbegründung nicht gegeben. Die Renten waren aufgrund von besonderen steuerfreien Beträgen und Werbungskostenpauschbeträgen zum Teil steuerfrei[316].

Für das Vorliegen einer Rente war die Gleichmäßigkeit der Wiederkehr ihrer Höhe nach nicht mehr erforderlich, jedoch das Vorliegen eines besonderen Rechtes, das als Stammrecht bezeichnet wird[317]. Warum mit dem geänderten Einkommensbegriff, der sich seit dem EStG 1920 nicht mehr an der Quellentheorie orientiert, die regelmäßige Wiederkehr, nicht aber das Rentenstammrecht wegfiel, ist nicht ersichtlich. Ebenfalls erhalten blieb die Ansicht, daß einer Rente keine Kapitalforderung zugrundeliege, daß der Rentenberechtigte statt eines Kapitalforderungsrechts ein Recht auf Auszahlung des laufenden Rentenbetrags besäße und daß es sich bei der Leibrente um ein einheitliches nutzbares Recht handele[318].

---

[308] Vgl. im folgenden Erler, F./Koppe, F., EStG 1920 (1920), S. 91.

[309] Vgl. o.V., EStG 1920, DNV-Drucks. 1624, S. 43f.

[310] RGBl. I 1925 S. 189.

[311] Vgl. im folgenden RdF, EStG 1925, RT-Drucks. 3/795, S. 22, 59.

[312] Vgl. Stenographische Berichte, Reichstag 1925, Bd. 387, S. 3616ff.

[313] RGBl. I 1934 S. 1005.

[314] Vgl. Loritz, K.-G., Wiederkehrende Bezüge (StVj 1991), S. 198.

[315] Vgl. o.V., EStG 1934, RStBl. 1935 S. 44.

[316] Vgl. RdF-Erlaß vom 14.05.1942 - S 2184 A - 50 III, BStBl. 1942 S. 507; § 10 Abs. 1 Nr. 3 EStDV 1941 (RGBl. I 1941 S. 751); § 10 Abs. 1 Nr. 3 EStDV 1948 (BFABl. 1948 S. 297).

[317] Vgl. Zimmermann, E., EStG 1925 (1925), § 40 Anm. 2; Pißel, L./Koppe, F., EStG 1925 (1927), S. 442. Die Regelmäßigkeit ist für den Einkommensbegriff nicht notwendig. Vgl. RdF, EStG 1925, RT-Drucks. 3/795, S. 24f.

[318] Vgl. Kuhn, K., EStG 1925 (1926), § 40 Anm. 3; Mrozek, A., EStG 1925 (1926), § 40 Anm. 6; Pißel, L./Koppe, F., EStG 1925 (1927), S. 442.

Die nächste Änderung erfolgte 1954 mit der Einführung der Ertragsanteilsbesteuerung. Vorausgegangen war eine Änderung der in der Literatur vertretenen Auffassungen über die Leibrentenbesteuerung und die damit verbundene Kritik an der bestehenden Regelung. Der Gedanke, daß Leibrenten gegen Entgelt erworben werden und aufgrund der Vollbesteuerung die Rückzahlung des Kapitals steuerpflichtig war, verbreitete sich. Die Verkehrsauffassung erkannte an, daß Leibrentenbezüge einen Kapitalanteil enthielten[319]. Bei Veräußerungsrenten erfolgte nach h.M. eine Vermögensumschichtung[320]. Es wurden mathematische Ansätze zur Erläuterung des Begriffs Rentenstammrecht entwickelt, die das Rentenstammrecht in einen Kapital- und einen Zinsanteil zerlegten[321]. Die Vollbesteuerung wurde insbesondere wegen des hohen Einkommensteuertarifs als ungerecht und unerträglich bezeichnet[322]. Mit der Änderung der Auffassungen in der Literatur war auch eine veränderte Rechtsprechung verbunden, die zu zum Teil erheblich von der Gesetzesregelung abweichenden Ergebnissen kam und zum Verständnis der Einführung der Ertragsanteilsbesteuerung von Bedeutung ist.

Der RFH erkannte an, daß die Leibrente einkommensteuerlich unvorteilhaft war. Er meinte aber berücksichtigen zu müssen, daß die Umwandlung von Vermögen in eine Leibrente die Sicherheit der zukünftigen Deckung des Lebensunterhalts biete und daher das Vermögen restlos verzehrt werden könne, so daß später keine Erbschaftsteuer anfällt[323]. Die Vollbesteuerung wurde mit der Verkehrsauffassung, nach der die Leibrentenbezüge Einnahmen waren, die im Jahr der Fälligkeit verbraucht werden sollen, begründet[324]. Die Tatsache, daß jemand mit einer gewissen Regelmäßigkeit oder für eine gewisse Dauer mit dem Zufließen von Einnahmen rechnen kann, die ihrem Wesen nach zum laufenden Verbrauch bestimmt erscheinen, rechtfertigte die Besteuerung[325]. Nach Loritz geht der Versorgungsgedanke auf eine These Enno Beckers zurück[326]. Renten waren trotz der Erschöpfung des Rentenstammrechts und ohne, daß dieser Umstand berücksichtigt wurde, einkommensteuerpflichtig, weil der Grundgedanke des Begriffs Einkommen darin besteht, daß die Bezüge dem Steuerpflichtigen während eines bestimmten Zeitraumes zufließen und zu seiner Lebenshaltung zur Verfügung stehen, zu dessen Deckung der Leibrentenvertrag abgeschlossen

---

[319] Vgl. Friedrich, W., Abschreibungen auf Rentenrechte II (StuW 1949), Sp. 14.

[320] Vgl. Schober, H.-L., Renten (1964), S. 57f.

[321] Vgl. z.B. Glaser, F., Veräußerungsrenten (StuW 1928 I), insbesondere Sp. 1193, 1195ff., 1199f., 1202. Zu diesen Ansätzen vgl. auch Schober, H.-L., Renten (1964), S. 93f.

[322] Vgl. Zitzlaff, Abnutzungsabsetzungen bei Rentenrechten (DStZ 1949), S. 191; Friedrich, W., Abschreibungen auf Rentenrechte I (DStZ 1947), S. 163; Brockhoff, Private Leibrenten (DStZ (A) 1954), S. 400; BFH, Urteil vom 18.09.1952 - IV 70/49 U, BStBl. III 1952, S. 291.

[323] Vgl. RFH, Urteil vom 03.12.1927 - VI A 597/27 (StuW 1928 II), Nr. 66, Sp. 119.

[324] Vgl. RFH, Urteil vom 03.12.1927 - VI A 597/27 (StuW 1928 II), Nr. 66, Sp. 119.

[325] Vgl. RFH, Urteil vom 07.05.1930 - VI A 827/27 (StuW 1930 II), Nr. 975, Sp. 1419.

[326] Vgl. Loritz, K.-G., Wiederkehrende Bezüge (StVj 1991), S. 209.

wird[327]. Damit wurde der Einkommensbegriff geändert. Dies wurde bereits 1928 von Glaser erkannt, der ausführte, daß es kein Kriterium gebe, nachdem die Steuerpflicht einer Einnahme dadurch begründet sei, daß sie nach der Verkehrsauffassung zu denjenigen Einnahmen zählt, die im Jahr ihres Zuflusses verbraucht werden sollen[328]. Die Steuerpflicht einer Rente setze vielmehr voraus, daß das Vermögen vermehrt werde. Eine Vermögensmehrung und damit eine steuerpflichtige Rente lägen nicht vor, soweit die Rente wirtschaftlich eine Gegenleistung für die vom Rentenbegünstigten an den Rentenverpflichteten gewährten Werte darstellt.

Die Begründung, die vom RFH sowie von Becker vorgebracht wurde, vermeidet einen Vergleich zwischen der Besteuerung der Rentenzahlungen und der Steuerfreiheit der Kapitalrückzahlung und umgeht die Problematik der steuerlichen Gleichbehandlung[329]. Die Besteuerung knüpfte ohne Berücksichtigung der Erschöpfung des Rentenstammrechts an die äußere Form an, ohne daß es auf den Rechtsgrund, auf dem die Zahlung beruhte, ankam[330]. Damit wurden Renten unterschiedlich von den anderen Einkunftsarten behandelt, bei denen es auf das zugrundeliegende Rechtsverhältnis ankam und die an eine bestimmte wirtschaftliche Betätigung des Steuerpflichtigen anknüpften[331]. Die für erforderlich gehaltene unterschiedliche steuerliche Belastung von entgeltlich und unentgeltlich erworbenen Renten wurde dadurch sichergestellt, daß unentgeltlich erworbene Leibrenten neben der Einkommensteuer auch der Erbschafts- bzw. Schenkungssteuer unterlagen, so daß eine unterschiedliche einkommensteuerliche Behandlung entgeltlich und unentgeltlich erworbener Renten grundsätzlich nicht in Frage käme[332].

Die in der Literatur vorgebrachten Möglichkeiten der Berücksichtigung der Gegenleistung i.S. einkunftsmindernder Werbungskosten oder der Berücksichtigung der Wertminderung des Rentenstammrechts in Form einer Abschreibung[333] lehnte der RFH ab. Die Berücksichtigung der Gegenleistung in Form von Werbungskosten wurde

---

[327] Vgl. Becker, E., EStG 1925 (1928/1929/1933), § 40 Anm. 3, 6 a-b.

[328] Vgl. im folgenden Glaser, F., Veräußerungsrenten (StuW 1928 I), insbesondere Sp. 1197, 1199.

[329] Vgl. Kirchhof, P., Altersversorgung, Schriftenreihe des Deutschen Sozialgerichtsverbandes, Bd. 17 (o.J.), S. 128.

[330] Vgl. Blümich, W., EStG 1938 (1938), § 22 Anm. 3; RFH, Urteil vom 14.10.1936 - VI A 82/36, RStBl. 1937 S. 110; RFH, Urteil vom 07.05.1930 - VI A 827/27 (StuW 1930 II), Nr. 975, Sp. 1420.

[331] Vgl. Söhn, H., Sonderausgaben und Ertragsanteilsbesteuerung (StuW 1986), S. 327.

[332] Vgl. RFH, Urteil vom 03.12.1927 - VI A 597/27 (StuW 1928 II), Nr. 66, Sp. 118f.

[333] Die Ansätze zur Abschreibung der Rentenstammrechte beruhen auf dem Gedanken, daß sich das zugrundeliegende Kapital verzehre. Vgl. Friedrich, W., Abschreibungen auf Rentenrechte I (DStZ 1947), S. 164f.; Friedrich, W., Abschreibungen auf Rentenrechte II (StuW 1949), Sp. 3ff.; Zitzlaff, Abnutzungsabsetzungen bei Rentenrechten (DStZ 1949), S. 192. Vgl. auch Lantau, K.-H., Neuregelung (BB 1955), S. 695. Ein entsprechender Ansatz findet sich auch in jüngerer Zeit bei Lang. Vgl. Lang, J., Reformentwurf, Münsteraner Symposium, Bd. 2 (1985), S. 62f.

abgelehnt, da ihr Abfluß in einem anderen Veranlagungszeitpunkt stattgefunden hat[334]. Die Berücksichtigung von Wertminderungen des Rentenstammrechts, z.B. im Wege einer Abschreibung wurde vom Gesetz außerhalb der kaufmännischen Bilanz nicht zugestanden, obwohl in der Vollbesteuerung durch die Nichtberücksichtigung der Wertminderung eine gewisse Unbilligkeit zu sehen war[335]. Da der RFH hier keine Gestaltungsmöglichkeiten sah, versuchte er die steuerliche Ungerechtigkeit des § 22 EStG bzw. seiner Vorgänger durch eine enge Auslegung des Rentenbegriffs zu mildern[336] und entwickelte Ansätze zur steuerlichen Behandlung von Zeitrenten und betrieblichen Veräußerungsrenten.

Durch die Entwicklung des Begriffs der Kaufpreisrate als Form der Kapitalrückzahlung wurden entgeltlich erworbene Zeitrenten seit 1930 in ständiger Rechtsprechung des RFH nicht mehr als wiederkehrende Bezüge, sondern als Kaufpreisraten angesehen und waren nur mit dem Zinsanteil zu versteuern, während die Kapitalrückzahlung steuerfrei war[337]. Kaufpreisraten sind wiederkehrende Zahlungen, die über einen von vornherein festgelegten Zeitraum als Entgelt für die Hingabe eines Vermögensgegenstandes zu leisten sind[338]. Es handelt sich um Tilgungsleistungen für einen gestundeten Kaufpreis. Wiederkehrende Bezüge lagen nicht vor, wenn das Rentenrecht entgeltlich erworben wurde und die einzelnen Leistungen wie bei einer Kaufpreisstundung wirtschaftlich als Kaufpreisraten bzw. Kapitalrückzahlungen aus einem darlehensähnlichen Geschäft angesehen werden konnten[339]. In diesem Fall war eine Aufspaltung in eine steuerfreie Kapitalrückzahlung und in steuerpflichtige Zinsen erforderlich[340] und der Zinsanteil unter den Einkünften aus Kapitalvermögen zu versteuern[341].

Auch bei Versicherungen erworbene Zeitrenten gegen Einmalbeitrag waren Kaufpreisraten, da es sich um die Tilgung verzinslich angelegten Kapitals einschließlich der

---

[334] Vgl. Welter, R., Renten und Gleichbehandlungsgebot (StuW 1980), S. 336f.

[335] Vgl. RFH, Urteil vom 01.10.1924 - VIe A 181/24, RStBl. 1925 S. 10f.; RFH, Urteil vom 06.05.1925 - VI A 102/25, RFHE 16, 180f.

[336] Vgl. Zitzlaff, Abnutzungsabsetzungen bei Rentenrechten (DStZ 1949), S. 191; Schober, H.-L., Renten (1964), S. 33; als grundlegendes Urteil, vgl. RFH, Urteil vom 07.05.1930 - VI A 827/27 (StuW 1930 II), Nr. 975, Sp. 1420; RFH, Urteil vom 27.01.1944 - IV 157/43, RStBl. 1944 S. 363.

[337] Vgl. RFH, Urteil vom 27.03.1935 - VI A 905/34 (StuW 1935 II), Nr. 279, S. 670; RFH, Urteil vom 29.05.1935 - VI A 671/34 (StuW 1935 II), Nr. 467, Sp. 1109; RFH, Urteil vom 27.01.1944 - IV 157/43, RStBl. 1944 S. 363; Peters, J.F.H., EStG, § 22 Anm. 6.

[338] Vgl. Schoor, H.W., Vermögensübertragung (FR 1987), S. 249.

[339] Vgl. RFH, Urteil vom 07.05.1930 - VI A 827/27 (StuW 1930 II), Nr. 975, Sp. 1421; RFH, Urteil vom 12.12.1934 - VI A 1284/33 (StuW 1935 II), Nr. 90, Sp. 210; Blümich, W., EStG 1938 (1938), § 22 Anm. 3; Peters, J.F.H., EStG, § 22 Anm. 3.

[340] Vgl. RFH, Urteil vom 07.05.1930 - VI A 827/27 (StuW 1930 II), Nr. 975, Sp. 1421; Peters, J.F.H., EStG, § 22 Anm. 3.

[341] Vgl. RFH, Urteil vom 27.03.1935 - VI A 905/34 (StuW 1935 II), Nr. 279, S. 670; RFH, Urteil vom 27.01.1944 - IV 157/43, RStBl. 1944, S. 363.

Zinsen in jährlich gleichbleibenden Raten und nicht um den "Ausfluß eines besonderen gegen Entgelt begründeten Rechtsverhältnisses" handelt[342]. Eine genaue Abgrenzung zwischen Kaufpreisraten und Renten galt als unmöglich[343]. Bei Leibrenten, die von unbestimmter Dauer sind, und bei Vertragsverhältnissen, die wie Versicherungsverträge von aleatorischer Natur sind, überwog der Rentencharakter[344]. Das Charakteristikum einer Rente sah man darin, daß sie keine Kapitalforderung voraussetze und ein Wagnis bestünde[345]. Renten waren anzunehmen, wenn die Rentenbezüge nicht unmittelbare Teile des Entgelts, sondern in einem besonderen Rechtsverhältnis begründete Leistungen darstellten[346]. Laufende Bezüge aufgrund einer Versicherung und Leibrenten waren wiederkehrende Bezüge, da bei ihnen der Versorgungsgedanke vorherrsche, die wiederkehrenden Bezüge vom Empfänger unbedenklich verbraucht werden könnten und somit der Rentencharakter im Vordergrund stehe[347].

Betriebliche Veräußerungsrenten werden nicht mehr zu den wiederkehrenden Bezügen gerechnet. Bei betrieblichen Veräußerungsrenten, bei denen die Leibrente Entgelt für die Veräußerung des Betriebsvermögens darstellt, hat der RFH in Höhe des das Kapitalkonto des Veräußerers übersteigenden Anteils des Kaufpreises nachträgliche Einkünfte aus Gewerbebetrieb, Land- und Forstwirtschaft oder selbständiger Arbeit und keine wiederkehrenden Bezüge angenommen[348]. Die Begründung war, daß wiederkehrende Bezüge nur vorliegen, wenn sie dem Grunde nach nicht bereits unter eine der anderen sieben bzw. sechs Einkunftsarten fallen. Der Veräußerungsgewinn ist nicht im Jahre des Verkaufs, sondern bei tatsächlichem Zufluß zu versteuern. Die Rentenbezüge bleiben solange steuerfrei, bis sie den Wert des Kapitalkontos des veräußerten Betriebes erreicht haben und sind erst ab diesem Zeitpunkt steuerpflichtig, da in den Gewinneinkunftsarten nur Gewinne steuerpflichtig sind[349]. Im Fall der Veräuße-

---

[342] Vgl. RFH, Urteil vom 27.01.1944 - IV 157/43, RStBl. 1944 S. 363.

[343] Vgl. RFH, Urteil vom 27.01.1944 - IV 157/43, RStBl. 1944 S. 363.

[344] Vgl. RFH, Urteil vom 07.05.1930 - VI A 827/27 (StuW 1930 II), Nr. 975, Sp. 1421; RFH, Urteil vom 27.01.1944 - IV 157/43, RStBl. 1944 S. 363; Blümich, W., EStG 1938 (1938), § 22 Anm. 3; Peters, J.F.H., EStG, § 22 Anm. 3.

[345] Vgl. Peters, J.F.H., EStG, § 22 Anm. 5.

[346] Vgl. RFH, Urteil vom 07.05.1930 - VI A 827/27 (StuW 1930 II), Nr. 975, Sp. 1421; RFH, Urteil vom 27.01.1944 - IV 157/43, RStBl. 1944 S. 363.

[347] Vgl. RFH, Urteil vom 07.05.1930 - VI A 827/27 (StuW 1930 II), Nr. 975, Sp. 1421; RFH, Urteil vom 07.05.1930 - VI A 1483/28 (StuW 1930 II), Nr. 979, Sp. 1426.

[348] Vgl. im folgenden RFH, Urteil vom 14.05.1930 - VI A 706/28 (StuW 1930 II), Nr. 973, Sp. 1410, 1413. Anders noch in einem Urteil von 1925, nachdem eine Betriebsveräußerung gegen eine 25jährige Gewinnbeteiligung zu 5% als ein Rentenstammrecht mit der Folge der Vollbesteuerung nach § 11 Nr. 1 EStG 1920 gewertet wurde. Vgl. RFH, Urteil vom 06.05.1925 - VI A 102/25, RFHE 16, 179f.

[349] Im Fall der Veräußerung einer wesentlichen Beteiligung waren die laufenden Bezüge erst steuerpflichtig, wenn sie die Anschaffungskosten zuzüglich etwaiger Werbungskosten bzw. den gemeinen Wert überstiegen. Vgl. RFH, Urteil vom 14.05.1930 - VI A 706/28 (StuW 1930 II), Nr. 973, Sp. 1414.

rung gegen eine Zeitrente sind die entwickelten Grundsätze der Rechtsprechung hinsichtlich Kaufpreisraten anzuwenden[350]. Es wird fingiert, daß der Veräußerer die Bezüge bereits im Zeitpunkt der Veräußerung vereinnahmt[351]. Der Kapitalwert der Zeitrente war im Zeitpunkt der Veräußerung als Veräußerungsgewinn nach Abzug bestimmter fester (§ 32 EStG 1925) und prozentualer Beträge (§ 58 EStG 1925) vom Gewinn steuerpflichtig[352] bzw. nach § 34 Abs. 1 EStG 1934 mit dem ermäßigten Steuersatz zu versteuern[353]. Die laufenden Zeitrentenbezüge sind in einen Kapital- und einen Zinsanteil aufzuspalten und der Zinsanteil als Einkünfte aus Kapitalvermögen zu versteuern[354].

Zusammengefaßt galt nach der Rechtsprechung des RFH, daß private und betriebliche Veräußerungszeitrenten gleichbehandelt wurden und nur der Zinsanteil als Einkünfte aus Kapitalvermögen zu versteuern war. Private und betriebliche Leibrenten wurden unterschiedlich behandelt. Private Leibrenten waren als wiederkehrende Bezüge in voller Höhe steuerpflichtig. Betriebliche Leibrenten waren erst ab dem Zeitpunkt, zu dem sie den Wert des Kapitalkontos überschritten, in voller Höhe als nachträgliche landwirtschaftliche, gewerbliche oder freiberufliche Einkünfte in voller Höhe steuerpflichtig und bis zu diesem Zeitpunkt steuerfrei. Nach dem Gesetzeswortlaut hätten alle Renten in voller Höhe besteuert werden müssen.

Der BFH entwickelte die Rechtsprechung des RFH fort und übertrug in seinem grundlegenden Urteil[355] die bisherigen Erkenntnisse der betrieblichen Veräußerungsleibrenten auch auf private Veräußerungsleibrenten. Die bisherige Behandlung der Veräußerungsrenten entsprach, wirtschaftlich betrachtet, nicht dem Einkommensbegriff. Eine Trennung von Leistung und Gegenleistung bildet den wirtschaftlichen Vorgang falsch ab. Einkünfte des Rentenberechtigten liegen nur insoweit vor, als den Einnahmen nicht eigene Aufwendungen gegenüberstehen. Die Auslegung des Einkommensbegriff hat Vorrang vor der Rechtslage des § 22 Nr. 1 EStG 1951, damit wirtschaftlich im wesentlichen gleichartige Vorgänge gleichartig behandelt und dem Gebot der Gleichmäßigkeit der Besteuerung entsprochen wird. Aufgrund der hohen Steuersätze wurde die Rechtsprechung des RFH zu Veräußerungsrenten fortgeführt. Aus Gründen der Gleichbehandlung sollte die "Teillösung" des RFH sowohl für betriebliche als auch für private Veräußerungsrenten gelten. Sie muß unabhängig davon gültig sein, ob die Gegenleistung für die Rente in Sachgütern oder in Geldleistung besteht. Der BFH dehnte den Begriff der Kaufpreisrate aus und entschied, daß die Zahlung einer Einmalprämie an eine Versicherung als Kaufpreis einzustufen war, in dieser Hö-

---

350 Vgl. Schober, H.-L., Renten (1964), S. 42f.

351 Vgl. RFH, Urteil vom 14.05.1930 - VI A 706/28 (StuW 1930 II), Nr. 973, Sp. 1410f.

352 Vgl. RFH, Urteil vom 14.05.1930 - VI A 706/28 (StuW 1930 II), Nr. 973, Sp. 1414f.

353 Vgl. Schober, H.-L., Renten (1964), S. 43f.

354 Vgl. Schober, H.-L., Renten (1964), S. 44.

355 Vgl. im folgenden BFH, Urteil vom 18.09.1952 - IV 70/49 U, BStBl. III 1952 S. 290ff. Dieses Urteil gilt als "Meilenstein" auf dem Weg zur heutigen gesetzlichen Regelung. Vgl. Loritz, K.-G., Wiederkehrende Bezüge (StVj 1991), S. 198.

he eine Vermögensumschichtung vorlag und die Rentenleistungen nur insoweit eine steuerliche Rente i.S.d. § 22 Nr. 1 EStG 1951 darstellen, als die durch die Veräußerung erzielten Einnahmen den Wert des veräußerten Vermögensgegenstandes übersteigen. Bei Veräußerungsrenten und Versicherungen gegen Einmalbeitrag waren die Rentenbezüge bis sie die Höhe des Gegenwertes erreichten in vollem Umfang steuerfrei und, soweit sie über den Wert der Gegenleistung hinausgingen, in vollem Umfang zu versteuern.

Der Unterschied in der Rechtsprechung des BFH zu der des RFH lag darin, daß private, gegen Entgelt erworbene Leibrenten, die vom RFH als Versorgungsrenten mit der Folge der Vollbesteuerung eingestuft wurden, vom BFH als private Veräußerungsleibrenten angesehen wurden und, wie früher schon betriebliche Veräußerungsleibrenten, nur in Höhe des den Wert des Veräußerungsgegenstandes überschreitenden Betrags zu versteuern waren. Erst nach Erschöpfung des Rentenstammrechts bildeten sie Einkünfte i.S.d. § 22 Nr. 1 EStG 1951. Dies galt nur insoweit, wie in dem Vorgang wirtschaftlich ein Erwerb eines darlehensähnlichen Stammrechts und keine Versicherungsleistung erblickt wurde[356]. Der BFH wollte an der Rechtsprechung des RFH zur Besteuerung von Versorgungsrenten festhalten und grenzte diese von den Veräußerungsrenten ab, indem er ein Veräußerungsgeschäft nur annahm, wenn Leistung und Gegenleistung in einem angemessenen Verhältnis stehen[357]. Die Rechtsprechung des RFH hinsichtlich der Bedeutung der Vergünstigungen des § 10 Abs. 1 Nr. 2 EStG 1939 für die Auslegung des § 22 Nr. 1 EStG 1953 und der durch laufende Prämien erworbenen Renten sollte beibehalten werden[358]. Die Inanspruchnahme des Sonderausgabenabzugs führte zu einer Anerkennung der Einmalprämie als Versicherungsleistung und zum Verzicht auf die Anerkennung von Teilbeträgen der Renten als Kaufpreisrate bzw. Kapitalrückzahlung. In dem Abzug der Prämien als Sonderausgaben wurde ein ausreichender Ausgleich für die volle Besteuerung der Renten gesehen. Versicherungsrenten aufgrund laufender Beiträge und unentgeltlich erworbene Renten sollten nach Rechtsprechung des BFH weiterhin der Vollbesteuerung unterliegen[359]. Bei unentgeltlich erworbenen Renten führte die Vollbesteuerung zu einem sozial und wirtschaftlich richtigen Ergebnis[360]. Die Gleichbehandlung von entgeltlich und unentgeltlich erworbenen Renten wurde abgelehnt[361]. Eine verständliche Begründung für die unterschiedliche Behandlung von Versicherungen gegen Einmalbeitrag und gegen laufende Beitragszahlung wurde in diesen Urteilen nicht geliefert. Ebensowenig findet sich ein Hinweis, warum nicht ausschließlich die Unterscheidung zwischen entgeltlichem und

---

[356] Vgl. BFH, Urteil vom 05.02.1953 - IV 41/49 U, BStBl. III 1953 S. 106; BFH, Urteil vom 11.02.1954 - IV 331/53 U, BFHE, Bd. 58, S. 598.

[357] Vgl. BFH, Urteil vom 04.05.1955 - IV 579/53 (DB 1955, S. 743).

[358] Vgl. im folgenden BFH, Urteil vom 11.02.1954 - IV 331/53 U, BFHE, Bd. 58, S. 598.

[359] Vgl. Lantau, K.-H., Neuregelung (BB 1955), S. 695.

[360] Vgl. BFH, Urteil vom 05.02.1953 - IV 41/49 U, BStBl. III 1953 S. 105.

[361] Vgl. BFH, Urteil vom 05.02.1953 - IV 41/49 U, BStBl. III 1953 S. 105f.

unentgeltlichem Erwerb für relevant erachtet und das Abstellen auf den Veräußerungs- oder Versorgungscharakter nicht aufgegeben wurde. Die Abgrenzung Veräußerungs- rente und Versorgungsrente führt auch heute noch zu erheblichen Verzerrungen und problematischen Lösungsansätzen mit sich nachziehenden Folgeproblemen[362]. Auch Versorgungsrenten sind, soweit es sich nicht um unentgeltliche Zuwendungen handelt, entgeltlich erworbene Renten. Eine Begründung des Korrespondenzprinzips und eine Erläuterung seiner Beziehung zum Einkommensbegriff unterblieb. Der BFH sprach sich für eine gesetzmäßige Neuregelung der Rentenbesteuerung aus[363].

Durch das **Gesetz zur Neuordnung von Steuern** vom 16.12.1954[364] wurde die Er- tragsanteilsbesteuerung eingeführt. Die Unterscheidung der verschiedenen wiederkeh- renden Bezüge in z.B. vererbliche und unvererbliche Renten und deren Aufzählung wurde aufgehoben, da sie unter den Oberbegriff wiederkehrende Bezüge fallen und identisch besteuert werden[365]. Die Neuregelung bezweckte eine Klarstellung und Absi- cherung der geänderten Rechtsprechung, die Veräußerungsrenten nicht mehr in voller Höhe, sondern in Höhe der den Wert des veräußerten Vermögensgegenstandes über- schreitenden Einnahmen der Einkommensteuer unterwarf. Die bisherige Besteuerung nach der äußeren Form wurde als unzureichend angesehen, weil sie nicht berücksich- tigte, daß in den Rentenbezügen Kapitalrückzahlungen enthalten waren. Besteuert werden sollte nur der Teil, der "Einkünfte aus Erträgen des Rentenrechts" darstellte, da eine Besteuerung des Ertrages eines Vermögens den Grundsätzen der Einkommensbe- steuerung entspricht. Die Steuerlast wird über die gesamte Lebenszeit verteilt. Zur Be- gründung wurden verwaltungstechnische Überlegungen, soziale Gesichtspunkte, nach denen der Steuerpflichtige nicht aufgrund des steigenden Zinsanteils im fortgeschritte- nen Alter, in dem der Berechtigte oft nur über geringe Einkünfte verfügt, eine sprung- haft ansteigende Steuerlast tragen soll, und die Vermeidung der jährlichen Ermittlung des Ertragsanteils angegeben. Ursprünglich sollte der Ertragsanteil für jede einzelne Rente zu Beginn der Laufzeit der Rente konkret berechnet werden[366]. Hiervon wurde zu Gunsten einer tabellenmäßigen Pauschalierung Abstand genommen[367]. Die Lebens- versicherungs- und Sozialversicherungsrenten wurden bewußt gleich behandelt, da die Erwerbung des Rentenstammrechts die Vermögenssphäre betreffe und sich auf die Einkommenssphäre nicht auswirke. Die Gleichbehandlung unentgeltlich und entgelt- lich erworbener Rentenbezüge sei nicht aus wirtschaftlichen aber aus systematischen Gründen geboten. Eine Erläuterung der fragwürdigen systematischen Gründe unter-

---

[362] Vgl. dazu Groh, M., Vorweggenommene Erbfolge (DB 1990), S. 2187ff.

[363] Vgl. BFH, Urteil vom 18.09.1952 - IV 70/49 U, BStBl. III 1952 S. 292.

[364] BStBl. I 1954 S. 575.

[365] Vgl. im folgenden Bundeskanzler, Gesetz zur Neuordnung von Steuern, BT-Drucks. 2/481, S. 85ff.

[366] Vgl. Bundeskanzler, Gesetz zur Neuordnung von Steuern, BT-Drucks. 2/481, S. 6, 87.

[367] Vgl. dazu Kirchhof, P., Altersversorgung, Schriftenreihe des Deutschen Sozialgerichtsverbandes, Bd. 17 (o.J.), S. 129.

bleibt[368]. Zudem steht dies im Widerspruch zu der Begründung für die Einführung der Ertragsanteilsbesteuerung, die die Kapitalrückflüsse als zur Vermögensebene gehörend steuerfrei stellen sollte.

Die Steuerfreiheit der Bezüge aus der privaten Rentenversicherung bis zu DM 600,- jährlich wurde im Zusammenhang mit der Einführung der Ertragsanteilsbesteuerung aufgehoben, da die Vollbesteuerung abgeschafft wurde und aufgrund erhöhter tariflicher Freibeträge Sozialrenten i.d.R. nicht mehr besteuert werden[369]. Seit dem EStG 1947 vom 24.10.1947[370] i.d.F. des Zweiten Gesetzes zur vorläufigen Neuordnung von Steuern vom 20.04.1949[371] waren Renten, die aufgrund eines Versicherungsvertrages gewährt wurden, bis zu DM 600 jährlich steuerfrei, soweit sie DM 3.600 nicht übersteigen (§ 3 Nr. 4 EStG 1947)[372].

Der Ertragsanteil wird in Prozent des Jahresrentenbetrags angegeben[373]. Er berechnet sich aus der Differenz des Jahresrentenbetrags und dem Betrag, der sich ergibt, wenn der Rentenbarwert gleichmäßig auf die Laufzeit der Rente verteilt wird. Der Barwert wird durch Interpolation zwischen den Barwertfaktoren einer vorschüssigen jährlichen Zeitrente von DM 1,- für den der Rentenlaufzeit nächstliegenden höheren ganzen und den der Rentenlaufzeit nächstliegenden niedrigeren ganzen Termin berechnet. Die unterschiedliche Laufzeit der Leibrenten wird durch die Umrechnung der Rentenlaufzeit in das Alter des Steuerpflichtigen zu Beginn der Rente berücksichtigt. Der Berechnung lagen die pauschalierten Annahmen zugrunde, daß die Rentenerträge 4% betrugen und die Laufzeit der Rente der mittleren Lebenserwartung des Steuerpflichtigen entsprach und sich nach der Deutschen Sterbetafel 1949/51 für männliche Personen bemaß.

Die Annahmen über die zu geringe Höhe des Zinssatzes werden vielfach kritisiert[374]. Zudem wird darauf hingewiesen, daß Frauen aufgrund ihrer signifikant höheren Lebenserwartung besonders begünstigt werden. Freibeträge, wie z.B. der Grundfreibetrag oder der Altersfreibetrag, haben Folgen für die Ertragsanteilsbesteuerung. Eine Rente ist solange steuerfrei, solange der Jahresrentenbetrag nicht die Summe der

---

368 Ebenso bei Heining, A., EStG 1955 (1955), § 22 Anm. 2d.

369 Vgl. Bundeskanzler, Gesetz zur Neuordnung von Steuern, BT-Drucks. 2/481, S. 75, 87.0

370 STuZBl. 1947, S. 255.

371 WiGBl. 1949 S. 69.

372 Zur Erläuterung und Begründung der Einführung der Vorschrift vgl. Littmann, E., EStG 1948 (1950), S. 39f.; Herrmann, C. / Heuer, G. / Raupach, A., EStG, Rechtsentwicklung des EStG, Anm. 170; Bundeskanzler, EStÄndG, BT-Drucks. 1/317, S. 14f.

373 Zur Herleitung der Formel vgl. insbesondere Lantau, K.-H., Neuregelung (BB 1955), S. 695f. Vgl. dazu auch Richter, W.F., Ertragsanteilsbesteuerung (DRV 1987), S. 675f.; Scheil, X.B., Altersrenten (Sozialer Fortschritt 1982), S. 252.

374 Vgl. z.B. Andel, N., Einkommensteuer, in: Neumark, F. (Hrsg.), Finanzwissenschaft (1979), S. 345; Brümmerhoff, D., Sozialversicherungsrenten (StuW 1979), S. 224; Schmähl, W., Rentenreform, in: Sozialbeirat, Alterssicherung (o.J.), Bd. 3, S. 285; Schmähl, W., Teilbesteuerung (DRV 1986), S. 105; Schreyer, M., Renten (Konjunkturpolitik 1977), S. 291; Transfer-Enquête-Kommission, Bericht (1981), Tz. 447.

Freibeträge multipliziert mit dem Kehrwert des Ertragsanteilssatzes übersteigt[375]. Da bei absolut gleich hohen Freibeträgen die Steuerentlastung durch diese Freibeträge um so höher ist, je geringer der Ertragsanteil ist[376], wirken sich Freibeträge um ein Vielfaches auf die Steuerschuld aus, weshalb Schmähl von einem "Ertragsanteilsmultiplikator" spricht[377]. Die Ertragsanteilsbesteuerung mit Freibeträgen hat Auswirkungen auf die effektive Steuerlast, auf die Grenz- und Durchschnittssteuersätze sowie auf die Progressivität des Steuertarifs. Sie stellt eine Modifikation des allgemeinen Steuertarifs des § 32a EStG dar[378]. Dessenungeachtet wurde die Ertragsanteilsbesteuerung im Gesetzgebungsverfahren als bewährt bezeichnet, für deren Änderung keine zwingenden Anhaltspunkte bestünden[379].

Das 2. HStruktG vom 22.12.1981[380] erhöhte die Ertragsanteilssätze, indem ein Zinssatz von 5% und die Allgemeine deutsche Sterbetafel 1970/72 zugrundegelegt wird. Die Änderung wurde mit haushaltsmäßigen Gründen gerechtfertigt. Dabei wurde ausdrücklich darauf hingewiesen, daß eine Änderung der Besteuerung vorbehalten bliebe, insbesondere im Hinblick auf die Konsequenzen, die nach dem Urteil des Bundesverfassungsgerichts vom 26.03.1980, in dem eine Gleichbehandlung der Besteuerung der verschiedenen Alterseinkommen gefordert wurde[381], zu ziehen seien[382].

c) **Die Besteuerung des Versicherungsgewinns bzw. -verlustes**

Vor der Einführung der Ertragsanteilsbesteuerung wurde der Versicherungsgewinn in voller Höhe besteuert und der Versicherungsverlust als steuerlich unbeachtlich behandelt. Seit der Einführung der Ertragsanteilsbesteuerung ist der Versicherungsgewinn weder völlig von der Steuer befreit, noch wird er in voller Höhe besteuert. Aufgrund der Geltung des Ertragsanteil für die gesamte Laufzeit der Rente, wird nach Überschreiten der kalkulierten Lebenserwartung weiterhin nur der Ertragsanteil versteuert, obwohl keine Kapitaltilgung mehr vorliegt. Somit wird nur ein Teil des Versicherungsgewinns versteuert. Die Höhe des Ertragsanteils hängt vom Alter des Steuerpflichtigen zu Beginn der Rentenbezugsphase ab. Der Versicherungsgewinn wird in einem Ausmaß steuerlich erfaßt, das mit steigendem Alter zu Beginn des Rentenbezugs

---

[375] Vgl. Schmähl, W., Teilbesteuerung (DRV 1986), S. 104. Diesen Zusammenhang erkannte schon Welter, R., Renten und Gleichbehandlungsgebot (StuW 1980), S. 336.

[376] Vgl. Schreyer, M., Ertragsanteilsbesteuerung (StuW 1983), S. 137.

[377] Vgl. Schmähl, W., Teilbesteuerung (DRV 1986), S. 105.

[378] Vgl. Schreyer, M., Ertragsanteilsbesteuerung (StuW 1983), S. 136ff., 139. Zustimmend Zitzelsberger, H., Reformüberlegungen (DStZ (A) 1984), S. 467, 471.

[379] Vgl. Bundesregierung, Drittes Steuerreformgesetz, BT-Drucks. 7/1470, S. 277.

[380] BStBl. I 1982 S. 235.

[381] Vgl. BVerfG, Urteil vom 26.03.1980 - 1 BvR 121, 122/76, Bd. 54, S. 39.

[382] Vgl. Fraktionen der SPD und FDP, 2. HStruktG, BT-Drucks. 9/795, S. 67.

sinkt[383]. Erreicht der Versicherte die mittlere Lebenserwartung nicht, so tritt ein Versicherungsverlust ein, der im Gegensatz zum Versicherungsgewinn stets und in voller Höhe steuerlich unbeachtlich bleibt. Diese Handhabung verwundert, da in der Gesetzesbegründung ausdrücklich erwähnt wird, daß der Begriff Ertrag bei Leibrenten neben der Verzinsung den Versicherungsgewinn einschließe[384]. Bei Überleben der durchschnittlichen Lebensdauer stelle die Rentenzahlung in vollem Umfang Ertrag des Rentenrechts dar. Aus diesem Grund werde der Ertrag als der die Kapitalrückzahlung übersteigenden Rentenbezüge erfaßt und die Leibrentenbesteuerung nicht innerhalb der Einkünfte aus Kapitalvermögen geregelt. Da sich bei Zeitrenten der Zinsanteil eindeutig ausmachen ließe, würden sie unter den Einkünften aus Kapitalvermögen geregelt. Der Versicherungsverlust wurde nicht erwähnt. Es wird in der Literatur häufig übersehen, daß der Ertragsanteil nach der Gesetzesbegründung auch den Versicherungsgewinn berücksichtigen soll. Der Ertragsanteil wird meist mit Zinsanteil gleichgesetzt[385].

3. Zusammenfassung und Auswertung der Ergebnisse

Die Besteuerung der privaten Rentenversicherung ist sehr komplex in vier verschiedenen Vorschriften bzw. Paragraphen des Einkommensteuergesetzes geregelt. Aus dem Zusammenwirken der Gesetzesregelung ergibt sich (unter bestimmten Bedingungen) eine mehrfache steuerliche Begünstigung. Die Analyse der Besteuerung der Rentenzahlungen ergibt, daß

1) Versicherungsbeiträge seit hundert Jahren fast durchgängig steuerbegünstigt sind,
2) Vermögensumschichtungen erst ab 1954 nicht mehr besteuert werden,
3) die Zinsen der Ansparphase erst seit 1974 als Einkünfte aus Kapitalvermögen angesehen werden, aber steuerbefreit sind,
4) die Zinsen der Absparphase bis 1954 in voller Höhe berücksichtigt wurden und seither nur in Höhe eines einheitlich festgelegten Zinssatzes,
5) der Versicherungsgewinn bis 1954 in voller Höhe einbezogen wurde und seitdem lediglich partiell angerechnet wird und
6) der Versicherungsverlust stets unbeachtet blieb bzw. bleibt.
Zur steuerlichen Behandlung der Vermögensumschichtungen und des Versicherungsverlustes ist anzumerken, daß eine Berücksichtigung teilweise erfolgt, soweit die Versicherungsbeiträge innerhalb der Höchstbetragsregelung zum Abzug gelangen.

Die Intentionen, die der Gesetzgeber bei der Gestaltung dieses Regelungskomplexes verfolgt hat, sind nicht immer klar erkennbar. Bemerkenswert ist, daß seit dem EStG 1934 bis auf den heutigen Tag auf eine amtliche Begründung für die Abzugs-

---

[383] Vgl. Andel, N., Altersversicherungen, in: Haller, H. u.a. (Hrsg.), Theorie und Praxis (1970), S. 338.

[384] Vgl. im folgenden Bundeskanzler, Gesetz zur Neuordnung von Steuern, BT-Drucks. 2/481, S. 86.

[385] Vgl. Heining, A., EStG 1955 (1955), § 22 Anm. 2a; Klein, F./Flockermann, P.G./Kühr, C., EStG (1981), § 22 Anm. 4a Tz. 88, § 22 Anm. 4a Tz. 68; Schneider, H.-P., Alterseinkünfte und Gleichheitssatz (DRV 1980), S. 229.

fähigkeit der Versicherungsbeiträge i.d.R. verzichtet oder auf die seit 1891 vorgebrachten, nie näher begründeten sozial- bzw. wirtschaftspolitischen Erwägungen lediglich wiederholt hingewiesen wird[386]. Auf den Ursprung der Regelung, einen Ausgleich für den aufgrund der knappen Gehälter nicht dem Einkommen hinzugerechneten Pensionsanspruch der Beamten zu schaffen und nichtversicherungspflichtige Personen gleichzustellen, wurde nicht eingegangen, obwohl entsprechende Gründe zur Einführung des Vorwegabzugs führten. Auch heute wird z.B. die steuerliche Begünstigung der Altersbezüge teilweise mit zu niedrigen Renten begründet[387]. Eine Überprüfung, ob die Gestaltung des Sonderausgabenabzugs geeignet ist, die beabsichtigten Ziele, wie z.B. die Begünstigung einkommensschwacher Bevölkerungsschichten, die Erreichung einer Steuersenkung und die Förderung der Eigenvorsorge, zu erreichen, unterblieb. Eine Auseinandersetzung mit den vorgebrachten Gegenargumenten, wie z.B. die Durchbrechung des Einkommensbegriffs, die Benachteiligung anderer Vorsorgeformen und die Doppelbegünstigung in der An- und Absparphase, fand nur in der Anfangszeit statt. An eine Abschaffung der Begünstigung ist, abgesehen von der Regelung der Alliierten, nur beim EStG 1920 gedacht worden. Dabei forderte schon Wagner eine Abschaffung des Vorrechts der Beamten, da es schwierig sei, die Grenze zu finden, wenn einmal damit begonnen wird, Einkommensteuerfreiheiten für Einkommensteile, die auf eine bestimmte Art verwendet werden, zu gewähren[388]. Statt dessen betrafen die Gesetzesänderungen seit dem EStG 1951 meist nur die Abzugsvoraussetzungen aus Gründen der Mißbrauchsvermeidung und seit dem EStG 1974 größtenteils nur die Pauschalregelung und den Vorwegabzug. Aus Gleichbehandlungsgesichtspunkten wurden diese Vorschriften um komplizierte Anrechnungsverfahren ergänzt.

Ganz unverständlich ist daher die Meinung des Wissenschaftlichen Beirats beim BdF, der sich im Rahmen der diskutierten Abschaffung von Sondervergünstigungen dafür aussprach, daß die "klassischen" Sonderausgaben, zu denen die Versicherungen zählen, beibehalten werden sollen, da deren "Begünstigung seit langem fester Bestandteil des Einkommensteuerrechts" sei und sie "deshalb den Vergünstigungen (...) welche in den letzten Jahren neugeschaffen wurden, um der besonderen Nachkriegssituation Rechnung zu tragen", nicht gleichzustellen seien[389]. Die "klassischen" Sonderausgaben würden der sozialen Sicherung dienen und hätten für den Steuerpflichtigen einen gewissen werbungskostenähnlichen Charakter. Diese Äußerung bezieht sich auf die große Steuerreform, die nur wenige Jahre nach der Wiedereinführung der Abzugsfähigkeit der Versicherungsprämien aus Steuersatzsenkungsgründen (!) und Gründen des Wiederaufbaus der Wirtschaft stattfand.

---

[386] Zu diesem Schluß kommt auch Söhn. Vgl. Söhn, H., Sonderausgaben (StuW 1985), S. 400.

[387] So z.B. Lamers, B., Einkommenstransfers (1975), S. 90. Einen Zusammenhang zwischen Nettorentenniveau und Besteuerung sehen auch die Wissenschaftlergruppe des Sozialbeirats, Gutachten, BT-Drucks. 9/632, Tz. 134, 137, 140, die Transfer-Enquête-Kommission, Bericht (1981), Tz. 468, 472 und die Steuerreformkommission, Gutachten (1971), Tz. II/358.

[388] Vgl. Wagner, A., Staatsbesteuerung in Preußen (FinArch. 1891), S. 708.

[389] Vgl. im folgenden Wissenschaftlicher Beirat beim BdF, Organische Steuerreform (1953), S. 51.

In der Entstehungsgeschichte der Gesetzesvorschriften, die die Versicherungserträge betreffen, kommt eindeutig zum Ausdruck, daß sich der Gesetzgeber bei der Gestaltung dieser Regelungen an dem (welchen?) Einkommensbegriff orientieren wollte
und eine Übereinstimmung der Rentenbesteuerung mit den Grundprinzipien der Einkommensbesteuerung anstrebte. Die Ausrichtung auf den Einkommensbegriff erfolgte
zum Teil relativ spät und nicht ohne Einschränkungen. Erst 34 Jahre nach der grundlegenden Änderung des Einkommensbegriffs und der Abkehr von der Quellentheorie
durch das EStG 1920 und seiner Nachfolger änderte der Gesetzgeber die materielle
Steuernorm der wiederkehrenden Bezüge dergestalt, daß Vermögensumschichtungen
nicht mehr besteuert werden. Eine Vollbesteuerung ist seit dem EStG 1920 mit dem
Einkommensbegriff nicht mehr zu vereinbaren. Erstaunlich ist ebenfalls, daß erst 1974
die Zinsen der Ansparphase unter die Einkünfte aus Kapitalvermögen eingeordnet
wurden, obwohl die Nichteinordnung nur bis zum EStG 1920 mit der Quellentheorie
begründbar war.

Die Ausrichtung der Besteuerung der Zinsen der Absparphase nach dem Einkommensbegriff erfolgte nur teilweise. Ihre Einordnung unter die Einkunftsart der
"wiederkehrenden Bezüge" ist ein Relikt der Quellentheorie[390]. Besteuerungsgrund für
die wiederkehrenden Bezüge ist das Merkmal der Wiederkehr, die äußere Form, das
Rentenstammrecht oder der Versorgungsgedanke gewesen. Mit Änderung des Einkommensbegriffs im EStG 1920 wurde der Gedanke des Rentenstammrechts nicht fallen gelassen, obwohl nach der Reinvermögenszugangstheorie eine Ertragsquelle i.S.
von Rechten auf periodische Hebungen zur Begründung der Einkommensteuerpflicht
unerheblich ist. 1954 erfolgte im Gegenteil eine Festschreibung der Idee des Rentenstammrechts, indem unentgeltlich und entgeltlich erworbene Renten gleich und private
und betriebliche Veräußerungsrenten unterschiedlich behandelt werden.

Die Fortschritte, die die Rechtsprechung des RFH und BFH in diesen Punkten gemacht hatte, wurden rückgängig gemacht. Die unterschiedliche Behandlung von Veräußerungsrenten, je nachdem ob ihnen ein betrieblicher oder privater Vorgang zugrundeliegt, wird kritisiert[391]. Bei Betriebsveräußerungen gegen Leibrente sind die Rentenbezüge als nachträgliche Betriebseinnahmen solange steuerfrei, wie ihre Summe den
Wert des Kapitalkontos im Veräußerungszeitpunkt nicht übersteigt, und danach in
voller Höhe steuerpflichtig, während bei der Veräußerung nichtbetrieblicher Vermö-
genswerte die Leibrente sofort mit ihrem Ertragsanteil zu versteuern ist. Im Fall des
betrieblichen Veräußerungsvorgangs wird ebenfalls ein Rentenstammrecht erworben,
so daß eine Ertragsanteilsbesteuerung anstelle der nachträglichen betrieblichen Einkünfte treten müßte.

Der Versicherungsgewinn hat bei der Besteuerung von Rentenversicherungen
keine Rolle gespielt. Er wurde i.d.R. in den Gesetzesbegründungen nicht erwähnt. Der

---

[390] Vgl. Tipke, K./Lang, J., Steuerrecht (1991), S. 364; Lang, J., Familienbesteuerung (StuW 1983),
S. 111f.

[391] Vgl. im folgenden Brockhoff, Rentenbesteuerung (FR 1956), S. 439; Charlier, R., Renten (StbJb.
1966/1967), S. 296, insbesondere Fußnote 45.

Versicherungsgewinn diente anfangs bei der Abzugsfähigkeit von Versicherungsprämien als Abgrenzungskriterium zwischen Kapitalansammlungsverträgen und Versicherungsverträgen. Bis mindestens einschließlich der Einführung der Ertragsanteilsbesteuerung wurde er zur Rechtfertigung herangezogen, daß die Renten unter den wiederkehrenden Bezügen und nicht unter den Kapitaleinkünften geregelt wurden. Der Versicherungsverlust blieb in steuerlicher Hinsicht gänzlich unerwähnt und unberücksichtigt, obwohl bereits Schanz sich 1922 mit der steuerlichen Behandlung des Versicherungsgewinns und des Versicherungsverlustes und ihrer Beziehung zum Einkommensbegriff beschäftigte[392].

Die vollständige Erfassung der Erträge der privaten Rentenversicherung ist nicht gewährleistet. Es fällt schwer, eine Systematik zu formulieren, die den Vorschriften über die Besteuerung der privaten Rentenversicherung zugrundeliegt. Es bleibt unklar, ob es sich um Regeln handelt, die sich an einer (aus welchen Gründen?) herabgesetzten Leistungsfähigkeit oder an einem Bedürfnis nach staatlicher Unterstützung orientieren. Somit ist die Frage gestellt, ob es sich überhaupt um ein einheitliches Konzept handelt.

---

[392] Schanz diskutierte drei Besteuerungsmodelle. Vgl. Schanz, G. v., Einkommensbegriff II (FinArch. 1922), S. 511ff., insbesondere S. 513f.

C. Die einkommensteuerliche Behandlung der privaten Rentenversicherung nach theoretischen Gesichtspunkten

Zur Beurteilung der steuerlichen Behandlung der Vermögensumschichtung, der Zinsen und des Versicherungsgewinns bzw. -verlustes wird ein Maßstab benötigt. Diesen Maßstab bildet das Einkommen. Der Begriff des Einkommens ist so festzulegen, daß er den grundsätzlichen Zielen der Besteuerung entspricht. Auf der Basis eines solchen Einkommensbegriffs können dann Schlußfolgerungen für die Besteuerung der privaten Rentenversicherung erarbeitet werden.

1. Der Einkommensbegriff und die Grundprinzipien der Einkommensbesteuerung

Zwischen den Vertretern der Finanzwissenschaft, der Rechtswissenschaft[393], der Betriebswirtschaftlichen Steuerlehre, dem Gesetzgeber und den (organisierten) Steuerzahlern[394] besteht nahezu Einmütigkeit, daß die Steuerlast nach der individuellen, wirtschaftlichen Leistungsfähigkeit bemessen werden soll[395]. Das Leistungsfähigkeitsprinzip wird vom Gesetzgeber als Fundamentalprinzip der Einkommensbesteuerung anerkannt[396]. Es gilt als sachgerechter Vergleichsmaßstab für die Anwendung des Gleichheitssatzes[397] und dient damit dem Ziel, die allgemein als erstrebenswert angesehene Gleichmäßigkeit der Besteuerung sicherzustellen. Anderer Meinung ist Martens. Nach Martens kann das Gleichheitsgebot nicht ohne weiteres mit der Steuergleichheit, diese nicht mit der Besteuerung nach der Leistungsfähigkeit und die wiederum nicht ohne nähere Begründung mit der Steuergerechtigkeit gleichgesetzt werden[398]. Die Verfassungsgeschichte spricht gegen die Gleichsetzung der Forderung nach Gleichheit und

---

[393] Vgl. Lang, J., Bemessungsgrundlage (1988), S. 97; Loritz, K.-G., Systemgerechte Einkommensteuer (StuW 1986), S. 14; Tipke, K., Richtiges Steuerrecht (StuW 1988), S. 270f.

[394] Vgl. Karl-Bräuer-Institut des Bundes der Steuerzahler (Hrsg.), Sonderausgaben (1970), S. 20.

[395] Einige Autoren lehnen das Leistungsfähigkeitsprinzip jedoch vehement ab und begründen ihre Auffassung im wesentlichen damit, daß es unbestimmt und als Maßstab für die vielfältigen wirtschafts- und sozialpolitischen Zielsetzungen der Besteuerung nicht geeignet sei. Vgl. dazu Arndt, H.-W., Steuerliche Leistungsfähigkeit, in: Damrau, J. u.a. (Hrsg.), Festschrift für Otto Mühl (1981), S.29, 33f., 39; Kruse, H.W., Gleichmäßigkeit (StuW 1990), S. 323ff.; Leisner, W., Leistungsfähigkeit (StuW 1983), S. 97ff.; Littmann, K., Leistungsfähigkeitsprinzip, in: Haller, H. u.a. (Hrsg.), Theorie und Praxis (1970), S. 113ff., 125ff., 133f.; Mitschke, J., Lebenseinkommensbesteuerung (StuW 1980), S. 122; Schmidt, K., Leistungsfähigkeitsprinzip (FinArch., N.F., 1967), S. 402f.

[396] Vgl. o.V., ESt- und Ergänzungssteueränderungsgesetz I, HdA-Drucks. Session 1905-06/9, S. 15; o.V., EStG 1920, DNV-Drucks. 1624, S. 17; Bundesregierung, Drittes Steuerreformgesetz, BT-Drucks. 7/1470, S. 211f.; CDU/CSU und FDP, Steuerreformgesetz 1990, BT-Drucks. 11/2157, S. 119ff.

[397] Vgl. Lang, J., Bemessungsgrundlage (1988), S. 115. Vgl. auch Tipke, K./Lang, J., Steuerrecht (1991), S. 58; Steuerreformkommission, Gutachten (1971), Tz. I/39.

[398] Vgl. Martens, J., Steuergerechtigkeit (KritV 1987), S. 45f.

Allgemeinheit der Besteuerung mit dem Gebot, im Verhältnis der jeweiligen Mittel zu den öffentlichen Lasten beizutragen[399].

Im Schrifttum und in der politischen Diskussion werden Argumente ganz unterschiedlicher Herkunft als Ausfluß *eines* Leistungsfähigkeitsprinzips angeführt[400]. Bei der inhaltlichen Auslegung von steuerlicher Leistungsfähigkeit muß differenziert werden. Wirtschaftliche Leistungsfähigkeit kann entweder auf die Entstehungs- oder auf die Verwendungsseite des Volkswohlstandes bezogen werden und umfaßt entweder die Möglichkeit oder die Verwirklichung ökonomischer Tatbestände[401]. Damit ergeben sich vier Bezugsgrößen steuerlicher Leistungsfähigkeit:

Steuerliche Leistungs- fähigkeit kann bezogen werden auf:	Entstehung des Volkswohlstands	Verwendung des Volkswohlstands
marktmäßige Verwirklichung	1. Verwirklichung von Mittelerwerb	2. Verwirklichung von Bedürfnisbefriedigung
persönliche Möglichkeit	3. Möglichkeit zum Mittelerwerb	4. Möglichkeit zur Bedürfnisbefriedigung

Abb. 5: Bezugsgrößen steuerlicher Leistungsfähigkeit
(Quelle: nach Schneider, D., Unternehmensbesteuerung (1990), S. 26.)

Als Bezugsgröße steuerlicher Leistungsfähigkeit ist nicht die Möglichkeit, sondern die Verwirklichung ökonomischer Tatbestände zu wählen, da eine Potentialbesteuerung zu unerwünschten Anpassungsentscheidungen führt[402]. Zudem ist sie nicht durchführbar[403] und mit dem verfassungsrechtlich gesicherten Freiheitsgrundsatz unverein-

---

[399] Vgl. Arndt, H.-W., Steuerliche Leistungsfähigkeit, in: Damrau, J. u.a. (Hrsg.), Festschrift für Otto Mühl (1981), S. 28. Vgl. dazu auch Bühler, O., Lastenverteilung, in: Nipperdey, H.C. (Hrsg.), Grundrechte (1930), S. 314, 316f.; Bühler, O., Reichsverfassung (1929), S. 139f.

[400] Vgl. Schneider, D., Erbschaft- und Vermögensteuer (StuW 1979), S. 38.

[401] Zu dieser Unterteilung, den daraus folgenden vier Bezugsgrößen steuerlicher Leistungsfähigkeit und der Wahl der entsprechenden Steuerart vgl. Schneider, D., Vermögensbesteuerung (FinArch., N.F., 1979), S. 27ff.; Schneider, D., Unternehmensbesteuerung (1990), S. 25ff.

[402] Mit ausführlichen Erläuterungen vgl. Schneider, D., Unternehmensbesteuerung (1990), S. 31; Schneider, D., Vermögensbesteuerung (FinArch., N.F., 1979), S. 44f. Anderer Auffassung sind Haller und Arrow. Vgl. Haller, H., Vermögensbesteuerung (FinArch., N.F., 1977), S. 243; Arrow, K.J., Rawls' s Theory of Justice (The Journal of Philosophy 1973), S. 260.

[403] Mit ausführlichen Erläuterungen vgl. Schneider, D., Vermögensbesteuerung (FinArch., N.F., 1979), S. 45. Vgl. auch Haller, H., Vermögensbesteuerung (FinArch., N.F., 1977), S. 241.

bar[404]. Eine Besteuerung der Erwerbsfähigkeit[405] wird abgelehnt. Unter steuerlicher Leistungsfähigkeit können nur die verwirklichten ökonomischen Tatbestände verstanden werden[406].

Eine Gegenüberstellung und Bewertung der Vor- und Nachteile der Besteuerung des Mittelerwerbs bzw. der Bedürfnisbefriedigung ist an dieser Stelle nicht möglich. Es kann nur auf die vorgebrachten Argumente und ihre Entgegnung verwiesen werden. Es werden z.B. Auswirkungen auf das Arbeitsangebot, die Kapitalbildung, die Risikobereitschaft, die Allokation der Produktionsfaktoren, auf Nachfragestrukturen und auf das Wirtschaftswachstum diskutiert[407]. Diese Überlegungen werden oft im Hinblick auf wirtschaftspolitische Zielsetzungen angestellt. In der Literatur wird auf Abgrenzungsprobleme zwischen den Begriffen Investition und Konsum[408] und auf Probleme bei Mehr-Steuerarten-Systemen, bei denen die Vergleichbarkeit der verschiedenen Bemessungsgrundlagen problematisch ist[409], hingewiesen. Zu beachten ist ebenfalls, daß eine Gesamtbewertung des zu erhaltenden Anfangsvermögens bei der Einkommensteuer zur Zeit nicht möglich ist[410].

Die bisher entwickelten Verfahren zur indirekten Konsummessung sind zum Teil durch Fehler in der Konstruktion des Meßsystems und durch bedeutsame definitorische Unschärfen gekennzeichnet[411]. Die praktischen Erfahrungen mit den gescheiterten Versuchen einer persönlichen allgemeinen Ausgabensteuer in Sri Lanka und Indien sprechen hingegen nicht gegen die Konsumsteuer, da die Ursachen nicht in der Be-

---

[404] Mit ausführlichen Erläuterungen vgl. Schneider, D., Vermögensbesteuerung (FinArch., N.F., 1979), S. 45f.; Schneider, D., Einkommensteuer (FinArch., N.F., 1991/92), S. 546. Vgl. auch Kirchhof, P., Leistungsfähigkeit II (Steuerberaterkongress-Report 1988), S. 38f.

[405] Vgl. Birk, D., Leistungsfähigkeitsprinzip (1983), S. 167; Feddersen, D., Gewinnermittlung (DStZ (A) 1985), S. 444; Kirchhof, P., Leistungsfähigkeit II (Steuerberaterkongress-Report 1988), S. 30f., 38. Haller lehnt jede Form einer allgemeinen Fähigkeitssteuer ab. Vgl. Haller, H., Vermögensbesteuerung (FinArch., N.F., 1977), S. 242.

[406] Vgl. Schneider, D., Vermögensbesteuerung (FinArch., N.F., 1979), S. 46.

[407] Vgl. dazu Musgrave, R.A., Expenditure Tax (The American Economic Review, March 1957), No. 1, S. 204; Peffekoven, R., Ausgabensteuer (FinArch., N.F., 1979), S. 149, 153; Schneider, D., Einkommensteuer (FinArch., N.F., 1991/92), S. 535ff.; Schneider, D., Vermögensbesteuerung (FinArch., N.F., 1979), S. 47; Schneider, D., Reform der Unternehmensbesteuerung (StuW 1989), S. 331; Schneider, D., Unternehmensbesteuerung (1990), S. 32f.; Rose, M., Konsumorientierte Neuordnung des Steuersystems (StuW 1989), S. 191f.; Zumstein, P., Ausgabensteuer (1977), S. 130.

[408] Vgl. Musgrave, R.A., Expenditure Tax (The American Economic Review, March 1957), No. 1, S. 202f.; Zumstein, P., Ausgabensteuer (1977), S. 77; Mitschke, J., Ausgabensteuer (FinArch., N.F., 1980), S. 292f.

[409] Vgl. Schneider, D., Unternehmensbesteuerung (1990), S. 32, 38.

[410] Vgl. Schneider, D., Allgemeine Betriebswirtschaftslehre (1987), S. 376ff. Vgl. auch Mitschke, J., Einkommen, Konsum und Vermögen (1976), S. 109f.; Fisher, I., Income (Econometrica 1937), S. 9, 17, 19.

[411] Vgl. die Untersuchungen zu 11 unterschiedlichen Verfahren bei Mitschke, J., Ausgabensteuer (FinArch., N.F., 1980), S. 275ff., 295f., 298f.

steuerungsart an sich lagen. Im Fall von Sri Lanka lag es an den Steuerumgehungs-möglichkeiten und mangelnden Kontrollverfahren[412]. Im Fall von Indien scheiterte die Ausgabensteuer aufgrund erheblicher Abzugsmöglichkeiten und Freibeträge sowie aufgrund von Durchführungsschwierigkeiten[413]. Die Steuerverwaltung und die Steuer-pflichtigen waren durch das komplizierte Veranlagungsverfahren überfordert.

Innerhalb dieser Abhandlung bezieht sich steuerliche Leistungsfähigkeit auf den verwirklichten Mittelerwerb: Personen, die in einer Abrechnungsperiode die gleichen Mittel erworben haben, sollen die gleichen Steuern zahlen. Diese Größe wird durch die realisierte Reinvermögensmehrung im Sinne eines Reinertrags verkörpert. Die Defini-tion von Einkommen lautet folglich: Einkommen ist der Reinvermögenszugang, den eine Person innerhalb eines bestimmten Zeitabschnitts realisiert[414]. Dieser Einkom-mensbegriff entspricht dem Grundsatz, daß die Einkommensbesteuerung keinen kon-fiskatorischen Charakter haben darf und eine Besteuerung des Vermögensbestands zu unterbleiben hat. Er ist mit dem verfassungsmäßigen Grundsatz des Schutzes des Ei-gentums konform.

Der Einkommensbegriff wird zum Teil so umschrieben, daß Einkommen jener Be-trag ist, den eine Person während einer Abrechnungsperiode höchstens konsumieren darf, wenn sie am Ende der Periode nicht ärmer dastehen will als am Anfang[415]. Diese Formulierung kann Probleme aufweisen, da die Ausrichtung des Begriffs Einkommen auf die Bedürfnisbefriedigung in sich widersprüchlich ist[416]. Das Einkommen ist als Maßstab für die Bedürfnisbefriedigung ungeeignet, da der Steuerpflichtige die Wahl-möglichkeit besitzt, das Einkommen zu verzehren oder zur Bildung von Ersparnissen zu verwenden. Diese Widersprüchlichkeit kann zu Fehlschlüssen bezüglich der steu-erlichen Behandlung der Ersparnisbildung verleiten.

Mit der Maßgröße des verwirklichten Mittelerwerbs ist nur die Besteuerung reali-sierter Gewinne vereinbar, da nur sie verwirklicht sind. Die Forderung auch unreali-sierte Gewinne steuerlich zu erfassen, da jede Wertsteigerung die steuerliche Lei-stungsfähigkeit erhöht, ist abzulehnen, weil sie eine andere Bezugsgröße steuerlicher Leistungsfähigkeit zugrundelegt[417]. Schanz selber äußert sich nicht klar, ob neben den

---

[412] Vgl. Zumstein, P., Ausgabensteuer (1977), S. 507ff.

[413] Vgl. im folgenden Zumstein, P., Ausgabensteuer (1977), S. 473ff., 480ff., 484ff., 487ff.

[414] Dieser Einkommensbegriff umschließt auch Schenkungen und Erbschaften, die vom Gesetzgeber hinsichtlich ihrer Besteuerung gesondert behandelt werden. In der Literatur wird der Einkommens-begriff häufig auf das Markteinkommen eingeschränkt. Vgl. Biergans, E., Einkommensteuer (1992), S. 7f., 11ff.; Biergans, E., Latente Einkünfte (FR 1982), S. 525. Vgl. dazu auch Biergans, E./Stockinger, R., Einkommensbegriff (FR 1982), S. 4ff.; Biergans, E./Wasmer, C., Leistungsfä-higkeitsbegriff (FR 1985), S. 61f. Eine nähere Beschäftigung mit diesem Problemkreis erfolgt nicht, da er die steuerliche Behandlung von privaten Rentenversicherungen nicht beeinflußt.

[415] So bereits Hermann, F.B.W. v., Staatswirthschaftliche Untersuchungen (1870), S. 582. Ebenso Hicks, J.R., Value and Capital (1974), S. 172; Schneider, D., Steuerbilanzen (1978), S. 46.

[416] Vgl. im folgenden Meyer, R., Wesen des Einkommens (1887), S. 19f.; Schneider, D., Vermögens-besteuerung (FinArch., N.F., 1979), S. 32, 47.

[417] Vgl. Döring, U., Realisationsprinzip (DStR 1977), S. 272.

realisierten auch unrealisierte Gewinne besteuert werden sollen[418]. Mit diesem Sachverhalt sowie den Unterschieden zwischen dem bilanziellen und dem Schanzschen Einkommensbegriff setzt sich Lion auseinander[419]. Lion erläutert die Unterschiede sehr genau und nimmt eine Trennung zwischen der Reinvermögenszuwachstheorie (Lehre vom unrealisierten Vermögensmehr) und der Reinvermögenszugangstheorie (Lehre vom realisierten Reinvermögensmehr) vor. Seiner Meinung nach meinte Schanz die Reinvermögenszugangstheorie. Die nicht klar durchgeführte Trennung bei Schanz führte zu der Eigentümlichkeit, daß mit der Einführung des Schanzschen Einkommensbegriffs in das EStG 1920 die Besteuerung unrealisierter Konjunkturgewinne nach den auf der Quellentheorie beruhenden einzelstaatlichen Einkommensteuergesetzen auf Reichsebene beseitigt wurde, während die Literatur aus der Reinvermögenszugangstheorie auf die Besteuerung unrealisierter Gewinne schloß[420].

Der Reinvermögenszugang ist erst verwirklicht, wenn Güter- bzw. Einnahmenzufluß vorliegt[421]. Mit dem Einkommensbegriff ist nur das strenge Realisationsprinzip i.S.d. des Zuflußprinzips vereinbar[422]. Einkommen ist nur der in Geld realisierte Reinvermögenszugang. Die Verfügungsmacht ist erst gegeben, wenn Einnahmen vorliegen. Die Besteuerung nicht in Geld realisierter Gewinne führt zu Verschuldung oder anderen wirtschaftlichen Dispositionen, so daß der Grundsatz der Entscheidungsneutralität der Besteuerung nicht erfüllt ist. Der Grundsatz der Entscheidungsneutralität setzt Barrealisation, d.h. Einnahmenzufluß, voraus. Wird z.B. bei der Gewinnermittlung aus dem Verkauf einer Ware der Realisationstatbestand in dem Gefahrenübergang unabhängig vom tatsächlichen Zahlungszeitpunkt gesehen, so erfordert das Prinzip der Vermögenserhaltung eine Liquiditätshilfe und eine Verzinsung der Steuerforderung. Das Problem der Festlegung des Realisationszeitpunktes ist erheblich, da Zins- und Progressionseffekte entstehen. In diesem Zusammenhang muß darauf hingewiesen werden, daß mit dem Einkommensbegriff prinzipiell nur ein für alle Einkunftsarten einheitlicher Realisationszeitpunkt vereinbar ist[423]. Deshalb fordert Schneider, daß auch bei den Gewinneinkunftsarten die Steuerpflicht erst mit dem Zufluß der Einnah-

---

[418] Vgl. Schanz, G. v., Einkommensbegriff I (FinArch. 1896), S. 24, 28f., 44, 46.

[419] Vgl. im folgenden Lion, M., Einkommensbegriff, in: Teschemacher, H. (Hrsg.), Festgabe für Georg von Schanz, Bd. 2 (1928), insbesondere S. 286ff., 290, 294f.

[420] Vgl. dazu o.V., EStG 1920, DNV-Drucks. 1624, S. 23f.

[421] Vgl. Hermann, F.B.W. v., Staatswirthschaftliche Untersuchungen (1879), S. 582.

[422] Vgl. zu den folgenden Ausführungen Schneider, D., Steuerbilanzen (1978), S. 57; Schneider, D., Gewinnermittlung (zfbf 1971), S. 357, 359, 379; Schneider, D., Allgemeine Betriebswirtschaftslehre (1987), S. 371, 415, 423; Schneider, D., Realisationsprinzip, in: Baetge, J. u.a. (Hrsg.), Festschrift für Ulrich Leffson (1976), S. 113, 116; Schneider, D., Reform der Gewinnermittlung (StuW 1971), S. 330, 338.

[423] Vgl. Schneider, D., Gewinnermittlung (zfbf 1971), S. 357, 379; Schneider, D., Reform der Gewinnermittlung (StuW 1971), S. 330, 385.

men einsetzt[424]. Diese Forderung stellt eine Abkehr von der bestehenden bilanziellen Gewinnermittlung dar. In der Literatur wird auch die Auffassung vertreten, daß der Realisationstatbestand der Überschußeinkünfte dem der Gewinneinkünfte anzupassen sei[425]. Eine Erörterung dieses Problemkreises würde jedoch den Umfang dieser Arbeit sprengen.

Die Ermittlung des Reinvermögenszugangs erfordert die Erhaltung des Anfangskapitals. Die Erhaltung des Vermögens ist Voraussetzung für das Vorliegen von Einkommen[426]. Die Bestimmung des Anfangs- und des Endvermögens sowie seine Gegenüberstellung ist ein konstitutives Merkmal des Einkommensbegriffs[427]. Das entsprechend "theoretisch richtig" bewertete Vermögen ist das Erfolgskapital[428]. Böhm-Bawerk definiert das Einkommen als Einnahmenüberschuß der Periode abzüglich der Ertragswertabschreibung, wobei die Ertragswertabschreibung gleich der Differenz zwischen Einnahmen und Zinsen auf den Ertragswert auf die Investition zu Beginn der Periode ist[429]. Anzumerken ist, daß Böhm-Bawerk andere Begriffe verwendet: Reingewinn statt Einkommen, konsumierte Nutzleistung statt Einnahme und Abnützungsquote anstelle Ertragswertabschreibung[430]. Die Gleichung darf nicht aufgelöst werden, da sonst der Begriff Einnahme entfällt, so daß Einkommen gleich den Zinsen auf den Ertragswert ist und das wesentliche Merkmal des Vorliegens von Zahlungen übersehen wird.

Die Bestimmung des Erfolgskapitals ist unter realistischen Umweltbedingungen nicht möglich: Das zu erhaltende Vermögen ist nur unter Sicherheit und bei Annahme eines vollständigen Kapitalmarkts ökonomisch definiert[431]. Auch die Erhaltung der Kaufkraft anhand z.B. der Indexierung weist Probleme auf. Das Inflationsproblem kann nicht gelöst werden, indem die Kapitalerträge der Ansparphase und der Rentenbezugsphase nicht bzw. nicht voll erfaßt werden[432]. Innerhalb dieser Abhandlung kann die Gestaltung von Regelungen zur Kapitalerhaltung nicht weiter diskutiert, sondern

---

[424] Vgl. Schneider, D., Gewinnermittlung (zfbf 1971), S. 357; Schneider, D., Realisationsprinzip, in: Baetge, J. u.a. (Hrsg.), Festschrift für Ulrich Leffson (1976), S. 116.

[425] Vgl. Lang, J., Bemessungsgrundlage (1988), S. 276ff., 281; Wassermeyer, F., Einkünfte aus Kapitalvermögen (StuW 1988), S. 287f., 290. Vgl. auch die Erwiderung der von Lang vorgebrachten Gesichtspunkte bei Schneider, D., Bilanzgewinn (ZfhF, N.F., 1963), S. 459.

[426] Vgl. Schneider, D., Steuerbilanzen (1978), S. 72.

[427] Vgl. Mitschke, J., Einkommen, Konsum und Vermögen (1976), S. 109f.

[428] Vgl. Schneider, D., Gewinnermittlung (zfbf 1971), S. 357.

[429] Vgl. Böhm-Bawerk, E. v., Positive Theorie (1961), Bd. 1, S. 414ff.

[430] Siehe auch die Ausführungen bei Schneider, D., Allgemeine Betriebswirtschaftslehre (1987), S. 370ff.

[431] Vgl. Schneider, D., Gewinnermittlung (zfbf 1971), S. 357ff.

[432] So jedoch die Steuerreformkommission, Gutachten (1971), Tz. II/372; Dziadkowski, D., Zinsbesteuerung (BB 1991), S. 1834f. Ähnliche Überlegungen spielten bereits bei der Einführung der Steuerfreiheit bestimmter Zinserträge aus Lebensversicherungen eine Rolle. Vgl. Bundesregierung, Drittes Steuerreformgesetz, BT-Drucks. 7/1470, S. 273.

nur auf die entsprechende Literatur[433] verwiesen werden. Es darf jedoch nicht in Vergessenheit geraten, daß die Auswahl der Kapitalerhaltungskonzeption auf die Rentenbesteuerung und die Einkommensbesteuerung als solche zum Teil erhebliche Auswirkungen hat. Im folgenden wird von der im Einkommensteuergesetz vorgegebenen Nominalkapitalerhaltung[434] trotz ihrer Unzulänglichkeit ausgegangen.

Abschließend sei noch bemerkt, daß bei der sich im folgenden anschließenden Ausarbeitung einer Neuregelung der Rentenbesteuerung strikt darauf zu achten ist, daß alternative Fassungen steuerlicher Leistungsfähigkeit nicht vermischt werden dürfen[435]. Die Folge wäre, daß Argumente angeführt werden können, die auf sich gegenseitig ausschließenden Definitionen steuerlicher Leistungsfähigkeit beruhen. Einem darauf gegründeten Gedankengebäude wäre somit bereits a priori die Basis entzogen.

2. Schlußfolgerungen für die einkommensteuerliche Behandlung der Vorsorgeaufwendungen

a) Die Abzugsfähigkeit der Versicherungsbeiträge

Die folgenden Ausführungen beschäftigen sich mit der Frage, ob die bestehende Abzugsfähigkeit der Versicherungsbeiträge mit dem gewählten Einkommensbegriff vereinbar ist. In der Literatur wird die Abzugsfähigkeit von Versicherungsbeiträgen damit begründet, daß es sich um zwangsweise zu leistende Ausgaben handelt[436]. Den

---

[433] Zu den Problemen verschiedener Kapitalerhaltungskonzeptionen vgl. Wöhe, G., Bilanzierung und Bilanzpolitik (1992), S. 363ff.; Schneider, D., Steuerbilanzen (1978), S. 71ff. Vgl. auch den Vorschlag von Dziadkowski, D., Zinsbesteuerung (BB 1991), S. 1831ff.

[434] Hermanns Forderung nach Kaufkrafterhaltung hat sich nicht durchgesetzt. Vgl. Hermann, F.B.W. v., Staatswirthschaftliche Untersuchungen (1870), S. 605. Siehe auch die Ausführungen bei Schneider, D., Realisationsprinzip, in: Baetge, J. u.a. (Hrsg.), Festschrift für Ulrich Leffson (1976), S. 107. Dies mag darin begründet sein, daß das PreußEStG 1891/1906 sich an der Quellentheorie orientierte und Fuisting sich für die (von ihm jedoch nicht vollständig verwirklichte) Substanzkapitalerhaltung aussprach und die Berücksichtigung inflationsbedingter Wertänderungen ablehnte. Vgl. Fuisting, B., Grundzüge (1902), S. 137ff., 141f., 144f., 147f. Ein weiterer Grund könnte darin liegen, daß sich das EStG 1920 an Schanz orientierte. Schanz verwies aufgrund seiner Bezugnahme auf die kaufmännische Bilanzierung auf die nominelle Geldkapitalerhaltung verwies, überging die Frage der Geldwertänderungen und äußerte sich nicht explizit über die seinem Einkommensbegriff zugrundeliegende Kapitalerhaltung. Vgl. Schanz, G. v., Einkommensbegriff I (FinArch. 1896), S. 23, 40, 42, 87. Siehe dazu auch Schneider, D., Allgemeine Betriebswirtschaftslehre (1987), S. 421.

[435] Ein solches Beispiel bietet Haller: Er zieht als Maßgröße steuerlicher Leistungsfähigkeit das Bedürfnispotential heran (vgl. Haller, H., Vermögensbesteuerung (FinArch., N.F., 1977), S. 222, 223, 226, 230, 240). Die Besteuerung der Ersparnisbildung begründet er jedoch damit, daß Sparen verwirklichte Bedürfnisbefriedigung darstelle (vgl. Haller, H., Vermögensbesteuerung (FinArch., N.F., 1977), S. 229f.). Die Besteuerung der Freizeit sieht Haller darin gerechtfertigt, daß sie die Möglichkeit zum Mittelerwerb bietet (vgl. Haller, H., Vermögensbesteuerung (FinArch., N.F., 1977), S. 226, 243.).

[436] Vgl. zu den folgenden Ausführungen Bockelberg, H. v., Leistungsfähigkeit (BB 1971), S. 926; Karl-Bräuer-Institut des Bundes der Steuerzahler (Hrsg.), Sonderausgaben (1970), S. 20f.; Lang, J., EStG 1975 (StuW 1974), S. 298f.; Söhn, H., Sonderausgaben und Ertragsanteilsbesteuerung

Sozialversicherungsbeiträgen wird "Zwangscharakter" zugesprochen, da es sich um Ausgaben handelt, denen sich der Steuerpflichtige aufgrund staatlicher Vorschriften nicht entziehen kann. Bei den Aufwendungen zur privaten Altersvorsorge wird aufgrund faktischer Zwänge bzw. Notwendigkeiten von einem "Quasizwangscharakter" gesprochen. Diese Überlegungen beruhen darauf, daß nur bei der freien Einkommensverwendung eine präferenzgerechte Entscheidung möglich sei und Zwangssparen keine Bedürfnisbefriedigung darstellt[437]. Das erste Argument ist schwierig zu beurteilen, da die Rationalität von Präferenzen schwer zu bewerten ist[438]. Für einen rational handelnden Menschen kann der Aufbau einer Altersvorsorge präferenzgerecht sein. Hierfür spricht, daß zusätzlich zu den Zwangsersparnissen häufig freiwillige Ersparnisse aufgebaut werden. Der zweite Teil der vorgebrachten Begründung ist richtig. Die Bildung von Ersparnissen stellt stets einen Verzicht auf Bedürfnisbefriedigung dar[439]. Die Vertreter dieses Konzeptes müßten konsequent jegliche Sparbeiträge von der Besteuerung freistellen.

Während diese Ansätze mit der Verwirklichung von Bedürfnisbefriedigung argumentieren, werden auch Ansätze vertreten, die auf die Möglichkeit zur Bedürfnisbefriedigung abstellen[440]. In diesem Zusammenhang wird von Sozialversicherungsbeiträgen als "Quasisteuern" gesprochen. Da ihnen kein konkret meßbarer, kapitalisierter, zurechenbarer Vermögenswert bzw. Anspruch gegenüberstehe, sei der Abzug von der Bemessungsgrundlage gerechtfertigt[441]. Zwangssparen stellt jedoch kein Opfer dar[442]. Steuern mindern den Grad der Bedürfnisbefriedigung in dieser und in späteren Perioden. Sparen hingegen stellt Konsumverzicht in der aktuellen Periode dar und schafft die Möglichkeit zur Bedürfnisbefriedigung in späteren Perioden.

Auf die Überzeugungskraft der vorgebrachten Argumente braucht nicht weiter eingegangen werden. Innerhalb dieser Arbeit wird steuerliche Leistungsfähigkeit in dem verwirklichten Mittelerwerb gesehen. Die genannten Gesichtspunkte sind bei dessen Besteuerung unerheblich. Zudem ist das Einkommen kein geeigneter Maßstab für die

---

(StuW 1986), S. 325, 331; Söhn, H., Höchstbeträge (StuW 1990), S. 359; Steuerreformkommission, Gutachten (1971), Tz. II/251; Wissenschaftlicher Beirat beim BdF, Gutachten, in: BdF (Hrsg.), Entschließungen (1974), S. 343.

[437] Vgl. Haller, H., Vermögensbesteuerung (FinArch., N.F., 1977), S. 230, 234; Zumstein, P., Ausgabensteuer (1977), S. 81f.

[438] Vgl. im folgenden Schneider, D., Vermögensbesteuerung (FinArch., N.F., 1979), S. 36.

[439] Anderer Auffassung ist Haller. Vgl. Haller, H., Vermögensbesteuerung (FinArch., N.F., 1977), S. 229f. Vgl. dazu die Kritik bei Schneider, D., Vermögensbesteuerung (FinArch., N.F., 1979), S. 34f.

[440] So. z.B. Lamers, B., Einkommenstransfers (1975), S. 6, 76, 81, 179.

[441] Vgl. Zitzelsberger, H., Besteuerung der Alterseinkommen (DStZ (A) 1984), S. 473f.; Brümmerhoff, D., Sozialversicherungsrenten (StuW 1979), S. 220.

[442] Vgl. im folgenden Schneider, D., Vermögensbesteuerung (FinArch., N.F., 1979), S. 37.

Bedürfnisbefriedigung[443]. Die Bezugsgröße verwirklichte Bedürfnisbefriedigung erfordert vielmehr eine Besteuerung der persönlichen Konsumausgaben und des Vermögensbestandes. Die Bezugsgröße Möglichkeit zur Bedürfnisbefriedigung erfordert eine einheitliche Besteuerung des Anfangsvermögens und des Einkommens.

Anhand der Kriterien regelmäßiger, beständiger oder sicherer Zufluß der Einnahmen und der Unterscheidung zwischen fundiertem und unfundiertem Einkommen kann eine Entscheidung über die Einkommensteuerpflicht von Einnahmen nicht getroffen werden. Die Ansicht, daß es sich um Einnahmen handelt, die ihrem Wesen nach dem laufenden Verbrauch, der Deckung des Lebensunterhalts bzw. der Versorgung allgemein dienen, ist nicht ausschlaggebend. Es sind nur zwei Arten von Einwänden sinnvoll: Zum einen solche, die die gewählte Bezugsgröße steuerlicher Leistungsfähigkeit in Frage stellen. In diesem Fall wäre zu überlegen, ob eine andere Bezugsgröße zugrundegelegt werden sollte. Zum anderen sind Einwände denkbar, die sich aus dem gewählten Einkommensbegriff ergeben.

Für die Abzugsfähigkeit der Versicherungsprämien könnte die Einstufung der Versicherungsprämien als Werbungskosten sprechen. Nach der Reinvermögenszugangstheorie sind Aufwendungen von der Bemessungsgrundlage abzusetzen, die den Reinertrag erst festlegen. Die Abzugsfähigkeit der Versicherungsbeiträge wird damit begründet, daß es sich um Ausgaben zur Erhaltung bzw. Erwerbung von Einnahmen im Alter handele[444]. Nähere Erläuterungen werden nicht gegeben. Bei der Sachverständigenkommission Alterssicherungssysteme findet sich der Hinweis, daß die gesetzlichen Alterssicherungen sowie private Alterssicherungen, die auf der Basis ausschließlicher Rentenstammrechte beruhen, Ansprüche auf Einkommenszahlungen gewähren[445]. Hierunter dürfte die private Leibrentenversicherung fallen. Kapitalversicherungen hingegen seien Ansprüche auf Vermögensübertragungen im Alter. Eine Begründung für diesen engen Vermögensbegriff wird nicht gegeben. Nach üblichem wirtschaftswissenschaftlichen Sprachgebrauch handelt es sich bei künftigen Einzahlungserwartungen um Vermögen: Ansprüche auf künftiges Einkommen stellen Vermögen dar[446]. Vorsorgeaufwendungen sind ein Instrument zur intertemporalen Einkommensübertragung und gleichbedeutend mit heutigem Sparen und späteren Entsparen bzw.

---

[443] Vgl. im folgenden Schneider, D., Vermögensbesteuerung (FinArch., N.F., 1979), S. 30ff., 39ff.

[444] Vgl. Lang, J., Bemessungsgrundlage (1988), S. 211f.; Söhn, H., Sonderausgaben (StuW 1985), S. 404; Stenographische Berichte, Haus der Abgeordneten 1891, Bd. 2, S. 849; Zimmermann, E., EStG 1925 (1925), § 17 Anm. 3. Paus bezeichnet Rentenversicherungsbeiträge, insbesondere zur Sozialversicherung, als vorweggenommene Werbungskosten. Vgl. Paus, B., Private Renten (StW 1987), S. 101. Nach Meinung des Wissenschaftlichen Beirats beim BdF tragen die gesetzlichen Altersvorsorgeaufwendungen im Gegensatz zu den privaten Rentenversicherungsbeiträgen einen werbungskostenähnlichen Charakter. Vgl. Wissenschaftlicher Beirat beim BdF, Organische Steuerreform (1953), S. 49, 51.

[445] Vgl. im folgenden Sachverständigenkommission Alterssicherungssysteme, Gutachten (1983), Berichtsband 1, S. 165. Entsprechend schon Meyer, R., Wesen des Einkommens (1887), S. 213ff., 220ff.

[446] Vgl. Schmähl, W., Teilbesteuerung (DRV 1986), S. 109.

Vermögensaufbau und Vermögensabbau[447]. Nach Birk verkörpern Rentenanwartschaften keine Leistungsfähigkeit, da sie keine Eigentümerfreiheit schaffen[448]. Sie sind kein verkehrsfähiges Vermögen, obwohl sie ein eigentumsrechtlich gesichertes und wertmäßig bezifferbares Vermögen darstellen. Da sie am Markt nicht als Kreditgrundlage verwendet werden können, verschaffen sie keine Liquidität und verkörpern damit keine Zahlungsfähigkeit und folglich auch keine steuerliche Leistungsfähigkeit. Dieser von Birk gewählte Vermögensbegriff ist sehr eng gefaßt. Vermögensumschichtungen sind nach der Reinvermögenszugangstheorie nicht vom Einkommen abzugsfähig. Der Sparvorgang betrifft die Einkommensverwendungssphäre und ist nach der gewählten Bezugsgröße steuerlicher Leistungsfähigkeit unerheblich.

Die Abgrenzung der Einkommenserzielungsausgaben ist problematisch. So fragt Schmähl: "Wenn Alterssicherungs-Werbungskosten zur Erzielung *künftigen* Einkommens abziehbar sind, warum dann nicht auch Ausbildungskosten zur Erzielung künftigen Einkommens, Aufwendungen zur Bildung von "human capital"?" (Hervorhebung im Original)[449]. Damit wird die Frage nach den "Reproduktionskosten" menschlicher Arbeit gestellt[450]. Wird der verwirklichte Mittelerwerb zugrundegelegt, so zählt die eigene Arbeitskraft nicht zu den Wirtschaftsgütern und das Humankapital stellt keinen Bestandteil des Vermögens dar[451]. Fisher und Mitschke hingegen zählen das Humankapital zum Vermögen und halten die Kapitalerhaltungsforderung auch bei der Arbeitskraft theoretisch für möglich (Fisher) bzw. für zwingend nötig (Mitschke)[452].

b) Der Abzug von der Bemessungsgrundlage oder von der Steuerschuld

Die Forderung nach der Steuerfreiheit des Existenzminimums, zu dem auch Altersvorsorgeaufwendungen zählen, wurde zuerst von J. Bentham formuliert und von

---

[447] Vgl. Schmähl, W., Teilbesteuerung (DRV 1986), S. 109.

[448] Vgl. im folgenden Birk, D., Altersvorsorge (1987), S. 19f.

[449] Schmähl, W., Teilbesteuerung (DRV 1986), S. 111.

[450] Vgl. Schmähl, W., Teilbesteuerung (DRV 1986), S. 111, Fußnote 38. Zur Frage der Reproduktionskosten menschlicher Arbeit vgl. Hermann, F.B.W. v., Untersuchungen (1870), S. 584f.; Meyer, R., Wesen des Einkommens (1887), S. 8f.; Schmoller, G., Grundprincipien (Zeitschrift für die gesamte Staatswissenschaft 1863), S. 4, 20ff.; Schneider, D., Steuerbilanzen (1978), S. 40; Smith, A., Wealth of Nations (ca. 1870), S. 224, 127ff. Das Existenzminimum stellt Bedürfnisbefriedigung dar und ist Bestandteil des Einkommens. Vgl. dazu Fuisting, B., Grundzüge (1902), S. 194; Hermann, F.B.W. v., Staatswirthschaftliche Untersuchungen (1870), S. 594; Schanz, G. v., Einkommensbegriff II (FinArch. 1922), S. 509; Schneider, D., Leistungsfähigkeitsprinzip (StuW 1984), S. 359.

[451] Vgl. Schneider, D., Unternehmensbesteuerung (1990), S. 34f.

[452] Vgl. Fisher, I., Income (Econometrica 1937), S. 22f.; Mitschke, J., Einkommen, Konsum und Vermögen (1976), S. 91ff.

seinem Schüler J.St. Mill übernommen[453]. Seitdem fand die Lehre von der Steuerfreiheit des Existenzminimums Verbreitung in der Literatur und beeinflußte die Gesetzgebung[454]. Die Abzugsfähigkeit von Versicherungsprämien ist in den amtlichen Gesetzesbegründungen mit sozialen Gesichtspunkten gerechtfertigt worden. Der Gesetzgeber hat sich einen weiten Gestaltungsspielraum zugebilligt, wie die persönlichen Umstände des Steuerpflichtigen zu berücksichtigen sind, und hielt einen Abzug von der Bemessungsgrundlage oder von der Steuerschuld oder gar Mischsysteme für möglich[455]. Damit ist auch erklärbar, daß den persönlichen Verhältnissen des Steuerpflichtigen sowie weiteren zu berücksichtigenden Faktoren in unterschiedlichster Form Rechnung getragen wird: teils durch Berücksichtigung im anzuwendenden Steuersatz, wie z.B. dem Ehegattensplitting (§ 32a Abs. 5 EStG) und dem halben durchschnittlichen Steuersatz auf außerordentliche Einkünfte (§ 34 EStG), und teils durch Abzug von der "Summe der Einkünfte" (z.B. § 10 EStG) oder wie Freibeträge (z.B. § 20 Abs. 4 EStG) bei der Einkunftsermittlung.

Auch in den frühen Einkommensteuergesetzen bestanden Mischsysteme. Den Familienverhältnissen und den die Leistungsfähigkeit des Steuerpflichtigen wesentlich beeinträchtigenden wirtschaftlichen Verhältnissen wurde in §§ 18, 19 PreußEStG 1891[456] und §§ 19, 20 PreußEStG 1906[457] hauptsächlich durch ermäßigte Steuersätze Rechnung getragen[458]. In § 20 EStG 1920[459] wurden das Existenzminimum und die Familienverhältnisse durch die Verminderung der Steuerbemessungsgrundlage berücksichtigt. Außergewöhnliche Belastungen und sonstige, die Leistungsfähigkeit beeinträchtigende, wirtschaftliche Verhältnisse wurden durch eine Ermäßigung der Steuerschuld berücksichtigt. Es bestanden somit zwei Systeme, das der festen Abzüge und das der prozentualen Ermäßigung.

Einen ganz anderen Ansatz, der hinsichtlich seiner Rechtfertigung und seiner Schlußfolgerung vollständig von den bisherigen einkommensteuerlichen Regelungen und den bisher vertretenen Auffassungen des Gesetzgebers abweicht, wählen die Vertreter der subjektiven Leistungsfähigkeit[460]: Sie sehen in dem disponiblen Einkom-

---

[453] Vgl. Mill, J.St., Principles (1976), S. 806f., 813. Auch heutzutage zählen Altersvorsorgeaufwendungen zum Existenzminimum. Vgl. Tipke, K./Lang, J., Steuerrecht (1991), S. 211; Lang, J., Reformentwurf, Münsteraner Symposium, Bd. 2 (1985), S. 99f.; Franz, C., Einkommensbegriffe (StuW 1988), S. 25; Bach, St., Leistungsfähigkeitsprinzip (StuW 1991), S. 122.

[454] Vgl. Schanz, G. v., Existenzminimum (Handwörterbuch der Staatswissenschaften 1909), Bd. 3, S. 1135.

[455] Vgl. Bundesregierung, Drittes Steuerreformgesetz, BT-Drucks. 7/1470, S. 212.

[456] In: Grotefend, G.A. (Hrsg.), Gesetzgebungsmaterial (1891), S. 187.

[457] In: Cretschmar, C./Grotefend, G.A. (Hrsg.), Gesetzgebungsmaterial (1906), S. 983.

[458] Siehe auch Fuistings Reformvorschlag zur Berücksichtigung von Versicherungsprämien. Vgl. Fuisting, B., Einkommensbesteuerung (1903), S. 49, 55f. Zu zum Teil noch anderen Regelungen in anderen deutschen Ländern vgl. z.B. Moll, W., Steuern (1911), S. 63ff.

[459] RGBl. 1920, S. 359.

[460] Diese Lehre ist insbesondere von Tipke, Lang, Söhn und Kirchhof entwickelt worden. Ihr Einfluß auf die Rechtsprechung des Bundesverfassungsgerichts ist unverkennbar. Vgl. dazu Martens, J.,

men[461] die Maßgröße der steuerlichen Leistungsfähigkeit und versuchen einen zwingenden Abzug von der Bemessungsgrundlage zu begründen, indem sie zur Beweisführung das (subjektive) Leistungsfähigkeitsprinzip und verfassungsrechtliche Vorgaben heranziehen. Angeführt wird das Gebot der Unantastbarkeit der Menschenwürde nach Art. 1 Abs. 1 S. 1 GG i.V.m. dem Sozialstaatprinzip[462]. Desweiteren wird auf das Prinzip der eigenverantwortlichen Existenzsicherung verwiesen, das aus der ökonomischen Gestaltungsfreiheit und der Freiheit der Verfügungsmacht des Steuerpflichtigen über Wirtschaftsgüter (Art. 2 Abs. 1, 12, 14 GG) und dem Schutz der Menschenwürde (Art. 1 Abs. 1 i.V.m. Art. 19 Abs. 2 GG) abgeleitet wird[463].

Interessant ist, daß die Lehre von der subjektiven Leistungsfähigkeit sich auf Bredt als einen Mitbegründer der Lehre von der objektiven und subjektiven Leistungsfähigkeit beruft[464]. Bredt setzte jedoch im Gegensatz zu der heutigen Meinung der Steuerrechtswissenschaft die subjektive Leistungsfähigkeit nicht mit dem subjektiven Nettoprinzip gleich[465]. Er befürwortete eine tarifliche Berücksichtigung durch Herabstufung der Steuersätze und lehnte einen Abzug von der Bemessungsgrundlage ab, da die für

---

Steuergerechtigkeit (KritV 1987), S. 52; Tipke, K./Lang, J., Steuerrecht (1991), S. 209; Arndt, H.-W., Steuerliche Leistungsfähigkeit, in: Damrau, J. u.a. (Hrsg.), Festschrift für Otto Mühl (1981), S. 21. Zu der Lehre der subjektiven Leistungsfähigkeit vgl. daher insbesondere Kirchhof, P., Leistungsfähigkeit II (Steuerberaterkongress-Report 1988), S. 30f.; Lang, J., Bemessungsgrundlage (1988), S. 71f., 78, 186; Lang, J., Familienbesteuerung (StuW 1983), S. 106f., 121; Lang, J., Rückwirkende Steuerabzugsverbote (StuW 1985), S. 14, 16; Lang, J., Familienexistenzminimum (StuW 1990), S. 341; Söhn, H., Sonderausgaben (StuW 1985), S. 400f.; Söhn, H., Subjektive Leistungsfähigkeit (FinArch., N.F., 1988), S. 161; Söhn, H., Höchstbeträge (StuW 1990), S. 358; Tipke, K., Chaos, Konglomerat oder System (StuW 1971), S. 17; Tipke, K./Lang, J., Steuerrecht (1991), S. 57, 197, 203, 210, 375f. Diese Ansicht teilt auch Dziadkowski, D., Einkommensteuertarif (BB 1991), S. 807ff.; Dziadkowski, D., Einkommensbesteuerung (DStR 1991), S. 9, 11.

461 Eine ähnliche Maßgröße wurde bereits unter dem Begriff freies Einkommen diskutiert. Zum Begriff des freien Einkommens, der Intention dieser Lehre und zu seinen Vertretern vgl. z.B. Roscher, W., System (1866), Bd. 1, S. 294; Schmoller, G., Grundprincipien (Zeitschrift für die gesamte Staatswissenschaft 1863), S. 22f., 31f.; Sismondi, J.C.L.S. de, Grundsätze (1902), Bd. 2, S. 125f.

462 Vgl. Bachmann, E.-U., Kinderbetreuungskosten (StuW 1979), S. 384; Dziadkowski, D., Existenzminimum (DStZ (A) 1987), S. 132, 134f.; Feddersen, D., Gewinnermittlung (DStZ (A) 1985), S. 445; Franz, C., Einkommensbegriffe (StuW 1988), S. 25ff.; Lang, J., Familienexistenzminimum (StuW 1990), S. 343; Lang, J., Reformentwurf, Münsteraner Symposium, Bd. 2 (1985), S. 69f., 72; Martens, J., Steuergerechtigkeit (KritV 1987), S. 57; Söhn, H., Subjektive Leistungsfähigkeit (FinArch., N.F., 1988), S. 169.

463 Vgl. Bareis, P., Privatausgaben (StuW 1991), S. 41; Kirchhof, P., Steuergerechtigkeit (JZ 1982), S. 308, 310; Kirchhof, P., Leistungsfähigkeit I (StuW 1985), S. 323, 326, 328; Kirchhof, P., Leistungsfähigkeit II (Steuerberaterkongress-Report 1988), S. 35f.; Lang, J., Familienexistenzminimum (StuW 1990), S. 333; Söhn, H., Subjektive Leistungsfähigkeit (FinArch., N.F., 1988), S. 162f., 169ff.; Söhn, H., Höchstbeträge (StuW 1990), S. 360.

464 Vgl. dazu Lang, J., Familienbesteuerung (StuW 1983), S. 105.

465 Vgl. im folgenden Bredt, J.V., Leistungsfähigkeit (1912), insbesondere S. 119f.

persönliche Ausgaben verwendeten Einkommensteile immer Einkommen bleiben und nicht abgezogen werden dürfen.

Zieht man zu der Beurteilung der Frage, inwieweit sich der Abzug von der Bemessungsgrundlage als verfassungsrechtliches Gebot darstellt, die Rechtsprechung des Bundesverfassungsgerichts zwischen 1969 und 1992 heran, so lassen sich mehrere Entwicklungsstufen feststellen. Das Bundesverfassungsgericht verwendet den Begriff der Leistungsfähigkeit erstmals 1957 in seinem Urteil zur Ehegattenbesteuerung, um steuerpolitische und steuerrechtliche Fragen allgemein zu beschreiben[466]. Das Leistungsfähigkeitsprinzip wurde nur im Sinne des Prinzips der Individualbesteuerung verwendet, um die Zusammenveranlagung als Überbleibsel einer allgemeinen Haushaltsbesteuerung und als Fremdkörper im System der modernen Einkommensbesteuerung zu charakterisieren[467]. Ein verfassungsrechtlicher Inhalt wurde dem Begriff der Leistungsfähigkeit nicht gegeben[468]. Es ergingen einige Urteile zur vertikalen Steuergerechtigkeit[469]. Nähere Erläuterungen zum Prinzip der Besteuerung nach der Leistungsfähigkeit finden sich in den frühen Entscheidungen nicht[470].

1969 begann mit dem Urteil zur Kilometer-Pauschale die Phase von Entscheidungen zur Berücksichtigung der tatsächlichen Minderung der Leistungsfähigkeit[471]. Das Leistungsfähigkeitsprinzip wurde zum objektiven Nettoprinzip ausgebaut, wobei der Werbungskostenbegriff auf alle beruflich veranlaßten Aufwendungen ausgedehnt wurde[472]. Einschränkend führte das Bundesverfassungsgericht ohne Begründung aus, daß eine verfassungsmäßige Verpflichtung zu einer "reinen" Verwirklichung des Prinzips der Besteuerung nach der Leistungsfähigkeit nicht bestehe[473]. Diese Aussage wird in einem späteren Beschluß so eingeschränkt, daß das Bestehen einer Verpflichtung des Gesetzgebers zur reinen Verwirklichung des Leistungsfähigkeitsprinzips vom BVerfG nicht in allen Einzelheiten nachgeprüft werden kann[474]. Die Grenze der dem Gesetzgeber eingeräumten Gestaltungsfreiheit liegt in der Nichtveränderbarkeit der Grundstruktur der Einkommen- und Körperschaftsteuer als einer Steuer, die auf den

---

466 Vgl. Herzog, R., Leitlinien (StbJb. 1985/86), S. 38.

467 Vgl. Vogel, K., Zwangsläufige Aufwendungen (StuW 1984), S. 198.

468 Vgl. Herzog, R., Leitlinien (StbJb. 1985/86), S. 38.

469 Vgl. Vogel, K., Zwangsläufige Aufwendungen (StuW 1984), S. 198f.

470 Vgl. Martens, J., Steuergerechtigkeit (KritV 1987), S. 41.

471 Vgl. Vogel, K., Zwangsläufige Aufwendungen (StuW 1984), S. 199.

472 Vgl. Herzog, R., Leitlinien (StbJb. 1985/86), S. 38.

473 Vgl. BVerfG, Beschluß vom 02.10.1969 - 1 BvL 12/68, BVerfGE Bd. 27, S. 68; BVerfG, Beschluß vom 23.11.1976 - 1 BvR 150/75, BVerfGE, Bd. 43, S. 120.

474 Vgl. BVerfG, Beschluß vom 11.10.1977 - 1 BvR 343/73, 83/74, 183 und 428/75, BVerfGE, Bd. 47, S. 30. Kruse erklärt diese Äußerung des BVerfG damit, daß das Leistungsfähigkeitsprinzip nur einer unter mehreren Maßstäben zur Beurteilung von gleich und ungleich ist. Vgl. Kruse, H.W., Gleichmäßigkeit (StuW 1990), S. 327.

von einem bestimmten Steuersubjekt bezogenen Gewinn ausgerichtet ist[475]. Das objektive Nettoprinzip wird von dem Bundesverfassungsgericht anerkannt und damit begründet, daß es sich aus dem Leistungsfähigkeitsprinzip ergibt[476]. Die Gesetzesausgestaltung spricht gegen eine vom Gesetzgeber statuierte Sachgesetzlichkeit, da das Nettoprinzip aufgrund der Ausnahmeregelung der Abzugsverbote nicht konsequent ausgeführt wurde[477]. Als Beispiele können nichtabziehbare Betriebsausgaben i.S.d. § 4 Abs. 5, beschränkt abziehbare Fahrten zwischen Wohnung und Arbeitsstätte gem. § 9 Abs. 1 S. 3 Nr. 4 EStG, nicht abziehbare Ausgaben der privaten Lebensführung (§ 12 Abs. 1 EStG) sowie die Verlustausgleichsbeschränkung der §§ 22 Nr. 3 S. 3; 23 Abs. 4 sowie § 50 Abs. 2 EStG angeführt werden. "Ein Nettoprinzip in dem strikten Sinn, daß der Gesetzgeber jegliche Durchbrechung, für die kein besonderer sachlicher Grund vorliegt, unterlassen müßte, ist dem Einkommensteuerrecht (...) nicht zu entnehmen"[478]. Durchbrechungen sind nach der Rechtsprechung des Bundesverfassungsgerichts auch ohne sachlich einleuchtende Gründe zulässig[479]. Ab 1976 ist das Erfordernis eines sachlichen Grundes jedoch anerkannt[480].

Gegen diesen Beschluß, dem Nettoprinzip nicht den Charakter einer dem Einkommensteuerrecht zugrundeliegenden Sachgesetzlichkeit zuzugestehen, sowie gegen die vorgebrachte Begründung wendet sich Tipke in seiner Rezension[481]. Das Nettoprinzip gehört gerade zur Grundstruktur des Einkommensteuergesetzes. Bei einer getrennten Untersuchung der Ausnahmen und der dahinter stehenden Motivation hätte das BVerfG den Regel-Ausnahmecharakter feststellen müssen. Die Ausnahmen sind dem Nettoprinzip nicht gleichwertig, wie das BVerfG annimmt. Friauf versteht die Abweichungen von dieser Regelung als Klarstellungen, die sich auch aus dem Begriff der Betriebsausgaben und Werbungskosten ableiten lassen, und weist den Sonderregelungen, die den Abzug tatsächlicher Betriebsausgaben bzw. Sonderausgaben nicht zulassen, untergeordnete Bedeutung zu, die die Sachgesetzlichkeit des Nettoprinzips nicht in Frage stellen kann[482].

1976 erfolgt der für die Entwicklung entscheidende Hinweis, daß der Maßstab für die Steuergerechtigkeit das (wirtschaftliche) Leistungsfähigkeitsprinzip ist[483]. Die

---

475 Vgl. BVerfG, Beschluß vom 07.11.1972 - 1 BvR 338/68, BVerfGE Bd. 34, S. 117.

476 Vgl. BVerfG, Beschluß vom 02.10.1969 - 1 BvL 12/68, BVerfGE Bd. 27, S. 64.

477 Vgl. BVerfG, Beschluß vom 07.11.1972 - 1 BvR 338/68, BVerfGE Bd. 34, S. 116f.

478 BVerfG, Beschluß vom 07.11.1972 - 1 BvR 338/68, BVerfGE, Bd. 34, S. 115.

479 Entsprechend scharf wird das BVerfG kritisiert. Vgl. Söffing, G., Nettoprinzip (StbJb. 1988/89), S. 128ff.; Tipke, K., Nettoprinzip (StuW 1974), S. 84ff. Jedoch ist Söffing (vgl. Söffing, G., Nettoprinzip (StbJb. 1988/89) S. 128) nicht zuzustimmen, daß der Beschluß vom 7.11.1972 dem vom 02.10.1969 widerspricht.

480 Vgl. Vogel, K., Zwangsläufige Aufwendungen (StuW 1984), S. 199.

481 Vgl. im folgenden Tipke, K., Nettoprinzip (StuW 1974), S. 85.

482 Vgl. Friauf, K.H., Aufsichtsratsvergütungen (StuW 1973), S. 105f.

483 Vgl. BVerfG, Beschluß vom 23.11.1976 - 1 BvR 150/75, BVerfGE, Bd. 43, S. 120. So auch in der folgenden Rechtsprechung. Vgl. BVerfG, Beschluß vom 03.11.1982 - 1 BvR 620/78, 1335/78,

Steuerlastverteilung auf die einzelnen Steuerpflichtigen hat im Verhältnis ihrer wirtschaftlichen Leistungsfähigkeit zu erfolgen[484]. Insbesondere gilt dies für die Einkommensbesteuerung, die ihrem Wesen nach eine an die Leistungsfähigkeit des einzelnen Steuerbürgers anknüpfende Steuer ist[485]. Aus dem Wesen der Einkommensteuer als einer auf die Leistungsfähigkeit angelegten Steuer kann "nicht auf das Prinzip geschlossen werden, daß das zu besteuernde Einkommen nur aus der Summe des Konsums und des steuererheblichen Vermögenszuwachses bestehe, wobei die für den Konsum der Kinder verwendeten Teile des Einkommens nicht der Besteuerung unterliegen dürfen"[486]. Es folgt der Hinweis auf Trennung der Einkommenserzielungs- und -verwendungssphäre und darauf, daß nicht einmal das maßgebende objektive Nettoprinzip ausnahmslos gelte. Die Abgrenzung der Einkommenserzielungs- und -verwendungssphäre ist nicht immer leicht[487]. Die Lösung der Abgrenzung zwischen Werbungskosten bzw. Betriebsausgaben und Lebensführungskosten ist vom Steuergesetzgeber zu erbringen. Das Bundesverfassungsgericht kann nur eingreifen, wenn der Gesetzgeber sich "evident nicht mehr vom Gerechtigkeitsdenken leiten ließe, sondern willkürlich verfahren würde".

Das Leistungsfähigkeitsprinzip erweise sich jedoch als vieldeutig, wenn daraus konkrete Schlüsse gezogen werden sollen[488]. Diese Aussage verwundert, da dann die Postulierung des Leistungsfähigkeitsgrundsatzes als Prinzip der Steuergerechtigkeit keinen Wert hat, wenn das Prinzip so inhaltsleer ist, daß es keine konkreten Problemlösungen liefern kann[489]. "Insbesondere fehlt eine zuverlässige Methode zur Festlegung des Ausmaßes der im Einzelfall notwendigen oder entbehrlichen Bedürfnisbefriedi-

---

1104/ 79 und 363/80, BVerfGE, Bd. 61, S. 343f.; BVerfG, Beschluß vom 22.02.1984 - 1 BvL 10/80, BVerfGE, Bd. 66, S. 223; BVerfG, Beschluß vom 29.05.1990 - 1 BvL 20, 26, 184 und 4/86, BVerfGE, Bd. 82 S. 86; BVerfG, Beschluß vom 12.06.1990 - 1 BvL 72/86, BVerfGE, Bd. 82, S. 200.

[484] Vgl. BVerfG, Beschluß vom 11.10.1977 - 1 BvR 343/73, 83/74, 183 und 428/75, BVerfGE, Bd. 47, S. 29.

[485] Vgl. BVerfG, Beschluß vom 23.11.1976 - 1 BvR 150/75, BVerfGE, Bd. 43, S. 119f.; BVerfG, Beschluß vom 11.10.1977 - 1 BvR 343/73, 83/74, 183 und 428/75, BVerfGE, Bd. 47, S. 29; BVerfG, Beschluß vom 03.11.1982 - 1 BvR 620/78, 1335/78, 1104/ 79 und 363/80, BVerfGE, Bd. 61, S. 344; BVerfG, Beschluß vom 22.02.1984 - 1 BvL 10/80, BVerfGE, Bd. 66, S. 223; BVerfG, Beschluß vom 29.05.1990 - 1 BvL 20, 26, 184 und 4/86, BVerfGE, Bd. 82 S. 86.

[486] Vgl. im folgenden BVerfG, Beschluß vom 23.11.1976 - 1 BvR 150/75, BVerfGE, Bd. 43, S. 119.

[487] Vgl. im folgenden BVerfG, Beschluß vom 11.10.1977 - 1 BvR 343/73, 83/74, 183 und 428/75, BVerfGE, Bd. 47, S. 23.

[488] Vgl. BVerfG, Beschluß vom 02.10.1969 - 1 BvL 12/68, BVerfGE Bd. 27, S. 68; BVerfG, Beschluß vom 23.11.1976 - 1 BvR 150/75, BVerfGE, Bd. 43, S. 120; BVerfG, Beschluß vom 11.10.1977 - 1 BvR 343/73, 83/74, 183 und 428/75, BVerfGE, Bd. 47, S. 29.

[489] Vgl. Bachmann, E.-U., Kinderbetreuungskosten (StuW 1979), S. 383.

gung."[490] Das BVerfG geht nicht darauf ein, daß die Wahl der Bedürfnisbefriedigung als Maßstab steuerlicher Leistungsfähigkeit mit einer Einkommensbesteuerung nicht kompatibel ist, bei seiner Wahl die Besteuerungsart geändert werden muß und ansonsten solche Überlegungen in einer Einkommensbesteuerung unerheblich sind. Aus der Unbestimmtheit der unentbehrlichen Bedürfnisbefriedigung schloß das Bundesverfassungsgericht, daß bei der Ermittlung, Beurteilung und Berücksichtigung der Minderung der steuerlichen Leistungsfähigkeit nach dem verfassungsmäßigen Gleichheitsgebot und dem daraus zu entnehmenden Gebot der Steuergerechtigkeit Gestaltungsspielraum bestehe[491]. Die mit diesem Argument begründete Zurückhaltung des BVerfG wird kritisiert. Das BVerfG muß die Sachgerechtigkeit und die konsequente Durchführung der statuierten, sachgerechten Regel überprüfen. Der Beurteilungsspielraum ist dort begrenzt, wo es um die Auswahl der sachgerechtesten Regel unter den noch sachgerechten Regeln geht[492]. Nach Maydell ist die Wahl der zweckmäßigsten, vernünftigsten und gerechtesten Lösung für das Verfassungsrecht unerheblich[493].

Der Gesetzgeber verstoße nicht gegen den Gleichheitsgrundsatz, wenn er Unterhaltsaufwendungen nicht als Werbungskosten bzw. Betriebsausgaben zum Abzug zulasse[494]. Aus dem Leistungsfähigkeitsprinzip ergebe sich, daß Ausgaben, die nicht der Einkommenserzielungssphäre sondern der privaten Einkommensverwendungssphäre zuzuordnen seien, einkommensteuerrechtlich zu berücksichtigen seien, wenn sie die Leistungsfähigkeit beeinträchtigen und unvermeidbar seien[495]. Diese Ausgaben seien einkommensteuerrechtlich von Bedeutung und ihre Nichtbeachtung verstoße gegen den Grundsatz der Steuergerechtigkeit[496]. Es folgen der Hinweis auf den weiten

---

490 BVerfG, Beschluß vom 11.10.1977 - 1 BvR 343/73, 83/74, 183 und 428/75, BVerfGE, Bd. 47, S. 29f.

491 Vgl. BVerfG, Beschluß vom 23.11.1976 - 1 BvR 150/75, BVerfGE, Bd. 43, S. 120; BVerfG, Beschluß vom 11.10.1977 - 1 BvR 343/73, 83/74, 183 und 428/75, BVerfGE, Bd. 47, S. 24.

492 Vgl. Tipke, K., Richtiges Steuerrecht (StuW 1988), S. 270.

493 Vgl. Maydell, B. v., Gutachten, in: Sozialbeirat, Alterssicherung (o.J.), Bd. 3, S. 56 mit Angaben zur Rechtsprechung.

494 Vgl. BVerfG, Beschluß vom 11.10.1977 - 1 BvR 343/73, 83/74, 183 und 428/75, BVerfGE, Bd. 47, S. 24. Die Begründung beruht auf dem Mangel an objektiven Kriterien für eine sachgerechte Zuordnung der Aufwendungen zur Einkommenserzielungs- bzw. -verwendungssphäre. Vgl. BVerfG, Beschluß vom 11.10.1977 - 1 BvR 343/73, 83/74, 183 und 428/75, BVerfGE, Bd. 47, S. 25ff. Diese Begründung überzeugt nicht. Vgl. Bachmann, E.-U., Kinderbetreuungskosten (StuW 1979), S. 382.

495 Vgl. BVerfG, Beschluß vom 23.11.1976 - 1 BvR 150/75, BVerfGE, Bd. 43, S. 120; BVerfG, Beschluß vom 03.11.1982 - 1 BvR 620/78, 1335/78, 1104/ 79 und 363/80, BVerfGE, Bd. 61, S. 344; BVerfG, Beschluß vom 22.02.1984 - 1 BvL 10/80, BVerfGE, Bd. 66, S. 223; BVerfG, Beschluß vom 04.10.1984 - 1 BvR 789/79, BVerfGE, Bd. 67, S. 297; BVerfG, Beschluß vom 17.10.1984 - 1 BvR 527/80 und 441/82, BVerfGE, Bd. 68, S. 152f.; BVerfG, Beschluß vom 29.05.1990 - 1 BvL 20, 26, 184 und 4/86, BVerfGE, Bd. 82 S. 86f.

496 Vgl. BVerfG, Beschluß vom 23.11.1976 - 1 BvR 150/75, BVerfGE, Bd. 43, S. 120; BVerfG, Beschluß vom 03.11.1982 - 1 BvR 620/78, 1335/78, 1104/ 79 und 363/80, BVerfGE, Bd. 61, S. 344; BVerfG, Beschluß vom 04.10.1984 - 1 BvR 789/79, BVerfGE, Bd. 67, S. 297; BVerfG,

Gestaltungsspielraum des Gesetzgebers und darauf, daß der Gesetzgeber zu einer "reinen" Verwirklichung des Prinzips der Besteuerung nach der Leistungsfähigkeit nicht verpflichtet ist[497]. Diese Aussage steht im Widerspruch zu der oben geleisteten Aufstellung des Prinzips der Besteuerung nach der Leistungsfähigkeit und dem Gebot der Berücksichtigung unvermeidbarer Privatausgaben[498]. Bei einer Berücksichtigung der Minderung der Leistungsfähigkeit im sozialpolitischen Bereich entfällt die Pflicht zur Berücksichtigung im Einkommensteuerrecht[499]. Diese Entscheidung ist zumindest aus systematischer Sicht inkonsequent. Wenn eine Entscheidung für bestimmte das System tragende Prinzipien gefällt wurde, sollte der Ausrichtung der einzelnen Regelungen an den das System bestimmenden Prinzipien der Vorrang vor externen, systemfremden Ausgleichs- und Korrekturmechanismen eingeräumt werden. Die grundsätzliche Pflicht zur richtigen Leistungsindikation wird dadurch jedoch nicht eingeschränkt und unterliegt nicht dem Gestaltungsspielraum des Gesetzgebers[500]. Auf die Problematik des Abzugs von der Bemessungsgrundlage mit seiner Auswirkung auf die Höhe der steuerlichen Entlastung bei unterschiedlichen Einkommen der Höhe nach wird hingewiesen[501]. Der Gesetzgeber ist zu einer Berücksichtigung der Unterhaltsaufwendungen von Kindern in vollem Umfang als steuerliche Entlastung nicht verpflichtet[502]. Diese Aussage steht im Widerspruch zu der Feststellung, daß der Gesetzgeber zur Berücksichtigung der Ausgaben verpflichtet ist. Besteht eine solche Verpflichtung, so kann der Gesetzgeber dieser nicht nachkommen, wenn er nur einen Teil der Ausgaben berücksichtigt. Ein krasses Mißverhältnis zwischen der Berücksichtigung der Aufwendungen und ihrer effektiven Höhe steht dann im Widerspruch zur Verfassung[503].

Ab 1982 weist das BVerfG explizit darauf hin, daß der Gesetzgeber an das aus Art. 3 Abs. 1 GG zu entnehmende Gebot der Steuergerechtigkeit gebunden ist[504]. Der Verfassungsrang des Leistungsfähigkeitsprinzips steht damit endgültig fest. Auffällig ist eine Abkehr der Trennung zwischen Einkommenserzielungs- und -einkommensverwendungsausgaben. 1977 werden Betreuungsaufwendungen der

---

Beschluß vom 17.10.1984 - 1 BvR 527/80 und 441/82, BVerfGE, Bd. 68, S. 152f.; BVerfG, Beschluß vom 29.05.1990 - 1 BvL 20, 26, 184 und 4/86, BVerfGE, Bd. 82 S. 86f.

497 Vgl. BVerfG, Beschluß vom 23.11.1976 - 1 BvR 150/75, BVerfGE, Bd. 43, S. 120.

498 Vgl. Bachmann, E.-U., Kinderbetreuungskosten (StuW 1979), S. 383.

499 Vgl. BVerfG, Beschluß vom 23.11.1976 - 1 BvR 150/75, BVerfGE, Bd. 43, S. 123.

500 Vgl. Lang, J., Familienbesteuerung (StuW 1983), S. 108.

501 Vgl. BVerfG, Beschluß vom 11.10.1977 - 1 BvR 343/73, 83/74, 183 und 428/75, BVerfGE, Bd. 47, S. 30.

502 Vgl. BVerfG, Beschluß vom 23.11.1976 - 1 BvR 150/75, BVerfGE, Bd. 43, S. 121.

503 Vgl. Bachmann, E.-U., Kinderbetreuungskosten (StuW 1979), S. 383.

504 Vgl. BVerfG, Beschluß vom 03.11.1982 - 1 BvR 620/78, 1335/78, 1104/ 79 und 363/80, BVerfGE, Bd. 61, S. 343; BVerfG, Beschluß vom 17.10.1984 - 1 BvR 527/80 und 441/82, BVerfGE, Bd. 68, S. 152.

Einkommensverwendungssphäre zugeordnet[505], während sie jetzt nicht als freie Einkommensverwendung eingestuft werden, sondern aufgrund ihres Zwangscharakters als das verfügbare Einkommen und damit die wirtschaftliche Leistungsfähigkeit mindernde Ausgaben bezeichnet werden[506]. Die Bedeutung des Grundsatzes der Nichtabziehbarkeit privater Aufwendungen wird eingeschränkt, indem darauf hingewiesen wird, daß dieser Grundsatz seit Bestehen einer allgemeinen Einkommensteuer stets durch spezielle Vorschriften durchbrochen wurde, die darauf Rücksicht nahmen, daß die Leistungsfähigkeit durch besondere zwangsläufige Aufwendungen im privaten Bereich gemindert sein kann[507].

Hinweise darauf, daß der Gesetzgeber zu einer "reinen" Verwirklichung des Prinzips der Besteuerung nach der Leistungsfähigkeit nicht verpflichtet ist, erfolgen nicht mehr. Es wird darauf hingewiesen, daß die unvermeidbaren Ausgaben eigentlich im Einkommensteuerrecht zu berücksichtigen sind. Der Gesetzgeber besitzt jedoch die Gestaltungsfreiheit, Minderungen der Leistungsfähigkeit ausnahmsweise im Steuerrecht nicht oder nur am Rande berücksichtigen und sie statt dessen als förderungswürdige Tatbestände im Sozialrecht auszugestalten oder sich für andere Ausgleichsregelungen zu entscheiden[508]. Wenn der Gesetzgeber sich für eine steuerliche Regelung der Berücksichtigung von Kinderbetreuungskosten entscheidet, so müssen die zwangsläufigen Aufwendungen in der tatsächlich entstandenen Höhe steuerlich als Minderung des Einkommens berücksichtigt werden. Realitätsfremde Grenzen dürfen nicht gezogen werden[509]. Wesentliche Anhaltspunkte zur Beurteilung der realitätsgerechten Berücksichtigung von unabweisbaren Unterhaltsaufwendungen liefert das Sozialhilferecht[510].

1990 erfolgt der Hinweis, daß die Minderung der Leistungsfähigkeit in verfassungsrechtlich gebotenen Umfang durch einen Abzug von der steuerlichen Bemessungsgrundlage berücksichtigt werden muß[511]. Widersprüchlich ist insofern die Aussage, daß der Gesetzgeber die Gestaltungsfreiheit besitzt, Minderungen der Leistungs-

---

505 Vgl. BVerfG, Beschluß vom 11.10.1977 - 1 BvR 343/73, 83/74, 183 und 428/75, BVerfGE, Bd. 47, S. 23ff.

506 Vgl. BVerfG, Beschluß vom 03.11.1982 - 1 BvR 620/78, 1335/78, 1104/ 79 und 363/80, BVerfGE, Bd. 61, S. 349.

507 Vgl. BVerfG, Beschluß vom 04.10.1984 - 1 BvR 789/79, BVerfGE, Bd. 67, S. 296.

508 Vgl. im folgenden BVerfG, Beschluß vom 03.11.1982 - 1 BvR 620/78, 1335/78, 1104/ 79 und 363/80, BVerfGE, Bd. 61, S. 354.

509 Vgl. BVerfG, Beschluß vom 04.10.1984 - 1 BvR 789/79, BVerfGE, Bd. 67, S. 297.

510 Vgl. BVerfG, Beschluß vom 17.10.1984 - 1 BvR 527/80 und 441/82, BVerfGE, Bd. 68, S. 224; BVerfG, Beschluß vom 04.10.1984 - 1 BvR 789/79, BVerfGE, Bd. 67, S. 298. Vogel weist dieser Aussage einen bedeutenden Aspekt für die künftige Entwicklung des Verhältnisses zwischen Steuerrecht und Sozialrecht zu. Vgl. Vogel, K., Zwangsläufige Aufwendungen (StuW 1984), S. 200.

511 Vgl. BVerfG, Beschluß vom 29.05.1990 - 1 BvL 20, 26, 184 und 4/86, BVerfGE, Bd. 82 S. 90.

fähigkeit im Steuerrecht oder im Sozialrecht auszugestalten oder sich für andere Ausgleichsregelungen zu entscheiden[512].

Der entscheidende nächste Schritt erfolgt 1992: Der Grundsatz der Nichtberücksichtigung privater Aufwendungen (§ 12 Abs. 1 EStG) ist insoweit einzuschränken, wie diese Aufwendungen die steuerliche Leistungsfähigkeit mindern. Das Bestehen dieses Grundsatzes wird vom BVerfG anerkannt und mit der Zugehörigkeit der Ausgaben zur Einkommensverwendungssphäre begründet[513]. Jedoch nennt das BVerfG nur ein Beispiel, nämlich das der Unterhaltsleistungen an die Kinder[514]. Herzog meint, daß eine generelle Einschränkung des § 12 daraus nicht zu schließen sei und ein solcher Grundsatz bisher in der BVerfG-Rechtsprechung noch nicht begründet wurde[515]. Eine Erweiterung hält er jedoch nicht für gänzlich ausgeschlossen.

Der Staat muß grundsätzlich dem Steuerpflichtigen sein Einkommen insoweit steuerfrei belassen, als es zur Schaffung der Voraussetzung für ein menschenwürdiges Leben, d.h. zur Sicherung seines Existenzminimums, benötigt wird (Art. 1 Abs. 1 GG i.V.m. dem Sozialstaatgrundsatz des Art. 20 Abs. 1 GG)[516]. Jenseits des verfassungsrechtlich gebotenen "Freibetrages" in Höhe des Existenzminimums ist der Gesetzgeber frei, soziale Gesichtspunkte verstärkt zu berücksichtigen, indem er einen Abzug von der Steuerschuld statt eines Abzuges von der Bemessungsgrundlage vorsieht und damit der Entlastungseffekt für höhere Einkommensbezieher aufgrund der Progression niedriger ausfällt[517]. In einem jüngeren Urteil betont das Bundesverfassungsgericht jedoch, daß der existenznotwendige Bedarf von Verfassungswegen die Untergrenze für den Zugriff durch die Einkommensteuer bildet, dies jedoch nicht bedeutet, "daß jeder Steuerpflichtige vorweg in Höhe eines nach dem Existenzminimum bemessenen Freibetrags verschont werden muß"[518]. Dem Steuerpflichtigen muß nach Erfüllung seiner Einkommensteuerschuld von seinem Erworbenen soviel verbleiben, als er zur Bestreitung seines notwendigen Lebensunterhalts und des Unterhaltes seiner Familie bedarf. In welcher Weise der Gesetzgeber dieser verfassungsrechtlichen Vorgabe Rechnung trägt, sei ihm überlassen. Zu diesen Möglichkeiten zählen auch Tarifvorschriften sowie eine Kombination verschiedener Gestaltungsmöglichkeiten. Soweit der Gesetzgeber im

---

512 Vgl. BVerfG, Beschluß vom 03.11.1982 - 1 BvR 620/78, 1335/78, 1104/ 79 und 363/80, BVerfGE, Bd. 61, S. 354; BVerfG, Beschluß vom 29.05.1990 - 1 BvL 20, 26, 184 und 4/86, BVerfGE, Bd. 82 S. 84; BVerfG, Beschluß vom 12.06.1990 - 1 BvL 72/86, BVerfGE, Bd. 82, S. 208.

513 Vgl. BVerfG, Beschluß vom 11.10.1977 - 1 BvR 343/73, 83/74, 183 und 428/75, BVerfGE, Bd. 47, S. 5, 23.

514 Vgl. BVerfG, Beschluß vom 29.05.1990 - 1 BvL 20, 26, 184 und 4/86, BVerfGE, Bd. 82 S. 87.

515 Vgl. Herzog, R., Leitlinien (StbJb. 1985/86), S. 40.

516 Vgl. BVerfG, Beschluß vom 29.05.1990 - 1 BvL 20, 26, 184 und 4/86, BVerfGE, Bd. 82 S. 85; BVerfG, Beschluß vom 12.06.1990 - 1 BvL 72/86, BVerfGE, Bd. 82, S. 206f.

517 Vgl. BVerfG, Beschluß vom 29.05.1990 - 1 BvL 20, 26, 184 und 4/86, BVerfGE, Bd. 82 S. 90f.

518 Vgl. im folgenden BVerfG, Beschluß vom 25.09.1992 - 1 BvL 5, 8, 14/91, BVerfGE, Bd. 87, S. 154f., 169ff., 177f.

Sozialhilferecht den Mindestbedarf bestimmt hat, darf das von der Einkommensteuer zu verschonende Existenzminimum diesen Betrag nicht unterschreiten. Das Bundesverfassungsgericht bestätigte damit die von den Steuerjuristen aufgestellte Forderung, daß das Existenzminimum für das Sozial- und Steuerrecht einheitlich und realitätsnah festgelegt werden und mindestens die Höhe der Vorgaben des Sozialhilferechts erreichen müsse. Die Finanzbehörde reagierte bereits mit einer entsprechenden Steuerfreistellung des Existenzminimums im Lohnsteuerabzugsverfahren[519] und im Einkommensteuervorauszahlungsverfahren[520]. Das Bundesverfassungsgericht erklärte den Grundfreibetrag und als Konsequenz den Tarifverlauf für verfassungswidrig und verpflichtete den Gesetzgeber zu einer Neuregelung bis 1996 und zu einer Maßnahme, die sicherstellt, daß dem Steuerpflichtigen bei der Einkommensteuer die Erwerbsbezüge belassen werden, die er zur Deckung seines existenznotwendigen Bedarfs benötigt.

Die Rechtsprechung des Bundesverfassungsgericht ist von mehreren Entwicklungstendenzen geprägt. Der gleichheitssatzverbindliche Stellenwert des Nettoprinzips wird vermehrt herausgestellt, mit der Folge, daß eine Begründung der Durchbrechung des Nettoprinzips mit sachlichen Gründen gefordert wird[521]. Die Rechtsprechung des BVerfG entwickelt sich von einer Haltung, daß das Leistungsfähigkeitsprinzip im Einkommensteuerrecht nicht rein verwirklicht werden muß, hin zu dem Gebot der Besteuerung nach der Leistungsfähigkeit und der daraus folgenden Pflicht zur Berücksichtigung zwangsläufiger Privatausgaben[522]. Der ursprünglich zugestandene Gestaltungsspielraum bezüglich der Berücksichtigung zwangsläufiger Privatausgaben im Sozial- oder Steuerrecht wird zu einem Gebot der Berücksichtigung im Einkommensteuerrecht eingeengt. Zuerst bestanden hinsichtlich der Höhe der Entlastungswirkung Freiheiten. Diese Freiheiten wurden in einem ersten Schritt in eine Pflicht der realitätsgerechten Berücksichtigung umgewandelt und in einem zweiten Schritt auf eine Übernahme der Regelungen des Sozialhilferechts weiter eingeschränkt. Die anfänglich geforderte Trennung zwischen Einkommenserzielungs- und -verwendungssphäre wurde aufgegeben, indem der Einkommensbegriff im Sinne des disponiblen Einkommens neu definiert wurde. Einschränkend ist hinzuzufügen, daß die Altersvorsorge in den genannten Urteilen nicht behandelt wurde und in dem jüngsten der zitierten Urteile kein Hinweis auf das disponible Einkommen als Maßgröße steuerlicher Leistungsfähigkeit erfolgte.

Die Berücksichtigung von persönlichen Umständen, die die Steuerzahlfähigkeit des Steuerpflichtigen beeinflussen, werden auch von Autoren anerkannt, die sich für

---

[519] Vgl. BMF, Schreiben vom 03.12.1992 - IV B 6 - S 2361 - 7592, Betr.: Beschluß des Bundesverfassungsgerichts vom 25. September 1992 (BGBl. I S. 1851), hier: Steuerfreistellung des Existenzminimums im Lohnsteuerabzugsverfahren für 1993, BStBl. I 1992, S. 736f.

[520] Vgl. BMF, Schreiben vom 23.12.1992 - IV B 1 - S 2297 - 31/92, Betr.: Beschluß des Bundesverfassungsgerichts vom 25. September 1992 (BGBl. I S. 1851), hier: Steuerfreistellung des Existenzminimums im Einkommensteuervorauszahlungsverfahren für 1993, BStBl. I 1993, S. 14f.

[521] Vgl. Söffing, G., Nettoprinzip (StbJb. 1988/89), S. 130; Lang, J., Rückwirkende Steuerabzugsverbote (StuW 1985), S. 17; Vogel, K., Zwangsläufige Aufwendungen (StuW 1984), S. 199.

[522] Vgl. Vogel, K., Zwangsläufige Aufwendungen (StuW 1984), S. 199.

einen anderen Einkommensbegriff entschieden haben[523]. Die Berücksichtigung persönlicher Umstände ergibt sich nicht aus dem Einkommensbegriff. Sie stellt eine Steuerersatzentscheidung dar[524]. Der Abzug von der Bemessungsgrundlage wird als Technik bezeichnet. Aus Vereinfachungsgründen wird die Tarifentscheidung auf die Steuerbemessungsgrundlage verlagert, da die Tarifgestaltung insbesondere im Progressionsbereich komplexer und komplizierter geworden sei[525]. Aus der Menschenwürde und der Sozialstaatlichkeit folgt keineswegs zwingend, daß persönliche Abzüge die Steuerbemessungsgrundlage mindern müssen[526]. Die Argumentationskette des Bundesverfassungsgerichts und der Vertreter der Steuerrechtswissenschaft erweist sich mehr als eine Folge von verknüpften Werturteilen[527]. Aus den verfassungsmäßigen Grundsätzen ergibt sich m.E. nur, daß indisponible Einkommensteile dem Steuerpflichtigen nicht weggenommen werden dürfen. Daraus folgt zwingend nur, daß das Einkommen vermindert um die Steuerlast das persönliche Existenzminimum nicht unterschreiten darf. Falls dies doch der Fall ist müßte die Steuerschuld und nicht die Bemessungsgrundlage um den überschießenden Teil vermindert werden und gegebenenfalls staatliche Transferzahlungen geleistet werden. Der Abzug von der Bemessungsgrundlage stellt für sich genommen das Existenzminimum nicht sicher - es müssen Transferleistungen hinzukommen[528].

Darüber hinaus sind bei dieser Form der steuerlichen Berücksichtigung von Ausgaben Auswirkungen auf das Erreichen des Umverteilungszieles zu beachten. Bareis hat diese Auswirkungen unter der Annahme gleichbleibender Staatseinnahmen und Berücksichtigung von Transferzahlungen in den Fällen, in denen das Einkommen unter dem Existenzminimum liegt, untersucht[529]. Er stellt zwei gegenläufige Wirkungen fest:

1) Der Abzug von der Bemessungsgrundlage führt mit steigendem Einkommen zu einem wachsenden Steuerverzicht des Staates und begünstigt die höheren Einkommensschichten.

2) Unter der Annahme gleicher Staatseinnahmen führt dies zu einer Veränderung der Steuerfunktion, deren Steigung größer wird. Die Konzeption des subjektiven Leistungsfähigkeitsprinzips arbeitet mit höheren Grenzsteuersätzen als die des Markteinkommenskonzeptes. Damit liegt die Steuerfunktion nach dem Konzept der sub-

---

[523] Vgl. Biergans, E., Einkommensteuer (1992), S. 10ff.; Biergans, E./Wasmer, C., Leistungsfähigkeitsbegriff (FR 1985), S. 62f.

[524] Vgl. Biergans, E./Wasmer, C., Leistungsfähigkeitsbegriff (FR 1985), S. 62f. In ähnlichem Sinn der Wissenschaftliche Beirat, der die Besteuerung nach der Leistungsfähigkeit durch eine "Anzahl von Differenzierungen der Einkommensteuerlast" verwirklicht sieht und Freibeträge, wie Existenzminimum und Sonderausgabenpauschalen, als Mittel "zur Milderung der Tarifprogression" versteht. Vgl. Wissenschaftlicher Beirat beim BdF, Organische Steuerreform (1953), S. 36, 37, 38.

[525] Vgl. Biergans, E./Wasmer, C., Leistungsfähigkeitsbegriff (FR 1985), S. 62

[526] Vgl. Schneider, D., Steuerbilanzen (1978), S. 40.

[527] Vgl. Martens, J., Steuergerechtigkeit (KritV 1987), S. 55.

[528] Vgl. Birk, D., Leistungsfähigkeitsprinzip (1983), S. 176.

[529] Vgl. im folgenden Bareis, P., Privatausgaben (StuW 1991), S. 43ff.

jektiven Leistungsfähigkeit erst unter der des Markteinkommenskonzeptes, schneidet diese und verläuft dann oberhalb von ihr. Durch diese Tarifverschiebung kommt es zu einer weiteren Einkommensumverteilung, die die niedrigeren Einkommensschichten begünstigt. Für diese beiden Umverteilungen sowie die auftretende Intransparenz ist eine akzeptable bzw. zwingende Begründung nicht zu finden[530]. Die Änderungen des Steuertarifs sind nur schwer zu begründen, da bisher eine wissenschaftliche Begründung für einen bestimmten Tarifverlauf nicht gelungen ist. Wird das Ziel der Besteuerung in der Erreichung gleicher relativer Opfer gesehen, so kann aus der Theorie des abnehmenden Grenznutzens je nach Verlaufsform der Grenznutzenkurve ein progressiver, proportionaler oder degressiver Steuertarif abgeleitet werden[531]. Die Nichtbesteuerung des Existenzminimums verhindert eine Besteuerung mit dem Ziel des relativ gleichen Opfers. Zudem verfehlt der Abzug von der Bemessungsgrundlage das Umverteilungsziel[532]. Das Umverteilungsziel erfordert, daß die Einkommensunterschiede im frei verfügbaren Einkommen kleiner als im versteuerten Einkommen sind. Der Abzug von der Bemessungsgrundlage vergrößert das Verhältnis der frei verfügbaren Einkommen, während der Abzug eines bestimmten Prozentsatzes der Ausgaben von der Steuerschuld das Verhältnis weniger stark vergrößert.

3. Schlußfolgerungen für die einkommensteuerliche Behandlung der Rentenbezüge

a) Die Behandlung der Alterseinkünfte als gesonderte Einkunftsart

Das Einkommensteuerrecht stellt auf das Gesamteinkommen ab und besteuert die Gesamtheit der Einkünfte in einer einheitlichen Bemessungsgrundlage. Eine Schematisierung der Einkunftsarten nach ihrer Einkunftsquelle und die Anwendung gesonderter Steuertarife auf die einzelnen Einkunftsarten, wie dies nach der analytischen Schedulensteuer geschah[533], ist mit dem Einkommensbegriff der Reinvermögenszugangstheorie nicht vereinbar. Diese Schematisierung nach Berufsgruppen macht eine Messung der Leistungsfähigkeit am Einkommen unmöglich und führt zu einer ungleichmäßigen Belastung[534]. Nach der heutigen Einkommensbesteuerung sind natürliche Personen und keine Berufsgruppen Steuerschuldner der Einkommensteuer[535]. Es ist daher ohne Belang, ob zur Einkommenserzielung Arbeit oder Kapital eingesetzt wor-

---

[530] Vgl. Bareis, P., Privatausgaben (StuW 1991), S. 49f.

[531] Vgl. im folgenden Haller, H. Steuerliche Leistungsfähigkeit (FinArch. 1959/60), S. 36 mit anschließenden formalen Beweisen sowie S. 44.

[532] Vgl. im folgenden Schneider, D., Leistungsfähigkeitsprinzip (StuW 1984), S. 361, 363f.

[533] Vgl. Tipke, K./Lang, J., Steuerrecht (1991), S. 191.

[534] Vgl. Tipke, K./Lang, J., Steuerrecht (1991), S. 191.

[535] Vgl. Tipke, K./Lang, J., Steuerrecht (1991), S. 329.

den ist[536] oder ob der Steuerpflichtige seine Einkünfte unter Einsatz eines bestimmten Grades von Aktivität, Anstrengung, Begabung, Intelligenz, Vitalität, Willenskraft, Gestaltungskraft, Phantasie oder Risikobereitschaft erzielt[537].

Nach dem Universalprinzip sind alle Steuerpflichtigen, für die ein bestimmter wirtschaftlicher und steuerlicher Tatbestand zutrifft, nach Maßgabe ihrer wirtschaftlichen Leistungsfähigkeit zur Steuerzahlung heranzuziehen. Rentner sind hiervon nicht weniger betroffen als Erwerbstätige. Es gibt keine Anhaltspunkte, warum prinzipiell die Einkommen der Erwerbstätigen stärker zur Steuerzahlung herangezogen werden sollten, als entsprechende Einkommen der Rentner[538]. Reinvermögenszugänge in gleicher Höhe gewähren gleiche Leistungsfähigkeit unabhängig aus welcher Einkommensquelle bzw. Erwerbstätigkeit sie stammen. Eine generelle Sonderbehandlung der Alterseinkünfte ist nicht zu rechtfertigen[539]. Die Differenzierung nach Altersgrenzen bei der Besteuerung widerspricht dem Grundgedanken und der Systematik des Einkommensteuerrechts[540], da der steuerliche Tatbestand nicht das Alter, sondern das Einkommen ist[541]. Die spezifischen Alterseinkünfte sind richtig in das System der Einkommensbesteuerung einzuordnen. Die wirtschaftlichen Vorgänge, die diesen Einkünften zugrundeliegen, sind zutreffend zu bewerten und systemkonform zu erfassen[542]. Die private Rentenversicherung darf nicht anders behandelt werden.

Mit dem Einkommensbegriff der Reinvermögenszugangstheorie ist eine Besteuerung aufgrund des Merkmals der Wiederkehr der Einnahmen oder des Vorliegens eines Rentenstammrechts nicht vereinbar. Beide Merkmale sind für die Messung steuerlicher Leistungsfähigkeit irrelevant und können für sich genommen keine Einkommensteuerpflicht begründen[543]. Folglich verzichtet Lang in seinem Entwurf eines Einkommensteuergesetzes auf die Einkunftsart wiederkehrender Bezüge. Er unterwirft der Einkommensbesteuerung die Einkünfte aus einer Erwerbstätigkeit mit Gewinnabsicht und unterscheidet drei Einkunftsarten: Einkünfte aus selbständiger Erwerbstätigkeit, Einkünfte aus nichtselbständiger Erwerbstätigkeit und Einkünfte aus Privatvermögen[544]. Die Einkünfte aus der privaten Rentenversicherung werden den Einkünften aus Privat-

---

536 Vgl. Schneider, H.-P., Alterseinkünfte und Gleichheitssatz (DRV 1980), S. 308.

537 Vgl. Tipke, K./Lang, J., Steuerrecht (1991), S. 329; Kirchhof, P., Steuergerechtigkeit (JZ 1982), S. 306; Kirchhof, P., Leistungsfähigkeit II (Steuerberaterkongress-Report 1988), S. 37f.; Lang, J., Bemessungsgrundlage (1988), S. 229.

538 Vgl. Weise, H., Renten (FinArch., N.F., 1979), S. 429.

539 Vgl. Birk, D., Altersvorsorge (1987), S. 4; Littmann, K., Alterseinkommen (Sozialer Fortschritt 1984), S. 70; Schreyer, M., Renten (Konjunkturpolitik 1977), S. 306.

540 Vgl. Birk, D., Reform (Steuerberaterkongress-Report 1990), S. 40.

541 Vgl. Schreyer, M., Renten (Konjunkturpolitik 1977), S. 306.

542 Vgl. Birk, D., Altersvorsorge (1987), S. 4.

543 Vgl. Loritz, K.-G., Wiederkehrende Bezüge (StVj 1991), S. 211, 216, 230, 238; Kirchhof, P./Söhn, H. (Hrsg.), EStG (Loseblattsammlung), § 10 Rdnr. D 167; Lang, J., Familienbesteuerung (StuW 1983), S. 111.

544 Vgl. Lang, J., Reformentwurf, Münsteraner Symposium, Bd. 2 (1985), S. 87.

vermögen und die aus der gesetzlichen Rentenversicherung denen aus nichtselbständiger Erwerbstätigkeit zugeordnet[545].

Aus dem Einkommensbegriff ergeben sich auch bestimmte Schlußfolgerungen bezüglich der Gleichbehandlung von entgeltlich erworbenen und unentgeltlich erworbenen Renten, wie sie der § 22 Nr. 1 EStG vorsieht. Die Gleichbehandlung war vom historischen Gesetzgeber beabsichtigt. Die Ertragsanteilsbesteuerung sollte auf alle wiederkehrenden Bezüge angewandt werden, unabhängig davon, ob sie gegen einmalige Zahlung, gegen Sachwertleistungen, gegen laufende Beitragzahlungen oder unentgeltlich erworben wurden[546]. Die Gleichbehandlung der Versicherungs- und der Sozialversicherungsrenten wird explizit erwähnt. Die Gleichbehandlung sei zwar nicht wirtschaftlich, aber aus systematischen Gründen geboten. Die systematischen Gründe blieben unerläutert. Es wurde lediglich darauf hingewiesen, daß der unentgeltliche Erwerb des Rentenstammrechts sich nur auf die Vermögenssphäre auswirke und keine einkommensteuerlichen Folgen nach sich ziehen dürfe. Die Gesetzesbegründung weist einen Widerspruch auf: Die Ertragsanteilsbesteuerung wurde eingeführt, da die Vollbesteuerung nicht berücksichtigt, daß in den Rentenbezügen Kapitalrückflüsse enthalten sind. Im Gegensatz dazu enthalten unentgeltlich erworbene Renten keine Kapitalrückzahlungen. Daher können solche Rückflüsse nicht steuerlich berücksichtigt werden. Zu diesem Widerspruch wurde in der Gesetzesbegründung nicht Stellung genommen.

Die Neuregelung wurde sehr früh kritisiert. Der BFH äußerte seine Unzufriedenheit sehr deutlich[547]. Er kritisierte, daß die Änderung der Rechtsprechung, die Anlaß zur Neuregelung geboten hatte[548], nur entgeltliche Veräußerungsrenten betroffen habe und es nahe gelegen hätte, nur diese neu zu regeln. Die Gleichbehandlung von entgeltlich und unentgeltlich erworbenen Rentenrechten führe zu wirtschaftlich nicht überzeugenden Ergebnissen. Der BFH wollte sich der gesetzlichen Regelung, unentgeltliche Leibrenten nur mit dem Ertragsanteil zu besteuern, nicht direkt widersetzen. Da der Begriff der Leibrente im Gesetz nicht bestimmt ist, versucht die Rechtsprechung mit Hilfe der Ausdehnung des Begriffs der dauernden Last, bei dem insbesondere die Abänderungsmöglichkeit nach § 323 ZPO[549] eine Rolle spielt, Abhilfe zu schaffen. Auf diese Weise stellt sie zum Teil den Zustand vor der Neuregelung wieder her, indem das Vorliegen einer unentgeltlichen Leibrente praktisch ausgeschlossen wird[550].

---

[545] Vgl. Lang, J., Reformentwurf, Münsteraner Symposium, Bd. 2 (1985), S. 95f. Ähnlich Heister, der jedoch den § 22 EStG nicht abschafft. Vgl. Heister, K., Steuerreformvorschlag 1969 (Steuer-Kongress-Report 1969), S. 485ff.

[546] Vgl. im folgenden Bundeskanzler, Gesetz zur Neuordnung von Steuern, BT-Drucks. 2/481, S. 87.

[547] Vgl. im folgenden BFH, Urteil vom 07.08.1959 - VI 284/58 U, BStBl. III 1959 S. 464.

[548] Vgl. Kapitel B.2.b).

[549] Zur Bedeutung des § 323 ZPO bei der Besteuerung von Renten vgl. Charlier, R., Renten und andere dauernde Lasten (StbJb. 1966/1967), S. 299ff.

[550] Vgl. Loritz, K.-G., Wiederkehrende Bezüge (StVj 1991), S. 202f. mit Belegen aus der Rechtsprechung; Welter, R., Renten und Gleichbehandlungsgebot (StuW 1980), S. 338.

Die Gleichbehandlung von wiederkehrenden Bezügen mit und ohne Gegenleistung wird den einkommensteuerrechtlich verschiedenen Vorgängen nicht gerecht[551]. Der Begriff des Einkommens als Reinvermögenszugang erfordert die Feststellung des Vermögens. Die realisierte Vermögensänderung ist der steuerlich zu erfassende Teil. Prinzipiell gilt, daß Reinvermögenszugänge zu besteuern sind und Vermögensumschichtungen steuerlich unbeachtlich bleiben[552]. Damit können unentgeltlich und entgeltlich erworbene Renten nicht gleichbehandelt werden, da sie Reinvermögenszugänge unterschiedlicher Höhe verkörpern. Tipke sieht in der Auffassung, daß das Stammrecht Teil der Vermögenssphäre ist, einen Verstoß gegen das Universalprinzip, da alle Erträge versteuert werden müssen und nur die Rückzahlung angesparter Einkommensanteile steuerfrei bleiben darf[553].

Die unterschiedliche Behandlung von entgeltlichen und unentgeltlichen wiederkehrenden Bezügen wird daher von verschiedenen Autoren gefordert[554]. Die mit der Ertragsanteilsbesteuerung gewünschte Abkehr von der Besteuerung nach der äußeren Form[555] sollte konsequent durchgeführt werden und nicht der Rechtsgrund, sondern die dahinterstehenden wirtschaftlichen Vorgänge betrachtet werden.

b) Der Zinscharakter der Rentenerträge

Es ist anerkannt, daß auch bei der Leibrente de facto Kapital verzinst wird[556]. Nicht nur die in der Ansparphase anfallenden Erträge, sondern auch die in der Absparphase entstehenden Erträge stellen Zinsen dar und sind grundsätzlich zu versteuern[557]. Die Besteuerung der in den Rentenbezügen enthaltenen Zinsen unter den Einkünften

---

[551] Vgl. Tipke, K./Lang, J., Steuerrecht (1991), S. 366.

[552] Das in der Literatur entwickelte Modell der teilweisen Abzugsfähigkeit der Versicherungsprämien und der Vollbesteuerung der Rentenbezüge ist deshalb nicht geeignet, da Vermögensumschichtungen besteuert werden. Vgl. zu dem Modell Bieri, H.P., Rentenbesteuerung (1970), S. 55f.

[553] Vgl. Tipke, K., Chaos, Konglomerat oder System (StuW 1971), S. 13, insbesondere Fußnote 98.

[554] So z.B. Heister, K., Steuerreformvorschlag 1969 (Steuer-Kongress-Report 1969), S. 466ff.; Kirchhof, P./Söhn, H. (Hrsg.), EStG (Loseblattsammlung), § 10 Rdnr. D 167; Loritz, K.-G., Wiederkehrende Bezüge (StVj 1991), S. 216f.; Wissenschaftlicher Beirat beim BdF, Gutachten, in: BdF (Hrsg.), Entschließungen (1974), S. 339. Anderer Meinung ist Schneider, der die Gleichstellung von entgeltlich und unentgeltlich erworbenen Renten damit begründet, daß aufgrund der Komplexität Vereinfachungen und Typisierungen erforderlich sind. Vgl. Schneider, H.-P., Alterseinkünfte und Gleichheitssatz (DRV 1980), S. 319, 324. Die Grenzen von Vereinfachungsregelungen liegen jedoch dort, wo offensichtlich gegen den Einkommensbegriff verstoßen wird und auch andere mit dem Einkommensbegriff noch vereinbare Lösungen möglich sind.

[555] Dies war ein Ziel der Einführung der Ertragsanteilsbesteuerung, vgl. Bundeskanzler, Gesetz zur Neuordnung von Steuern, BT-Drucks. 2/481, S. 85. Erreicht worden ist allerdings das Gegenteil, da der vom BFH überwundene Formalismus (vgl. Kapitel B.2.b).) erneut festgeschrieben wurde. Früher waren Leibrenten wegen der äußeren Form steuerpflichtig und heute sind sie aufgrund der äußeren Form weitgehend steuerfrei. Vgl. Schober, H.-L., Renten (1964), S. 87.

[556] Lantau, K.-H., Neuregelung (BB 1955), S. 695.

[557] Vgl. Birk, D., Altersvorsorge (1987), S. 34f.; Wissenschaftlicher Beirat beim BdF, Gutachten, in: BdF (Hrsg.), Entschließungen (1974), S. 339.

aus Kapitalvermögen ist schon oft vorgeschlagen[558] und als konsequente Lösung bezeichnet worden[559]. Jede Form der entgeltlichen, wiederkehrenden, geldwerten Vorteile enthält einen Zinsanteil, der seinem Wesen nach Einkünfte aus Kapitalvermögen darstellt[560]. Somit ist eine Besteuerung unter den sonstigen Einkünften verfehlt[561]. Über die Subsidiaritätsklausel des § 20 Abs. 3 EStG 1990 ist die Einordnung der Rentenerträge unter die Kapitaleinkünfte aufgrund der ausdrücklichen Regelung des § 22 EStG 1990 jedoch nicht möglich[562]. Eine entsprechende Verschiebung der Grenzen zwischen den spezifizierten Einkunftsarten und den sonstigen Einkünften zu Gunsten der ersteren wird als positiv angesehen[563]. Die mögliche Entstehung eines Versicherungsgewinns kann keinen Einwand darstellen, obwohl dies in der amtlichen Gesetzesbegründung bei Einführung der Ertragsanteilsbesteuerung so vorgebracht wurde[564], zumal die Ertragsanteilsbesteuerung die Erfassung des Versicherungsgewinns nicht sicherstellt[565]. Die Besonderheiten, die sich aus der unbestimmten Laufzeit lebenslänglicher Leistungen ergeben, sollten kein Hindernis darstellen[566].

Neubeck sieht in den Erträgen aus Versicherungen keine Kapitalerträge, da die Bruttoerträge nicht eindeutig und willkürfrei in Risiko-, Zins-, Abschlußkosten-, Verwaltungskostenergebnis und Sonstiges Ergebnis aufspaltbar sind[567]. Neubeck kommt zu dem Schluß, daß der § 20 Abs. 1 Nr. 6 EStG Erträge der Besteuerung unterwirft, wie sie nach den Vorschriften für Lebensversicherungsunternehmen nicht verwendet werden dürfen. Deshalb fehle es der Besteuerung an der erforderlichen Systemgerechtigkeit. Der entsprechende Paragraph sei abzulehnen. Die Aufteilungsproblematik stellt eine Schwierigkeit dar - der gezogene Schluß ist jedoch inkorrekt: der Einkommensbegriff schreibt nicht vor, daß Zinsen zu besteuern sind, sondern daß alle realisierten Reinvermögensänderungen zu erfassen sind. Aus der Aufteilungsproblematik kann nur geschlossen werden, daß die Art und Weise der Bildung und Abgrenzung der Einkunftsarten im Fall der privaten Rentenversicherung dem Einkommensbegriff nicht gerecht wird.

---

[558] So z.B. Heister, K., Steuerreformvorschlag 1969 (Steuer-Kongress-Report 1969), S. 461, 485ff. mit einem Vorschlag zur Neufassung des § 20 Abs. 1 Nr. 6 EStG; Welter, R., Wiederkehrende Leistungen (1984), S. 217.

[559] Vgl. Welter, R., Renten und Gleichbehandlungsgebot (StuW 1980), S. 337.

[560] Vgl. Heister, K., Steuerreformvorschlag 1969 (Steuer-Kongress-Report 1969), S. 486.

[561] Vgl. Heister, K., Steuerreformvorschlag 1969 (Steuer-Kongress-Report 1969), S. 486.

[562] Vgl. Giloy, J., Zinsabschlaggesetz (FR 1993), S. 9.

[563] Vgl. Welter, R., Wiederkehrende Leistungen (1984), S. 216.

[564] Vgl. Bundeskanzler, Entwurf eines Gesetzes zur Neuordnung von Steuern, BT-Drucks. 2/481, S. 86.

[565] Vgl. die Ausführungen in Kapitel B.2.c).

[566] Vgl. Welter, R., Wiederkehrende Leistungen (1984), S. 217.

[567] Vgl. im folgenden Neubeck, J., Lebensversicherungen (BB 1988), S. 457ff.

Es bestehen praktikable Möglichkeiten, die Zinsanteile steuerlich vereinfachend zu erfassen[568]. Die Tabelle des § 22 Nr. 1 S. 3 Buchst. a EStG wird als zu detailliert angesehen[569]. Heister schlägt vor, den Zinsanteil in der Höhe zu erfassen, der sich aus dem Unterschied zwischen dem Betrag der Jahresrentenleistung und dem Betrag, um den sich der Barwert der künftigen Leistungen im Veranlagungszeitraum gemindert hat, ergibt[570]. Er geht davon aus, daß die künftigen Leistungen gleichmäßig in Höhe des Durchschnitts der Jahresleistungen der drei vergangenen Veranlagungszeiträume bezogen werden. Aus Vereinfachungsgründen läßt Heister die Wahlmöglichkeit zu, die Berechnung nach der Tabelle des § 22 Nr. 1 S. 3 Buchst. a EStG vorzunehmen. Damit werden die Zinsen jedoch nicht in Höhe ihres tatsächlichen Anfalls erfaßt[571]. Aus diesem Grund sind ebenfalls weitere in der Literatur entwickelte Besteuerungsmodelle nicht geeignet: Das Modell der Nichtabzugsfähigkeit der Versicherungsprämien und der ausschließlichen Besteuerung der in den Rentenbezügen enthaltenen Zinsquote[572] berücksichtigt die in der Ansparphase entstandenen Zinsen nicht. Das Modell der Nichtabzugsfähigkeit der Prämien bei Steuerfreiheit der Versicherungsleistung[573] ist ebenfalls ungeeignet, da es die Zinsen der An- und Absparphase nicht erfaßt.

c) Die Behandlung des Versicherungsgewinns bzw. -verlustes

Versicherungsgewinn und -verlust erfüllen den Tatbestand der Vermögensänderung. Im ersten Fall wird die entgeltliche Kapitalüberlassung zur Nutzung stets vergolten. Der Rentenberechtigte bekommt mehr als sein eingesetztes Kapital und die darauf angefallenen Zinsen zurück. Versicherungsgewinne sind vom Standpunkt der Reinvermögenszugangstheorie Einkommen[574]. Modelle, die einen Kapitalrückflußanteil auch bei Überschreiten der kalkulierten Lebenserwartung annehmen, sind ungeeignet[575], da sie den Versicherungsgewinn nicht vollständig erfassen.

---

[568] Vgl. Welter, R., Wiederkehrende Leistungen (1984), S. 217.

[569] Vgl. Welter, R., Wiederkehrende Leistungen (1984), S. 217.

[570] Vgl. im folgenden Heister, K., Steuerreformvorschlag 1969 (Steuer-Kongress-Report 1969), S. 461.

[571] Dies gilt auch für die Näherungsformel zur Berechnung der rechnungsmäßigen und außerrechnungsmäßigen Zinsen des BMF. Vgl. BMF, Schreiben vom 31.08.1979 - IV B 4 - S 2252 - 77/79, Betr.: Steuerliche Behandlung der rechnungsmäßigen und außerrechnungsmäßigen Zinsen aus Lebensversicherungen, BStBl. I 1979 S. 593.

[572] Vgl. Bieri, H.P., Rentenbesteuerung (1970), S. 57f.

[573] So sah es der Gesetzentwurf zum EStG 1920 ursprünglich vor. Vgl. o.V., EStG 1920, DNV-Drucks. 1624, S. 44f. Vgl. zu diesem Modell auch Albers, W., Vorsorgeaufwendungen (FinArch., N.F., 1980), S. 37; Bieri, H.P., Rentenbesteuerung (1970), S. 56f.; Schanz, G. v., Einkommensbegriff II (FinArch. 1922), S. 513, 515.

[574] Vgl. Andel, N., Altersversicherungen, in: Haller, H. u.a. (Hrsg.), Theorie und Praxis (1970), S. 333.

[575] Diese Annahme liegt dem Modell der Ertragsanteilsbesteuerung, der modifizierten Ertragsanteilsbesteuerung (vgl. dazu Ahrend, P., Vorschläge der Kommission (BB 1984), S. 1569f.; Littmann, K., Alterseinkommen (Sozialer Fortschritt 1984), S. 70f.; Zitzelsberger, H., Reformüberlegungen

Der Versicherungsgewinn läßt sich hinsichtlich seiner Höhe und seines Realisationszeitpunktes leicht feststellen. Er tritt nach Überschreiten der mittleren Lebenserwartung auf, die der Kalkulation des Versicherungsvertrags zugrundegelegt ist. Ab diesem Zeitpunkt stellt die Rentenzahlung in voller Höhe einen Versicherungsgewinn dar.

Auch im Fall des Versicherungsverlustes entsteht eine Vermögensänderung. Der Versicherungsverlust umfaßt stets die Differenz zwischen eingezahlten und zurückgezahlten Versicherungsbeiträgen. Die Annahmen über den Kapitalrückzahlungsverlauf bestimmen damit die Höhe des Versicherungsverlustes. Je nachdem, welcher Realisationszeitpunkt für die Zinsen der Ansparphase zugrundegelegt wird, zählen sie zum Versicherungsverlust oder nicht. Wird das Zuflußprinzip zugrundegelegt, so bilden sie keinen Bestandteil der Vermögensänderung. Werden Zinsen ausgezahlt und zur Beitragserhöhung verwendet, gelten sie als zugeflossen und werden wie andere Versicherungsprämien als Einlage behandelt. Die Zinsen der Absparphase gehören nicht zum Versicherungsverlust, da es sich um entgangene Gewinne handelt. Sie fallen nicht unter den Begriff des Einkommens als realisierter Reinvermögenszugang.

Die Behandlung des Versicherungsverlustes weist Schwierigkeiten auf. Problematisch ist, daß seine Realisation erst mit dem Tod des Steuerpflichtigen eintritt, so daß der Verlust nicht zu Gunsten des Versicherten berücksichtigt werden kann. Da die Steuerpflicht im Zeitpunkt des Ablebens des Versicherten entsteht, wird ein Steuertatbestand in das Einkommensteuergesetz aufgenommen, der eher typisch für das Erbschaftsteuergesetz ist. Der Versicherungsverlust läßt sich nicht so ohne weiteres in die bestehenden Einkunftsarten eingliedern.

Weil Versicherungsgewinn und -verlust den Tatbestand der Vermögensänderung erfüllen, sind beide steuerlich zu berücksichtigen. Die Ausgliederung einer der beiden Formen[576] oder des gesamten Problems aus der Besteuerung verstößt somit unmittelbar gegen den zugrundegelegten Einkommensbegriff.

(DStZ (A) 1984), S. 469; Schmähl, W., Rentenreform, in: Sozialbeirat, Alterssicherung (o.J.), Bd. 3, S. 270f., 281ff.; Wissenschaftlergruppe des Sozialbeirats, Gutachten, BT-Drucks. 9/632, Tz. 134ff.; Birk, D., Altersvorsorge (1987), S. 94f.; Mackscheidt, K., Harmonisierungsschritte (FinArch., N.F., 1984), S. 244; Transfer-Enquête-Kommission, Bericht (1981), Tz. 460, 480f.), dem bilanztechnischen Abschreibungsmodell (vgl. Lang, J., Reformentwurf, Münsteraner Symposium, Bd. 2 (1985), S. 62) und Modell der Teilbesteuerung (vgl. Schmähl, W., Teilbesteuerung (DRV 1986), S. 117ff.) zugrunde.

[576] Vgl. zu solchen Vorschlägen Andel, N., Altersversicherungen, in: Haller, H. u.a. (Hrsg.), Theorie und Praxis (1970), S. 334f.; Bauckner, A., Einkommensbegriff (1921), S. 67ff.; Carter-Bericht (1966), S. 441ff., 452f.; Lantau, K.-H., Neuregelung (BB 1955), S. 695; Schanz, G. v., Einkommensbegriff II (FinArch. 1922), S. 513; Schober, H.-L., Renten (1964), S. 104; Schreyer, M., Renten (Konjunkturpolitik 1977), S. 303; Steuerreformkommission, Gutachten (1971), Tz. II/355, 358ff.

d) Der Zuflußzeitpunkt der Vermögensmehrung

Nach der heutigen Regelung ist der Zuflußzeitpunkt für rechnungsmäßige und außerrechnungsmäßige Zinsen, wie folgt, definiert: Auszahlungen in bar oder durch Überweisung, Verrechnung mit Beiträgen oder Auszahlung des Rückkaufwertes bei vorzeitiger Auflösung des Vertrages[577]. Diese Handhabung entspricht dem Zuflußprinzip und wird dem Einkommensbegriff gerecht.

Zinsen wurden nicht immer als im Zuflußzeitpunkt realisiert angesehen. Im PreußEStG 1891 waren Zinsen mit dem für das Steuerjahr zugesicherten, feststehenden Betrag anzusetzen, wobei der Zeitraum, für den sie zugesichert waren, entscheidend war und nicht deren Fälligkeit[578]. Insbesondere traf dies auf auf- bzw. abgezinste Kapitalforderungen zu und galt auch, wenn die Rückzahlung des Kapitals und damit auch die der Zinsen an das Eintreten eines bestimmten Ereignisses geknüpft war[579]. Dies bedeutet, daß Zinsen nicht erst bei Zufluß, d.h. wenn sie in die Verfügungsgewalt des Steuerpflichtigen gelangten, besteuert wurden. Im EStG 1920 wurde der Zufluß unabhängig von der Zahlung als der Zeitpunkt geregelt, nach dem Zinsen laut der getroffenen Vereinbarungen fällig geworden waren und gerichtlich beigetrieben werden konnten[580]. Es kam nicht darauf an, ob die Zinsen tatsächlich zugeflossen waren oder noch geschuldet wurden[581]. Im EStG 1925 war ebenfalls der Fälligkeitszeitpunkt entscheidend. Wurden die Zinsen vor Fälligkeit gezahlt, war ausnahmsweise nicht der Zeitpunkt der Fälligkeit, sondern der der Zahlung entscheidend[582]. Seit dem EStG 1934 gilt für die Überschußeinkunftsarten das Zuflußprinzip (§ 11 Abs. 1 und 2 EStG). Es gab jedoch für einen kurzen Zeitraum eine Ausnahme bei außerrechnungsmäßigen Zinsen, bei denen der Zufluß mit Gutschrift fingiert wurde (§ 20 Abs. 1 Nr. 6 S. 3 EStG 1987).

Wird der Zuflußzeitpunkt gewählt, so werden die Zinsen erst relativ spät versteuert und es kann ein plötzlicher Anstieg der Steuerlast entstehen[583]. Um entsprechende

---

[577] Vgl. BMF, Schreiben vom 31.08.1979 - IV B 4 - S 2252 - 77/79, Betr.: Steuerliche Behandlung der rechnungsmäßigen und außerrechnungsmäßigen Zinsen aus Lebensversicherungen, BStBl. I 1979 S. 594.

[578] Vgl. Fuisting, B./Strutz, G., PreußEStG 1891 (1903), § 12 Anm. 4. Nach Wilmowski trifft dies nur auf festverzinsliche Kapitalforderungen zu. Vgl. Wilmowski, B. v., PreußEStG 1891 (1896), § 12 Anm. 1. Nach Krause trifft es auch auf variabel verzinste Kapitalforderungen zu. Vgl. Krause, P., PreußEStG 1891 (1892), § 12 Anm. 7.

[579] Mrozek verweist auf die analoge Behandlung mit der gewerblichen Gewinnfeststellung. Vgl. Mrozek, A., PreußEStG (1914), § 11 Anm. 3 Buchst. g, h.

[580] Vgl. Zimmermann, E., EStG 1925 (1925), § 37 Anm. 22.

[581] Vgl. Mirre, L., EStG 1920 (1920), § 8 Anm. 1.

[582] Vgl. Blümich, W./Schachian, H., EStG 1925 (1925), § 37 Anm. 5. § 11 Abs. 1 S. 1 EStG 1925: "Einnahmen gelten innerhalb des Steuerabschnitts als bezogen, in dem sie fällig geworden oder, ohne fällig zu sein, dem Steuerpflichtigen tatsächlich zugeflossen sind."

[583] Vgl. Andel, N., Altersversicherungen, in: Haller, H. u.a. (Hrsg.), Theorie und Praxis (1970), S. 335, 344. Vgl. auch Döring, U., Realisationsprinzip (DStR 1977), S. 273.

Folgen zu vermeiden, wurden in der Literatur Besteuerungsmodelle entwickelt, die die Zinserträge der An- und Absparphase im Zeitpunkt der Erzielung bei der Versicherungsgesellschaft besteuern[584] oder von einer vorrangigen Zinsauszahlung der bislang angefallenen bzw. aufgelaufenen Zinsen ausgehen und den Kapitalrückfluß relativ spät ansetzen[585]. Der Anstieg der Steuerlast ist kein sehr überzeugendes Argument, da der Einkommensbegriff keine gleichmäßige Periodenbelastung verlangt[586]. Gegen die Anwendung des Zuflußprinzips wird auch kritisch eingewandt, daß es aufgrund der Progression zu einem Anstieg der Steuerzahllast kommt, wenn die kontinuierlich angesammelten Kapitalerträge in einem kürzeren Zeitraum zufließen[587]. Progressionseffekte sind grundsätzlich eine Frage des Steuertarifs und nicht der Bemessungsgrundlage, da sich z.B. bei konstanten Einkommensteuersätzen die Gesamtsteuerlast bei Verschiebung des Zuflußzeitpunktes in die Zukunft nicht ändert. Es können jedoch erhebliche Zinseffekte aufgrund der Verschiebung des Zuflußzeitpunktes auftreten.

4. Vereinigung der Resultate zu einer Näherungslösung

Aus dem Einkommensbegriff der Reinvermögenszugangstheorie ergeben sich für die steuerliche Behandlung der privaten Rentenversicherung folgende Schlußfolgerungen: Vermögensumschichtungen sind steuerlich unbeachtlich. Versicherungsbeiträge dürfen nicht von der Steuerbemessungsgrundlage abgezogen werden und Kapitalrückzahlungen bleiben steuerlich unbeachtlich. Die Zinsen der Ansparphase und die Zinsen der Absparphase sind in ihrer tatsächlich angefallenen Höhe zu erfassen. Sowohl der Versicherungsgewinn als auch der Versicherungsverlust müssen berücksichtigt werden.

Die Erfüllung sämtlicher Forderungen, die aus dem Einkommensbegriff der Reinvermögenszugangstheorie resultieren, ist nicht möglich. - Dies soll an folgendem Beispiel verdeutlicht werden: Versicherungsbeiträge sind von der Bemessungsgrundlage nicht abziehbar, da zu diesem Zeitpunkt der Reinvermögenszugang (aus dem die Prämie bestritten wird) bereits stattgefunden hat. Erreicht der Versicherte sein Rentenalter nicht, werden alle bis dahin geleisteten Beiträge zum Todeszeitpunkt als Verlust realisiert. In diesem Fall kann der Verlust aber nicht mehr *zu Gunsten des Versicherten* steuerlich berücksichtigt werden. Eine ähnliche Situation liegt vor, wenn der Versicherungsnehmer zwar das Rentenalter, aber nicht die kalkulierte Lebenserwartung erreicht.

---

[584] Vgl. zu solchen Vorschlägen Steuerreformkommission, Gutachten (1971), Tz. II/376.

[585] Vgl. zu solchen Vorschlägen Andel, N., Altersversicherungen, in: Haller, H. u.a. (Hrsg.), Theorie und Praxis (1970), S. 335, 344.

[586] Vgl. Schneider, D., Gewinnermittlung (zfbf 1971), S. 381.

[587] So jedoch Lamers, der aufgrund der Progression eine Aufspaltung der Kapitalerträge in Teilbeträge und ihre Verteilung auf mehrere Jahre fordert. Wahlweise biete sich auch die Lösung der Festlegung eines niedrigeren Steuersatzes oder die Einführung eines Sparerfreibetrags an. Vgl. Lamers, B., Einkommenstransfers (1975), S. 130.

Versicherungsverluste sind im Sinne der Reinvermögenszugangstheorie als negative Versicherungsgewinne zu betrachten. Beides sind Ausprägungen des Reinvermögenszugangs. Wird nun aufgrund des Gebots der Gleichbehandlung aller Steuerpflichtigen auch auf die Besteuerung von Versicherungsgewinnen verzichtet, so erzielen die betroffenen Steuerpflichtigen Vermögenszugänge, die unversteuert bleiben. Dies steht im Widerspruch zu der Reinvermögenszugangstheorie.

Es ist also definitiv nicht möglich, ein Rentenbesteuerungsmodell zu kreieren, das *alle* Reinvermögenszugänge *zu dem Zeitpunkt* besteuert, zu dem sie realisiert werden. Ein Näherungsmodell muß demnach *entweder* darauf verzichten, alle Formen von Reinvermögenszugängen steuerlich zu berücksichtigen[588], *oder* der Zeitpunkt der Besteuerung kann nicht in allen Fällen mit dem Zeitpunkt des realisierten Mittelerwerbs zur Deckung gebracht werden.

Wählt man nun die zweite Alternative, so läßt sich ein sehr einfaches Besteuerungsmodell entwickeln: Obwohl sich aus der Reinvermögenszugangstheorie eindeutig ergibt, daß Versicherungsbeiträge aus versteuertem Einkommen aufzubringen sind, werden sie innerhalb dieses Näherungsmodells in voller Höhe zum Abzug von der Bemessungsgrundlage zugelassen und, obwohl eine Vollbesteuerung der Rentenzahlungen nach der Reinvermögenszugangstheorie nicht sachgerecht ist und eine Aufteilung in einen Zins- und einen Kapitalrückzahlungsanteil zu erfolgen hat, werden die Rentenzahlungen in voller Höhe besteuert[589].

Diese Näherungslösung erfaßt den Reinvermögenszugang in *voller* Höhe: Es werden *keine* Vermögensumschichtungen besteuert; die Zinsen werden in *voller* Höhe

---

[588] Diese Meinung vertritt Vickrey: "Indeed, if the benefit of survivorship is taxed to the recipient, it would seem a logical corollary that when an annuitant dies and forfeits his capital, this reduction in his capital should be allowed to be deducted as a loss. But since at the death of the annuitant there is seldom any simple way of taking advantage of any such deduction, the simpler and more equitable treatment is to ignore these gains and losses entirely." Vickrey, W., Progressive Taxation (1972), S. 76. Bereits Moll forderte eine allgemeine Vorschrift im Einkommensteuergesetz, nach der Vermögensmehrungen, bei denen die Gewinne steuerpflichtig sind, aber Verluste nicht berücksichtigt werden, nicht zum Einkommen gerechnet werden. Vgl. Moll, W., Steuern (1911), S. 85. Zu Vorschlägen, die auf eine Nichtabzugsfähigkeit der Versicherungsprämien und eine ausschließliche Besteuerung der in den Rentenbezügen enthaltenden Zinsquote abstellen vgl. Bieri, H.P., Rentenbesteuerung (1970), S. 57f.; Wissenschaftlicher Beirat beim BdF, Gutachten, in: BdF (Hrsg.), Entschließungen (1974), S. 339, 344.

[589] Zu entsprechenden Ansätzen in der Literatur vgl. Ahrend, P., Vorschläge der Kommission (BB 1984), S. 1569f.; Bieri, H.P., Rentenbesteuerung (1970), S. 52ff.; Birk, D., Altersvorsorge (1987), S. 92ff.; Birk, D., Reform (Steuerberaterkongress-Report 1990), S. 45f.; Birk, D., Rentenbesteuerung (DRV 1986), S. 139; Brümmerhoff, D., Sozialversicherungsrenten (StuW 1979), S. 226f.; Lang, J., Reformentwurf, Münsteraner Symposium, Bd. 2 (1985), S. 63; Littmann, K., Alterseinkommen (Sozialer Fortschritt 1984), S. 71ff.; Mackscheidt, K., Harmonisierungsschritte (FinArch., N.F., 1984), S. 244ff., 251; Schanz, G. v., Einkommensbegriff II (FinArch. 1922), S. 514; Schmähl, W., Rentenreform, in: Sozialbeirat, Alterssicherung (o.J.), Bd. 3, S. 169f.; Söhn, H., Sonderausgaben und Ertragsanteilsbesteuerung (StuW 1986), S. 331ff.; Sozialbeirat, Gutachten, BT-Drucks. 8/132, Tz. 18; Transfer-Enquête-Kommission, Bericht (1981), Tz. 460, 480; Wissenschaftlergruppe des Sozialbeirats, Gutachten, BT-Drucks. 9/632, Tz. 132f.; Zitzelsberger, H., Reformüberlegungen (DStZ (A) 1984), S. 470.

berücksichtigt und *sowohl* der Versicherungsgewinn *als auch* der Versicherungsverlust beachtet. Die zeitliche Abweichung der steuerlichen Berücksichtigung der Reinvermögensänderungen von ihrem Realisationszeitpunkt wird bewußt in Kauf genommen. Dies gilt nur, soweit Versicherungsnehmer und Begünstigter identisch sind. Liegt keine Personenidentität vor, erzielt der Begünstigte in voller Höhe der Zahlungen einen Reinvermögenszugang. Ein Versicherungsverlust kann ihm nicht entstehen.

Aufgrund der Verlustvorwegnahme entsteht nicht mehr die Situation, daß der Versicherte erst nach seinem Tod die Steuererstattung erhält. Für diesen Vorschlag spricht desweiteren, daß er in die bestehenden einkommensteuerlichen Vorschriften eingegliedert werden kann. Die Schaffung einer Einkunftsart, unter der der Versicherungsverlust miterfaßt werden kann, entfällt. Die Frage, ob die Erträge während der Absparphase in Höhe der Zinsanteile unter den Einkünften aus Kapitalvermögen und nach Überschreiten der kalkulierten Lebenserwartung in Höhe der Rentenleistung unter einer anderen Einkunftsart zu versteuern sind, stellt sich ebenfalls nicht.

Innerhalb dieses Konzepts ist darauf zu achten, daß die Versicherungsbeiträge tatsächlich zum Abzug gelangen, damit es aufgrund der Vollbesteuerung in der Rentenbezugsphase nicht zu einer Doppelbesteuerung kommt. Daher sind Höchstbeträge nicht zulässig. Die bestehende Höchstbetragsregelung ist abzuschaffen und Verlustausgleichsmöglichkeiten[590] einzuführen, wenn der Vollabzug mangels anderer Einkünfte nicht gewährleistet ist. Nicht übersehen werden darf, daß aufgrund der Verlagerung des Besteuerungszeitpunkts erhebliche Zins- und Progressionsvorteile entstehen können. Durch die Vollabzugsfähigkeit der Versicherungsbeiträge wäre die private Rentenversicherung ein geeignetes Mittel zum intertemporalen Einkommenstransfer. Andere Sparformen, für die diese Regelung nicht gilt, werden insofern benachteiligt.

Die folgende Übersicht zeigt noch einmal abschließend das Guthaben des Versicherten bei der Versicherungsgesellschaft und seine Aufteilung in Zins- und Beitragsanteil. Die Abbildung wurde um die Angaben zur Gesamthöhe des Versicherungsgewinns und -verlustes ergänzt, wie sie zu einem beliebigen Todeszeitpunkt des Versicherten angefallen wären. Der Versicherungsverlust entspricht der Höhe des Beitragsanteils am Guthaben des Versicherungsnehmers.

---

[590] Zu Verlustausgleichsmöglichkeiten vgl. Schneider, D., Gewinnermittlung (zfbf 1971), S. 386f.

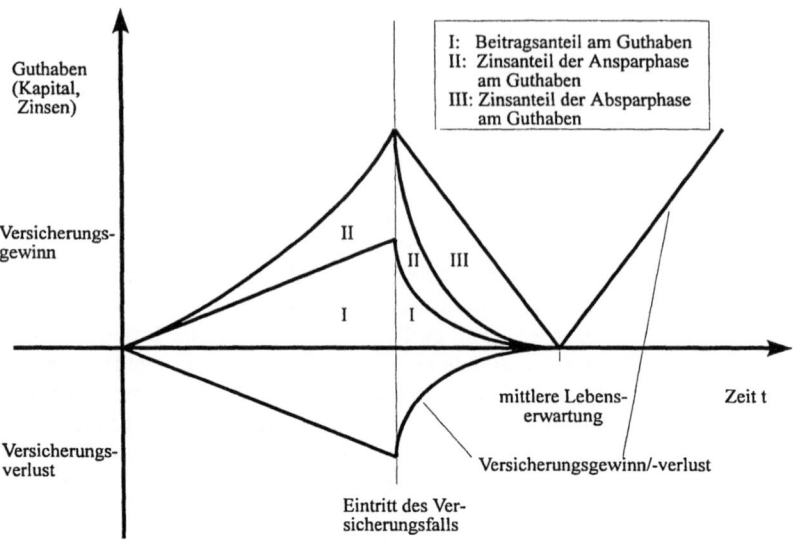

Abb. 6: Verlauf des Guthabens des Versicherungsnehmers bei der privaten Rentenversicherung und des akkumulierten Versicherungsgewinns bzw. -verlustes

D. Resümee

Die vorliegende Arbeit befaßt sich mit der einkommensteuerlichen Behandlung der privaten Rentenversicherung. Innerhalb der privaten Altersvorsorge kommt der Leibrentenversicherung aufgrund ihrer Spar- und Sicherungsfunktion eine erhebliche Bedeutung zu. Der Vorgang der Vermögensumschichtung im Rahmen dieser Vorsorgeform setzt sich zusammen aus Ansparphase und Rentenbezugsphase. Während der Ansparphase entstehen Zinsgewinne aus dem angesparten Kapital. In der Absparphase vermindert sich das angesparte Guthaben um Anteile an den geleisteten Beiträgen und um Zinsanteile aus der Ansparphase. Gleichzeitig entstehen im Verlauf der Absparphase Zinsgewinne aus dem verbliebenen Guthaben. Zum Zeitpunkt des kalkulierten Lebensendes des Versicherten ist das Guthaben aufgebraucht. Weitere Rentenbezüge stellen einen Reingewinn dar. Tritt der Tod vor diesem Zeitpunkt ein, so entsteht ein Verlust in Höhe der nicht zurückgezahlten Beitragsanteile.

Seit dem Bestehen des Einkommensteuergesetzes sind Rentenversicherungsprämien von der Steuerbemessungsgrundlage abzugsfähig. Reine Vermögensumschichtungen werden erst seit 1954 nicht mehr besteuert. Die Zinsen der Ansparphase werden seit 1974 als Einkünfte aus Kapitalvermögen angesehen, aber nicht besteuert. Die Zinsen der Rentenbezugsphase und der Versicherungsgewinn wurden bis 1954 in *voller Höhe* berücksichtigt. Dies ist seit Bestehen der Ertragsanteilsbesteuerung nicht mehr gewährleistet. Der Versicherungsgewinn bzw. -verlust wird bis zum heutigen Tag in den Gesetzesbegründungen nicht erörtert und ein Vorschlag zu seiner steuerlichen Behandlung nicht unterbreitet.

Die Analyse der Gesetzesänderungen und der von dem Gesetzgeber mit den Änderungen verfolgten Intentionen ergibt, daß zu keinem Zeitpunkt ein *einheitlicher* Einkommensbegriff zugrundegelegt und eingehalten wurde. Die Abzugsfähigkeit der Prämien, Begriff und Einkunftsart der wiederkehrenden Bezüge und die Idee des Rentenstammrechts bestehen seit mehr als einem Jahrhundert und sind Beispiele für die noch heute feststellbaren Einflüsse des preußischen Einkommensteuergesetzes. Neben der finanziellen Leistungsfähigkeit des Steuerpflichtigen spielten immer auch sozialpolitische Aspekte eine wichtige Rolle. Seit 1851 werden Pensionsansprüche, die Beamte erwerben, nicht dem zu versteuernden Einkommen hinzugerechnet[591]. Der Sonderausgabenabzug wurde 1891 eingeführt[592], um Steuerpflichtige, die ihre Altersversorgung aus eigenen Beiträgen bestreiten müssen, den Beamten gleichzustellen. Der Sonderausgabenabzug wurde *allen* Steuerpflichtigen zugestanden - also auch den Beamten. Da die Arbeitgeberbeiträge zu den gesetzlichen Rentenversicherungen der Arbeitnehmer vom zu versteuernden Einkommen der Arbeitnehmer ausgenommen sind, wird den Selbständigen seit 1961 ein Vorwegabzug zugestanden, um ihnen dafür

---

[591] Die Jahresangabe bezieht sich auf die preußische Regelung.

[592] Die Jahresangabe bezieht sich auf die preußische Regelung.

einen Ausgleich zu bieten[593]. Eine Systematik, die der Besteuerung der privaten Rentenversicherung als *Ganzes* zugrundeliegt, konnte nicht erkannt werden.

Im theoretischen Teil der vorliegenden Arbeit wurde der Begriff der steuerlichen Leistungsfähigkeit untersucht und verschiedene Definitionsmöglichkeiten diskutiert. Für die steuerliche Behandlung der privaten Rentenversicherung wurden Schlußfolgerungen abgeleitet, die sich aus dem Einkommensbegriff der Reinvermögenszugangstheorie ergeben. Diese Ergebnisse wurden als Forderungen an ein Rentenmodell formuliert. Demnach sind reine Vermögensumschichtungen steuerlich unbeachtlich. Versicherungsbeiträge dürfen nicht von der Steuerbemessungsgrundlage abgezogen werden. Sowohl Zinsanteile aus An- und Absparphase als auch Versicherungsgewinn bzw. -verlust sind in vollem Umfang zu berücksichtigen. Ziel ist, *alle* Reinvermögenszugänge *zum Zeitpunkt* ihrer Realisation zu besteuern. Es konnte gezeigt werden, daß es nicht möglich ist, ein Besteuerungsmodell zu entwickeln, das sämtliche Forderungen erfüllt, die sich aus dem gewählten Einkommensbegriff ergeben. Es blieben für die praktische Umsetzung letztendlich nur die Alternativen, entweder auf die Besteuerung bestimmter Reinvermögenszugänge zu verzichten oder Kompromisse hinsichtlich ihrer zeitlichen Erfassung einzugehen.

Die vorgeschlagene Näherungslösung erfaßt zwar alle Vermögensänderungen in voller Höhe, läßt aber den Realisationszeitpunkt weitestgehend außer acht: Versicherungsbeiträge werden unbeschränkt zum Abzug von der Bemessungsgrundlage zugelassen; im Gegenzug werden die Rentenbezüge voll versteuert. Faktisch wird dadurch der Zeitpunkt für die Besteuerung von Reinvermögenszugängen verschoben. Aufgrund seiner Vorwegnahme kann auch ein möglicher Versicherungsverlust zu Gunsten des Versicherten berücksichtigt werden. Die mit dem Näherungsmodell verbundenen Nachteile wurden diskutiert.

Das Problem der Kapitalerhaltung wurde im Rahmen dieser Arbeit bewußt ausgeklammert. Die Sicherung der Kapitalerhaltung und damit verbunden die Schwierigkeit, das Erfolgskapital zu bestimmen, erfordern eine grundsätzliche theoretische Erörterung, bevor an eine praktische Berücksichtigung gedacht werden kann.

---

[593] Vgl. Bundeskanzler, StÄndG 1961, BT-Drucks. 3/2573, S. 17, 21.

Anhang

Hinweise zu den Anhängen 1 bis 4:

Innerhalb der einzelnen Rubriken erfolgt die Aufführung der Änderungen in chronologischer Reihenfolge. Der Angabe der Gesetzesbezeichnung und der Quellenangabe folgt die Paragraphenbezeichnung mit der jeweiligen Änderung. Nicht extra aufgeführt werden rein redaktionelle Änderungen, wie die Korrektur von Druckfehlern und Änderungen in der Schreibweise. Die Angaben sind **wortgetreue** Übernahmen aus den bezeichneten Gesetzesquellen. Die Änderungen wurden durch kursive Schreibweise hervorgehoben. Die Verweise in den eckigen Klammern wurden vom Verfasser hinzugefügt.

Anhang 1

Veränderungen des Gesetzeswortlautes des § 3 EStG:

PreußEStG 1891 vom 24.06.1891 (in: Grotefend, G.A. (Hrsg.), Gesetzgebungsmaterial (1891), S. 187).

§ 8   Außerordentliche Einnahmen aus Erbschaften, Schenkungen, Lebensversicherungen, aus dem nicht gewerbsmäßig oder zu Spekulationszwecken unternommenen Verkauf von Grundstücken und ähnliche Erwerbungen gelten nicht als steuerpflichtiges Einkommen, sondern als Vermehrung des Stammvermögens und kommen ebenso wie Verminderungen des Stammvermögens nur insofern in Betracht, als die Erträge des letzteren dadurch vermehrt oder vermindert werden.

Durch das Gesetz betreffend die Abänderung des Einkommensteuergesetzes und des Ergänzungssteuergesetzes vom 19.06.1906 (in: Cretschmar, C./Grotefend, G.A. (Hrsg.), Gesetzgebungsmaterial (1906), S. 975) entstand das PreußEStG 1906 vom 19.06.1906 (in: Cretschmar, C./Grotefend, G.A. (Hrsg.), Gesetzgebungsmaterial (1906), S. 983).

§ 7   Außerordentliche Einnahmen aus Erbschaften, Schenkungen, Lebensversicherungen, aus dem nicht gewerbsmäßig oder zu Spekulationszwecken unternommenen *Verkaufe* von Grundstücken und *ähnlichen* Erwerbungen gelten nicht als steuerpflichtiges Einkommen, sondern als Vermehrung des Stammvermögens und kommen ebenso wie Verminderungen des Stammvermögens nur insofern in Betracht, als die Erträge des letzteren dadurch vermehrt oder vermindert werden.
     [§ 8 wurde § 7]

EStG 1920 vom 29.03.1920 (RGBl. 1920 S. 359).

§ 12 Einführungssatz   *Als steuerbares Einkommen gelten nicht:...*
     [eingefügt]

§ 12 Nr. 2   *Kapitalempfänge auf Grund von Lebens-, Unfall- und sonstigen Kapitalversicherungen;*
     [§ 7 wurde zum Teil § 12 Nr. 2]

EStG 1925 vom 10.08.1925 (RGBl. I 1925 S. 189).

§ 6 Abs. 3 *Der Besteuerung des Einkommens unterliegen insbesondere nicht einma-*
lige Vermögensanfälle, wie Schenkungen, Erbschaften, Aussteuern, Aus-
stattungen, Lotteriegewinne, Kapitalempfänge auf Grund von Lebensver-
sicherungen, Kapitalabfindungen, die als Entschädigungen für Unfälle
und Körperverletzungen gezahlt werden, ferner Kapitalabfindungen auf
Grund der Reichsversicherung, der   Beamtenpensionsgesetze und der
Militärversorgung mit Ausnahme der Kapitalabfindung nach dem Wehr-
machtversorgungsgesetze.
[§ 12 Nr. 2 wurde § 6 Abs. 3]

EStG 1934 vom 16.10.1934 (RGBl. I 1934 S. 1005).

§ 6 Abs. 3 [Kapitalempfänge aufgrund von Lebensversicherungen; entfiel]

EStG 1947 vom 24.10.1947 (STuZBl. 1947 S. 255) i.d.F. des Zweiten Gesetzes zur vorläufigen Neuordnung von Steuern vom 20.04.1949 (WiGBl. 1949 S. 69).

§ 3 Ein- führungs- satz	Steuerfrei sind:...
§ 3 Nr. 4 S. 1	*Renten aus der Sozialversicherung, soweit sie nicht unter Ziffer 1 fallen* *und Renten, die auf Grund eines Versicherungsvertrages gezahlt werden,* *bis zu einem Betrage von insgesamt 600 Deutsche Mark jährlich.* [eingefügt]
§ 3 Nr. 4 S. 2	*Soweit diese Renten insgesamt 600 Deutsche Mark jährlich übersteigen,* *sind sie steuerpflichtig.* [eingefügt]
§ 3 Nr. 4 S. 3	*Die Steuerbefreiung für Renten aus Versicherungsverträgen gilt nur für* *Renten bis zu einem Höchstbetrage von 3 600 Deutsche Mark;* [eingefügt]

EStG 1949 vom 10.08.1949 (WiGBl. 1949S. 266) i.d.F. des ESt- und KStÄndG 1950 vom 29.04.1950 (BGBl. 1950 S. 95).

| § 3 Nr. 4
S. 1 | Renten aus der *gesetzlichen Rentenversicherung der Arbeiter und der*
Angestellten, Renten aus der Knappschaftsversicherung und Renten, die
auf Grund eines Versicherungsvertrages *oder aus Unterstützungskassen*
gezahlt werden, bis zu einem *Betrag* von insgesamt 600 Deutsche Mark
jährlich. |
| § 3 Nr. 4
S. 3 | Die Steuerbefreiung für Renten aus Versicherungsverträgen *oder aus*
Unterstützungskassen gilt nur für Renten bis zu einem Höchstbetrag von
3 600 Deutsche Mark; |

EStG 1953 vom 15.09.1953 (BStBl. I 1953 S. 378) i.d.F. des Gesetzes zur Neuord-nung von Steuern vom 16.12.1954 (BStBl. I 1954 S. 575).

§ 3 Nr. 4 [Rentenversicherungen; entfiel]

EStG 1969 vom 12.12.1969 (BStBl. I 1969 S. 832) i.d.F. 2. KVÄG vom 21.12.1970 (BStBl. I 1971 S. 114).

§ 3 Nr. 62 S. 1 1. HS	*Ausgaben des Arbeitgebers für die Zukunftsicherung des Arbeitnehmers, soweit sie auf Grund gesetzlicher Verpflichtungen geleistet werden;*
§ 3 Nr. 62 S. 2	*Den Ausgaben des Arbeitgebers für die Zukunftsicherung, die auf Grund gesetzlicher Verpflichtung geleistet werden, werden gleichgestellt Zuschüsse des Arbeitgebers zu den Aufwendungen des Arbeitnehmers...* [angefügt]
§ 3 Nr. 62 S. 2 Buchst. a	*für eine Lebensversicherung,* [angefügt]
§ 3 Nr. 62 S. 2 am Ende	*...wenn der Arbeitgeber von der Versicherungspflicht in der gesetzlichen Rentenversicherung befreit worden ist.* [angefügt]
§ 3 Nr. 62 S. 3	*Die Zuschüsse sind nur insoweit steuerfrei, als sie insgesamt bei Befreiung von der Versicherungspflicht in der gesetzlichen Rentenversicherung der Angestellten die Hälfte und bei Befreiung von der Versicherungspflicht in der knappschaftlichen Rentenversicherung zwei Drittel der Gesamtaufwendungen des Arbeitnehmers nicht übersteigen und nicht höher sind als der Betrag, der als Arbeitgeberanteil bei Versicherungspflicht in der gesetzlichen Rentenversicherung der Angestellten oder in der knappschaftlichen Rentenversicherung zu zahlen wäre.* [angefügt]

EStG 1987 vom 27.02.1987 (BStBl. I 1987 S. 274) i.d.F. des WoBauFG vom 22.12.1989 (BStBl. I 1989 S. 505).

§ 3 Nr. 62 S. 1	Ausgaben des Arbeitgebers für die Zukunftssicherung des Arbeitnehmers, soweit sie auf Grund gesetzlicher Verpflichtungen geleistet werden. [§ 3 Nr. 62 S. 1 1. HS wurde § 3 Nr. 62 S. 1; Krankenkassenversicherungsbeitrag (§ 3 Nr. 62 S. 1 2. HS) entfiel]

EStG 1990 vom 07.09.1990 (BStBl. I 1990 S. 453), i.d.F. des StÄndG 1992 vom 25.02.1992 (BGBl. I 1992 S. 297).

§ 3 Nr. 62 S. 1	Ausgaben des Arbeitgebers für die Zukunftssicherung des Arbeitnehmers, soweit *der Arbeitgeber dazu nach sozialversicherungsrechtlichen oder anderen gesetzlichen Vorschriften oder nach einer auf gesetzlicher Ermächtigung beruhenden Bestimmung verpflichtet ist.*

Anhang 2

Veränderungen des Gesetzeswortlautes der §§ 10, 10c EStG:

Gesetz betreffend die Einführung einer Klassen- und klassifizierten Einkommensteuer vom 01.05.1851 (GS 1951 S. 193).

§ 30 Abs. 1	Hinsichtlich der dritten Art des Einkommens, welches aus Handel, Gewerbe, Pachtungen oder irgend einer Art gewinnbringender Beschäftigung - z.b. als Staats- oder Gemeindebeamter, als Arzt, Advokat, Schriftsteller u.s.w. - fließt und zugleich die Pensionen und Wartegelder, überhaupt diejenigen fortlaufenden Einnahmen, welche nicht als die Jahresrente eines unbeweglichen oder beweglichen Vermögens zu betrachten sind, umfaßt, ist Folgendes zu beachten:
§ 30 Abs. 3 S. 2	Die auf Grund einer gesetzlichen Verpflichtung zu leistenden Pensions- und Wittwenkassen-Beiträge müssen von den Besoldungen oder Pensionen in Abzug gebracht werden.

PreußEStG 1891 vom 24.06.1891 (in: Grotefend, G.A. (Hrsg.), Gesetzgebungsmaterial (1891), S. 187).

§ 9 Abs. 1 Einführungssatz	*Von dem Einkommen (§ 7) sind in Abzug zu bringen:...*
§ 9 Abs. 1 Nr. 6	*die von den Steuerpflichtigen gesetz- oder vertragsmäßig zu entrichtenden Beiträge zu Kranken-, Unfall-, Alters- und Invalidenversicherungs-, Wittwen-, Waisen- und Pensionskassen;*
§ 9 Abs. 1 Nr. 7	*Versicherungsprämien, welche für Versicherung des Steuerpflichtigen auf den Todes- oder Lebensfall gezahlt werden, soweit dieselben den Betrag von 600 Mark jährlich nicht übersteigen.*

Durch das Gesetz betreffend die Abänderung des Einkommensteuergesetzes und des Ergänzungssteuergesetzes vom 19.06.1906 (in: Cretschmar, C./Grotefend, G.A. (Hrsg.), Gesetzgebungsmaterial (1906), S. 975) entstand das PreußEStG 1906 vom 19.06.1906 (in: Cretschmar, C./Grotefend, G.A. (Hrsg.), Gesetzgebungsmaterial (1906), S. 983).

§ 8 Abs. 2 Einführungssatz	*Von dem Gesamteinkommen sind in Abzug zu bringen:...*
§ 8 Abs. 2 Nr. 3	die von *dem* Steuerpflichtigen gesetz- oder vertragsmäßig zu entrichtenden Beiträge zu Kranken-, Unfall-, Alters- und Invalidenversicherungs-, *Wittwen-,* Waisen- und Pensionskassen, *soweit sie zusammen den Betrag von 600 Mk jährlich nicht übersteigen;* [§ 9 Abs. 1 Nr. 6 wurde § 8 Abs. 2 Nr. 3]

§ 8 Abs. 2 Nr. 4	Versicherungsprämien, welche für Versicherung des Steuerpflichtigen *oder eines nicht selbständig zu veranlagenden Haushaltsangehörigen* auf den Todes- oder Lebensfall gezahlt werden, soweit *sie* den Betrag von 600 Mk jährlich nicht übersteigen; [§ 9 Abs. 1 Nr. 7 wurde § 8 Abs. 2 Nr. 4]

EStG 1920 vom 29.03.1920 (RGBl. 1920 S. 359).

§ 13 Abs. 1 Einführungssatz	Vom *Gesamtbetrage der Einkünfte sind, soweit in diesem Gesetze nichts anderes vorgeschrieben ist,* in Abzug zu bringen:… [§ 8 Abs. 2 wurde § 13 Abs. 1]
§ 13 Abs. 1 Nr. 3	*Beiträge, die der Steuerpflichtige für sich und seine nicht selbständig veranlagten Haushaltungsangehörigen* zu Kranken-, Unfall-, *Haftpflicht-, Angestellten-, Invaliden- und Erwerbslosenversicherungs-*, Witwen-, Waisen- und Pensionskassen *gezahlt hat, soweit sich der Gegenstand der Versicherung auf die bezeichneten Gefahren beschränkt;* [§ 8 Abs. 2 Nr. 3 wurde § 13 Abs. 1 Nr. 3]
§ 13 Abs. 1 Nr. 5	Versicherungsprämien, welche für *Versicherungen* des Steuerpflichtigen oder eines nicht selbständig *veranlagten* Haushaltungsangehörigen auf den Todes- oder Lebensfall gezahlt werden, soweit sie den Betrag von *sechshundert Mark* jährlich nicht übersteigen; [§ 8 Abs. 2 Nr. 4 wurde § 13 Abs. 1 Nr. 5; "600 Mk" ersetzt durch "sechshundert Mark"]

EStG 1920 vom 29.03.1920 (RGBl. 1920 S. 359) i.d.F. des EStÄndG 1921 I vom 24.03.1921 (RGBl. 1921 S. 313).

§ 13 Abs. 1 Nr. 5	Versicherungsprämien, welche für Versicherungen des Steuerpflichtigen oder eines nicht selbständig veranlagten Haushaltungsangehörigen auf den Todes- oder Lebensfall gezahlt werden, soweit sie den Betrag von *eintausend* Mark jährlich nicht übersteigen;

EStG 1920 vom 29.03.1920 (RGBl. 1920 S. 359) i.d.F. des EStÄndG 1921 II vom 20.12.1921 (RGBl. 1921 S. 1580).

§ 13 Abs. 1 Nr. 5	Versicherungsprämien, welche für Versicherungen des Steuerpflichtigen oder eines nicht selbständig veranlagten Haushaltungsangehörigen auf den Todes- oder Lebensfall gezahlt werden, soweit sie den Betrag von *dreitausend* Mark jährlich nicht übersteigen;

Das EStG 1920 vom 29.03.1920 (RGBl. 1920 S. 359) i.d.F. des EStÄndG 1922 I vom 20.07.1922 (RGBl. I 1922 S. 607).

§ 13 Abs. 1 Nr. 5	Versicherungsprämien, welche für Versicherungen des Steuerpflichtigen oder eines nicht selbständig veranlagten Haushaltungsangehörigen auf den Todes- oder Lebensfall gezahlt werden, soweit sie den Betrag von *achttausend* Mark jährlich nicht übersteigen;

§ 13 Abs. 1 Nr. 5a	*Spareinlagen bis zu einem Betrage von achttausend Mark jährlich, sofern die Rückzahlung des Kapitals nur für den Todesfall oder für den Fall des Erlebens innerhalb einer Zeit von nicht weniger als 20 Jahren vereinbart ist und die Vereinbarung unter Verzicht beider Vertragsteile auf eine Abänderung oder Aufhebung dem zuständigen Finanzamt angezeigt wird;* [eingefügt]
§ 13 Abs. 3	*Die Abzüge gemäß Abs. 1 Nr. 5 und 5a dürfen zusammen den Betrag von achttausend Mark jährlich nicht übersteigen.* [eingefügt]

Das EStG 1920 vom 29.03.1920 (RGBl. 1920 S. 359) i.d.F. des EStÄndG 1922 II vom 23.12.1922 (RGBl. I 1922 S. 978).

§ 13 Abs. 1 Nr. 5	Versicherungsprämien, welche für Versicherungen des Steuerpflichtigen oder eines nicht selbständig veranlagten Haushaltungsangehörigen auf den Todes- oder Lebensfall gezahlt werden, soweit sie den Betrag von *achtundvierzigtausend* Mark jährlich nicht übersteigen;
§ 13 Abs. 1 Nr. 5a	Spareinlagen bis zu einem Betrage von *achtundvierzigtausend* Mark jährlich, sofern die Rückzahlung des Kapitals nur für den Todesfall oder für den Fall des Erlebens innerhalb einer Zeit von nicht weniger als 20 Jahren vereinbart ist und die Vereinbarung unter Verzicht beider Vertragsteile auf eine Abänderung oder Aufhebung dem zuständigen Finanzamt angezeigt wird;
§ 13 Abs. 3	Die Abzüge gemäß Abs. 1 Nr. 5 und 5a dürfen zusammen den Betrag von *achtundvierzigtausend* Mark jährlich nicht übersteigen.

EStG 1925 vom 10.08.1925 (RGBl. I 1925 S. 189).

§ 17 Abs. 1 Einführungssatz	*Abzugsfähige Sonderleistungen sind:...*
§ 17 Abs. 1 Nr. 1	Beiträge, die der Steuerpflichtige für sich und seine nicht selbständig veranlagten Haushaltungsangehörigen zu Kranken-, Unfall-, Haftpflicht-, Angestellten-, Invaliden- und Erwerbslosenversicherungs-, Witwen-, Waisen- und Pensionskassen gezahlt hat; [Der Hinweis auf den Versicherungsgegenstand entfiel; § 13 Abs. 1 Nr. 3 wurde § 17 Abs. 1 Nr. 1]
§ 17 Abs. 1 Nr. 3 1. HS	Versicherungsprämien, *die* für Versicherungen des Steuerpflichtigen *und seine* nicht selbständig veranlagten Haushaltungsangehörigen auf den Todes- oder Lebensfall gezahlt werden; [Höchstbetrag entfiel; § 13 Abs. 1 Nr. 5 wurde § 17 Abs. 1 Nr. 3 1. HS]

§ 17 Abs. 1 Nr. 3 2. HS	*den Versicherungsprämien werden gleichgestellt Spareinlagen für den Steuerpflichtigen und seine nicht selbständig veranlagten Haushaltungsangehörigen,* sofern die Rückzahlung des Kapitals nur für den Todesfall oder für den Fall des Erlebens innerhalb einer Zeit von nicht weniger als zwanzig Jahren vereinbart ist und die Vereinbarung unter Verzicht beider Vertragsteile auf eine Abänderung oder Aufhebung dem *für den Steuerpflichtigen* zuständigen Finanzamt angezeigt wird; [§ 13 Abs. 1 Nr. 5a wurde § 17 Abs. 1 Nr. 3 2. HS]
§ 17 Abs. 2	Die Abzüge *nach Abs. 1 Nr. 1 bis 4* dürfen zusammen den *Jahresbetrag von 480 Reichsmark* nicht übersteigen; *dieser Betrag erhöht sich für die zur Haushaltung des Steuerpflichtigen zählende Ehefrau sowie für jedes zu seiner Haushaltung zählende und nicht selbständig zu veranlagende minderjährige Kind um je 100 Reichsmark.* [§ 13 Abs. 3 wurde § 17 Abs. 2]
§ 51	*Sofern nicht höhere Abzüge für Sonderleistungen (§ 17) im einzelnen geltend gemacht werden, sind für Abgeltung der Sonderleistungen 180 Reichsmark vom Gesamtbetrage der Einnahmen abzuziehen.* [eingefügt]
§ 112	*Bei Steuerpflichtigen, deren Einkommen den Betrag von 15 000 Reichsmark und deren Vermögen den Betrag von 50 000 Reichsmark nicht übersteigt, erhöht sich bei Versicherungsprämien und Spareinlagen, zu denen sich der Steuerpflichtige in den Jahren 1923 bis 1926 verpflichtet hat, der nach § 17 Abs. 2 zum Abzug zugelassene Betrag von 489 Reichsmark,* *a) wenn der Steuerpflichtige mehr als 50, aber nicht mehr als 55 Jahre alt ist, auf 960 Reichsmark;* *b) wenn der Steuerpflichtige mehr als 55, aber nicht mehr als 60 Jahre alt ist, auf 1 200 Reichsmark;* *c) wenn der Steuerpflichtige mehr als 60 Jahre alt ist, auf 1 440 Reichsmark.* *Dies gilt nicht, wenn der Steuerpflichtige einen Anspruch oder eine Anwartschaft auf Ruhegehalt oder andere wiederkehrende Bezüge von mehr als 2 000 Reichsmark im Jahre hat.* [eingefügt]

Das EStG 1925 vom 10.08.1925 (RGBl. I 1925 S. 189) i.d.F. des Gesetzes über die Senkung der Lohnsteuer vom 19.12.1925 (RGBl. I 1925 S. 469).

§ 51	Sofern nicht höhere Abzüge für Sonderleistungen (§ 17) im einzelnen geltend gemacht werden, sind für Abgeltung der Sonderleistungen *240* Reichsmark vom Gesamtbetrage der Einnahmen abzuziehen.

Das EStG 1925 vom 10.08.1925 (RGBl. I 1925 S. 189) i.d.F. des EStÄndG 1927 vom 22.12.1927 (RGBl. I 1927 S. 485).

§ 17 Abs. 2	Die Abzüge nach Abs. 1 Nr. 1 bis 4 dürfen zusammen den Jahresbetrag von *600* Reichsmark nicht übersteigen; dieser Betrag erhöht sich für die zur Haushaltung des Steuerpflichtigen zählende Ehefrau sowie für jedes zu seiner Haushaltung zählende und nicht selbständig zu veranlagende minderjährige Kind um je *250* Reichsmark.

EStG 1934 vom 16.10.1934 (RGBl. I 1934 S. 1005).

§ 10 Abs. 1 Einfüh-rungssatz	*Sonderausgaben, die vom Gesamtbetrag der Einkünfte abzuziehen sind, sind nur die folgenden:...* [§ 17 Abs. 1 wurde § 10 Abs. 1]
§ 10 Abs. 1 Nr. 4 S. 1	Beiträge *und Versicherungsprämien des Steuerpflichtigen für sich, seine Ehefrau und seine Kinder, für die ihm Kinderermäßigung gewährt wird,* zu Kranken-, Unfall-, Haftpflicht-, Angestellten-, Invaliden- und *Erwerbslosenversicherungen, zu Versicherungen auf den Lebens- oder Todesfall und zu* Witwen-, Waisen-, *Versorgungs- und Sterbekassen.* [§ 17 Abs. 1 Nr. 1, Nr. 2 und Nr. 3 1. HS wurde § 10 Abs. 1 Nr. 4 S. 1]
§ 10 Abs. 1 Nr. 4 S. 2	*Beiträge und Versicherungsprämien an solche Versicherungsunternehmen, die weder ihre Geschäftsleitung noch ihren Sitz im Inland haben, sind nur dann abzugsfähig, wenn diesen Unternehmen die Erlaubnis zum Geschäftsbetrieb im Inland erteilt ist;* [eingefügt]
§ 10 Abs. 2 S. 1	Die Abzüge *für Sonderausgaben im Sinn des Absatzes 1 Ziffern 4 und 5* dürfen zusammen den Jahresbetrag von *500* Reichsmark nicht übersteigen. [§ 17 Abs. 2 1. HS wurde § 10 Abs. 2 S. 1]
§ 10 Abs. 2 S. 2	Dieser Betrag erhöht sich *um* *300 Reichsmark für die Ehefrau,* *300 Reichsmark für das erste Kind,* *400 Reichsmark für das zweite Kind,* *600 Reichsmark für das dritte Kind,* *800 Reichsmark für das vierte Kind,* *je 1 000 Reichsmark für das fünfte und jedes weitere Kind.* [§ 17 Abs. 2 2. HS wurde § 10 Abs. 2 S. 2]
§ 10 Abs. 2 S. 3	*Soweit sich die Erhöhung nach der Kinderzahl bemißt, tritt sie nur ein, wenn dem Steuerpflichtigen Kinderermäßigung gewährt wird.* [angefügt]
§ 10 Abs. 3	*Für die Sonderausgaben im Sinn des Absatzes 1 Ziffern 2 bis 5 ist bei der Veranlagung als Mindestbetrag ein Pauschbetrag von 200 Reichsmark abzusetzen.* [§ 51 wurde § 10 Abs. 3]

§ 10 Abs. 4	*Hat die Steuerpflicht nicht während eines vollen Kalenderjahres bestanden, so sind die Jahresbeträge nach Absatz 2 und Absatz 3 entsprechend der Zahl der vollen Monate, in denen die Steuerpflicht bestanden hat, herabzusetzen und auf volle Reichsmark nach unten abzurunden.* [eingefügt]
§ 17 Abs. 1 Nr. 3 2. HS	[Gleichbehandlung der Spareinlagen; entfiel]

EStG 1938 vom 06.02.1938 (RGBl. I 1938 S. 121) i.d.F. des EStÄndG 1939 vom 17.02.1939 (RGBl. I 1939 S. 283).

§ 10 Abs. 3	[Pauschbetrag; entfiel]
§ 10 Abs. 4	Hat die Steuerpflicht nicht während eines vollen Kalenderjahres bestanden, so *ist der Jahresbetrag* nach *Absatz 2* entsprechend der Zahl der vollen Monate, in denen die Steuerpflicht bestanden hat, herabzusetzen und auf volle Reichsmark nach unten abzurunden.

EStG 1939 vom 27.02.1939 (RGBl. I 1939 S. 297).

§ 10 Abs. 1 Nr. 2	Beiträge und Versicherungsprämien zu Kranken-, Unfall-, Haftpflicht-, Angestellten-, Invaliden- und Erwerbslosenversicherungen, zu Versicherungen auf den Lebens- oder Todesfall und zu Witwen-, Waisen-, Versorgungs- und Sterbekassen. [§ 10 Abs. 1 Nr. 4 S. 1 wurde § 10 Abs. 1 Nr. 2; Hinweis auf die Person des Begünstigten entfiel]
§ 10 Abs. 2 Nr. 1	*Unter Absatz 1 Ziffern 2 und 3 fallen auch Beiträge und Versicherungsprämien für die Ehefrau und für nichtjüdische Angehörige im Sinn von § 10 Ziffern 3 bis 6 des Steueranpassungsgesetzes, die mit dem Steuerpflichtigen zusammen veranlagt werden, und für volljährige Kinder, für die dem Steuerpflichtigen Kinderermäßigung gewährt wird.* [eingefügt]
§ 10 Abs. 2 Nr. 2	Beiträge und Versicherungsprämien an solche Versicherungsunternehmen *oder Bausparkassen*, die weder ihre Geschäftsleitung noch ihren Sitz im Inland haben, sind nur dann abzugsfähig, wenn diesen Unternehmen die Erlaubnis zum Geschäftsbetrieb im Inland erteilt ist. [§ 10 Abs. 1 Nr. 4 S. 2 wurde § 10 Abs. 2 Nr. 2]
§ 10 Abs. 2 Nr. 3 S. 1	Die Abzüge für Sonderausgaben im Sinn des Absatzes 1 Ziffern *2 und 3* dürfen zusammen den Jahresbetrag von 500 Reichsmark nicht übersteigen. [§ 10 Abs. 2 S. 1 wurde § 10 Abs. 2 Nr. 3 S. 1]

§ 10 Abs. 2 Nr. 3 S. 2	Dieser Betrag erhöht sich *für die Ehefrau um 300 Reichsmark, für nicht- jüdische Angehörige im Sinn von § 10 Ziffern 3 bis 6 des Steueranpas- sungsgesetzes wie folgt:* *für den ersten Angehörigen um* 300 Reichsmark, *für den zweiten Angehörigen um* 400 Reichsmark, *für den dritten Angehörigen um* 600 Reichsmark, *für den vierten Angehörigen um* 800 Reichsmark, *für den fünften und jeden weiteren Angehörigen um* je 1 000 Reichsmark. [§ 10 Abs. 2 S. 2 wurde § 10 Abs. 2 Nr. 3 S. 2]
§ 10 Abs. 2 Nr. 3 S. 3	Soweit sich die Erhöhung nach der *Zahl der Angehörigen* bemißt, tritt sie nur ein, wenn *die Angehörigen mit dem Steuerpflichtigen zusammen ver- anlagt werden oder wenn es sich um volljährige Kinder handelt, für die* dem Steuerpflichtigen Kinderermäßigung gewährt wird. [§ 10 Abs. 2 S. 3 wurde § 10 Abs. 2 Nr. 3 S. 3]
§ 10 Abs. 2 Nr. 4	Hat die Steuerpflicht nicht während eines vollen Kalenderjahres bestan- den, so *ist der Jahresbetrag* nach *Ziffer 3* entsprechend der Zahl der vollen Monate, in denen die Steuerpflicht bestanden hat, herabzusetzen und auf volle Reichsmark nach unten abzurunden. [§ 10 Abs. 4 wurde § 10 Abs. 2 Nr. 4]

Das EStG 1939 vom 27.02.1939 (RGBl. I 1939 S. 297) i.d.F. des Kontrollratgesetzes Nr. 12 vom 11.02.1946 (STuZBl. 1946 S. 2).

§ 10	[unterschiedliche Behandlung aufgrund der Religionszugehörigkeit; ent- fiel]
§ 10 Abs. 1 Nr. 2	[Abzugsfähigkeit von Versicherungsprämien; entfiel]
§ 10 Abs. 2 Nr. 3	[Verminderung der Höchstbeträge auf 300 Reichsmark für den Steuer- pflichtigen und jedes seiner Angehörigen]

EStG 1947 vom 24.10.1947 (STuZBl. 1947 S. 255).

§ 10 Abs. 2 Nr. 1	Unter Absatz 1 Ziffer 2 fallen auch Beiträge für die Ehefrau und für *Kin- der (§ 32 Absatz 4 Ziffer 4)*, die mit dem Steuerpflichtigen zusammen ver- anlagt werden *oder wenn es sich um über 16 Jahre alte* Kinder *handelt*, für die dem Steuerpflichtigen Kinderermäßigung gewährt wird. [Hinweis auf Versicherungsbeiträge; entfiel]
§ 10 Abs. 2 Nr. 2	[Anforderung an den Sitz bzw. Ort der Geschäftsleitung der Versiche- rungsunternehmen; entfiel]
§ 10 Abs. 2 Nr. 3 S. 1	Die Abzüge für Sonderausgaben im Sinne des Absatzes 1 Ziffer 2 und *Zif- fer 3* dürfen zusammen den Jahresbetrag von *300* Reichsmark nicht über- steigen.

§ 10 Abs. 2 Nr. 3 S. 2	Dieser Betrag erhöht sich um *je* 300 Reichsmark im Jahr für die Ehefrau *und für jedes Kind im Sinn des § 32 Absatz 4 Ziffer 4.*
§ 10 Abs. 2 Nr. 3 S. 3	Soweit sich die Erhöhung nach der Zahl der *Kinder* bemißt, tritt sie nur ein, wenn die *Kinder* mit dem Steuerpflichtigen zusammen veranlagt werden oder wenn es sich um *über 16 Jahre alte* Kinder handelt, für die dem Steuerpflichtigen Kinderermäßigung gewährt wird.

Das EStG 1947 vom 24.10.1947 (STuZBl. 1947 S. 255) i.d.F. des Gesetzes Nr. 64 vom 20.06.1948 (WiGBl. 1948 Nr. 14 Beilage 4).

§ 10 Abs. 1 Nr. 2 Einführungssatz	*die folgenden Aufwendungen zu steuerbegünstigten Zwecken:...* [eingefügt]
§ 10 Abs. 1 Nr. 2 Buchst. a	*Beiträge und Versicherungsprämien zu Kranken-, Unfall-, Haftpflicht-, Angestellten-, Invaliden- und Erwerbslosen-Versicherungen, zu Versicherungen auf den Lebens- oder Todesfall und zu Witwen-, Waisen-, Versorgungs- und Sterbekassen;* [eingefügt]
§ 10 Abs. 1 Nr. 2 Buchst. d	*Beiträge auf Grund anderer Kapitalansammlungsverträge, wenn der Zweck des Kapitalansammlungsvertrages als steuerbegünstigt anerkannt worden ist;* [eingefügt]
§ 10 Abs. 2 Nr. 1	Unter *Absatz 1* fallen auch *Sonderausgaben* für die Ehefrau und *diejenigen Kinder des Steuerpflichtigen,* die mit *ihm* zusammen veranlagt werden, *oder für* über *18* Jahre alte Kinder, für die dem Steuerpflichtigen Kinderermäßigung gewährt wird.
§10 Abs. 2 Nr. 2	*Beiträge und Versicherungsprämien an solche Versicherungsunternehmen und Bausparkassen, die weder ihre Geschäftsleitung noch ihren Sitz im Inland haben, sind nur dann abzugsfähig, wenn diesen Unternehmen die Erlaubnis zum Geschäftsbetrieb im Inland erteilt ist.* [eingefügt]
§ 10 Abs. 2 Nr. 3 S. 1	Die Abzüge für Sonderausgaben im Sinn des Absatzes 1 Ziffer 2 *Buchstaben a bis e sind bis zu einem* Jahresbetrag von *600 Deutsche Mark in voller Höhe zulässig.*
§ 10 Abs. 2 Nr. 3 S. 3	Soweit sich die Erhöhung nach der Zahl der Kinder bemißt, tritt sie nur ein, wenn die Kinder mit dem Steuerpflichtigen zusammen veranlagt werden oder wenn es sich um über *18* Jahre alte Kinder handelt, für die dem Steuerpflichtigen Kinderermäßigung gewährt wird.

§ 10 Abs. 2 Nr. 3 S. 5	*Liegen keine Sonderausgaben im Sinn des Absatzes 1 Ziffer 3 vor und übersteigen die Sonderausgaben im Sinn des Absatzes 1 Ziffer 2 die in Satz 1, Satz 2 und Satz 4 genannten Beträge, so ist der darüber hinausgehende Betrag, soweit er 15 vom Hundert des Gesamtbetrags der Einkünfte, höchstens jedoch 20 000 Deutsche Mark nicht übersteigt, zu drei Achtel abzugsfähig.* [eingefügt]
§ 10 Abs. 2 Nr. 4	Hat die Steuerpflicht nicht während eines vollen Kalenderjahres bestanden, so ist der Jahresbetrag nach Ziffer 3 entsprechend der Zahl der vollen Monate, in denen die Steuerpflicht bestanden hat, herabzusetzen und auf volle *Deutsche Mark* nach unten abzurunden.

Das EStG 1947 vom 24.10.1947 (STuZBl. 1947 S. 255) i.d.F. des Zweiten Gesetzes zur vorläufigen Neuordnung von Steuern vom 20.04.1949 (WiGBl. 1949 S. 69).

§ 10 Abs. 2 Nr. 3 Einführungssatz	*Für die Sonderausgaben im Sinn des Absatz 1 Ziffer 2 gilt folgendes:...* [eingefügt]
§ 10 Abs. 2 Nr. 3 Buchst. a S. 1	*die Aufwendungen* sind bis zu einem Jahresbetrag von *800* Deutsche Mark in voller Höhe *abzugsfähig.* [§ 10 Abs. 2 Nr. 3 S. 1 wurde § 10 Abs. 2 Nr. 3 Buchst. a S. 1]
§ 10 Abs. 2 Nr. 3 Buchst. a S. 2	Dieser Betrag erhöht sich um je *400* Deutsche Mark im Jahr für die Ehefrau und für jedes Kind im Sinn des § 32 Absatz 4 Ziffer 4. [§ 10 Abs. 2 Nr. 3 S. 2 wurde § 10 Abs. 2 Nr. 3 Buchst. a S. 2]
§ 10 Abs. 2 Nr. 3 Buchst. a S. 3	Soweit sich die Erhöhung nach der Zahl der Kinder bemißt, tritt sie nur ein, *wenn dem Steuerpflichtigen für diese Kinder* Kinderermäßigung *zusteht oder* gewährt wird. [§ 10 Abs. 2 Nr. 3 S. 3 wurde § 10 Abs. 2 Nr. 3 Buchst. a S. 3; Hinweis auf die Zusammenveranlagung entfiel]
§ 10 Abs. 2 Nr. 3 Buchst. c S. 1	übersteigen die Sonderausgaben im Sinn des Absatzes 1 Ziffer 2 die in *den Buchstaben a) und b)* genannten Beträge, so ist der darüber hinausgehende Betrag *zur Hälfte* abzugsfähig. [§ 10 Abs. 2 Nr. 3 S. 5 wurde teilweise § 10 Abs. 2 Nr. 3 Buchst. c S. 1; Voraussetzung des Vorliegens nicht entnommener Gewinne entfiel]
§ 10 Abs. 2 Nr. 3 Buchst. c S. 2 1. HS	*In diesem Fall dürfen jedoch über die in den Buchstaben a) und b) genannten Beträge hinaus vom Gesamtbetrag der Einkünfte nur noch abgezogen werden;* [eingefügt]

§ 10 Abs. 2 Nr. 3 Buchst. c S. 2 2. HS	*höchstens 7,5 vom Hundert des Gesamtbetrags der Einkünfte, jedoch nicht mehr als 7 500 Deutsche Mark für Sonderausgaben im Sinn des Absatzes 1 Ziffer 2 Buchstaben e) und f)* und nicht mehr als 15 000 Deutsche Mark insgesamt; [§ 10 Abs. 2 Nr. 3 S. 5 wurde teilweise § 10 Abs. 2 Nr. 3 Buchst. c S. 2 2. HS]
§ 10 Abs. 2 Nr. 3 Buchst. d	*für Sonderausgaben im Sinn des Absatzes 1 Ziffer 2 Buchstaben a) bis d) erhöhen sich bei Steuerpflichtigen, die mindestens vier Monate vor dem Ende des Veranlagungszeitraumes das 50. Lebensjahr vollendet haben und in deren Einkommen überwiegend Einkünfte aus selbständiger Arbeit oder aus nichtselbständiger Arbeit enthalten sind, die folgenden Beträge: der in Buchstabe a) Satz 1 genannte Jahresbetrag von 800 Deutsche Mark auf 1 600 Deutsche Mark, der in Buchstabe a) Satz 2 genannte Betrag von je 400 Deutsche Mark auf je 800 Deutsche Mark, der in Buchstabe c) Satz 2 genannte Betrag von 7,5 vom Hundert des Gesamtbetrages der Einkünfte auf 15 vom Hundert des Gesamtbetrags der Einkünfte;* [eingefügt]

EStG 1949 vom 10.08.1949 (WiGBl. 1949 S. 266) i.d.F. des ESt- und KStÄndG 1950 vom 29.04.1950 (BGBl. 1950 S. 95).

§ 10 Abs. 2 Nr. 3 Buchst. a S. 2	Dieser Betrag erhöht sich um je 400 Deutsche Mark im Jahr für die Ehefrau und für jedes Kind im Sinn des § 32 Absatz 4 Ziffer 4, *für das dem Steuerpflichtigen* Kinderermäßigung zusteht oder gewährt wird;
§ 10 Abs. 2 Nr. 3 Buchst. a S. 3	[Kinder, für die dem Steuerpflichtigen Kinderermäßigung zusteht oder gewährt wird; inhaltlich aufgegangen in § 10 Abs. 2 Nr. 3 Buchst. a S. 2]
§ 10 Abs. 2 Nr. 3 Buchst. c S. 1	übersteigen die Sonderausgaben im Sinn des Absatzes 1 Ziffer 2 die in den *vorstehenden* Buchstaben a und b genannten Beträge, so ist der darüber hinausgehende Betrag zur Hälfte abzugsfähig.
§ 10 Abs. 2 Nr. 3 Buchst. c S. 2	In diesem Fall dürfen jedoch über die in den Buchstaben a und b genannten Beträge hinaus vom Gesamtbetrag der Einkünfte höchstens *15* vom Hundert des Gesamtbetrages der Einkünfte, *jedoch nicht mehr als 15 000 Deutsche Mark abgezogen werden.*

§ 10 Abs. 2 Nr. 3 Buchst. d	für Sonderausgaben im Sinn des Absatzes 1 Ziffer 2 erhöhen sich bei Steuerpflichtigen, die mindestens vier Monate vor dem Ende des Veranlagungszeitraums das 50. Lebensjahr vollendet haben und in deren Einkommen überwiegend Einkünfte aus selbständiger Arbeit oder aus nichtselbständiger Arbeit enthalten sind, der *im* Buchstabe a Satz 1 genannte Jahresbetrag von 800 Deutsche Mark auf 1 600 Deutsche Mark, der *im* Buchstabe a Satz 2 genannte Betrag von je 400 Deutsche Mark auf je 800 Deutsche Mark. [Höchstgrenze nach § 10 Abs. 2 Nr. 1 Buchst. d 4. HS inhaltlich aufgegangen in § 10 Abs. 2 Nr. 3 Buchst. c S. 2]
§ 10 Abs. 2 Nr. 4	Hat die Steuerpflicht nicht während eines vollen Kalenderjahres bestanden, so *sind die Jahresbeträge* nach Ziffer 3 *Buchstaben a und d* entsprechend der Zahl der vollen Monate, in denen die Steuerpflicht bestanden hat, herabzusetzen und auf volle Deutsche Mark nach unten abzurunden.

EStG 1950 vom 28.12.1950 (BGBl. I 1951 S. 1) i.d.F. des ESt- und KStÄndG 1951 vom 27.06.1951 (BGBl. I 1951 S. 411).

§ 10 Abs. 1 Nr. 2 Buchst. d	Beiträge auf Grund anderer Kapitalansammlungsverträge, wenn der Zweck des Kapitalansammlungsvertrages als steuerbegünstigt anerkannt worden ist *und hierzu keine fremden Mittel verwandt werden;*
§ 10 Abs. 2 Nr. 3 Buchst. b S. 1	übersteigen die Sonderausgaben im Sinn des Absatzes 1 Ziffer 2 die in *dem vorstehenden Buchstaben a* genannten Beträge, so ist der darüber hinausgehende Betrag zur Hälfte abzugsfähig. [§ 10 Abs. 2 Nr. 3 Buchst. c S. 1 wurde § 10 Abs. 2 Nr. 3 Buchst. b S. 1]
§ 10 Abs. 2 Nr. 3 Buchst. b S. 2	In diesem Fall dürfen jedoch über die in *dem Buchstaben a* genannten Beträge hinaus vom Gesamtbetrag der Einkünfte höchstens 15 vom Hundert des Gesamtbetrags der Einkünfte abgezogen werden; [§ 10 Abs. 2 Nr. 3 Buchst. c S. 2 wurde § 10 Abs. 2 Nr. 3 Buchst. b S. 2; die betraglich fixierte Höchstgrenze entfiel]
§ 10 Abs. 2 Nr. 3 Buchst. c	für Sonderausgaben im Sinn des Absatzes 1 Ziffer 2 erhöhen sich bei Steuerpflichtigen, die mindestens vier Monate vor dem Ende des Veranlagungszeitraums das 50. Lebensjahr vollendet haben und in deren Einkommen überwiegend Einkünfte aus selbständiger Arbeit oder aus nichtselbständiger Arbeit enthalten sind, der in Buchstabe a Satz 1 genannte Jahresbetrag von 800 Deutsche Mark auf 1 600 Deutsche Mark, der in Buchstabe a Satz 2 genannte Betrag von je 400 Deutsche Mark auf je 800 Deutsche Mark. [§ 10 Abs. 2 Nr. 3 Buchst. d wurde § 10 Abs. 2 Nr. 3 Buchst. c]
§ 10 Abs. 2 Nr. 4	Hat die Steuerpflicht nicht während eines vollen Kalenderjahres bestanden, so sind die Jahresbeträge nach Ziffer 3 *Buchstaben a und c* entsprechend der Zahl der vollen Monate, in denen die Steuerpflicht bestanden hat, herabzusetzen und auf volle Deutsche Mark nach unten abzurunden.

117

EStG 1951 vom 17.01.1952 (BGBl. I 1952 S. 33) i.d.F. des Gesetzes zur Änderung steuerlicher Vorschriften und zur Sicherung der Haushaltsführung vom 24.06.1953 (BStBl. I 1953 S. 192).

§ 10 Abs. 1 Nr. 2 Buchst. d	*vor dem 1. Januar 1955 geleistete* Beiträge auf Grund anderer Kapitalansammlungsverträge, wenn der Zweck des Kapitalansammlungsvertrages als steuerbegünstigt anerkannt worden ist; *bei Sparverträgen mit festgelegten Sparraten muß mindestens die erste Einzahlung vor dem 1. Januar 1955 vorgenommen werden;*
§ 10 Abs. 1 Nr. 2 nach Buchst. d angehängter Absatz S. 1-3, 5	*Voraussetzung für die Abzugsfähigkeit dieser Aufwendungen ist, daß sie weder unmittelbar noch mittelbar in wirtschaftlichem Zusammenhang mit der Aufnahme eines Kredits stehen. Das gilt nicht, soweit die in den Buchstaben a und b bezeichneten Beiträge nach Ablauf von drei Jahren seit Vertragsabschluß in der beim Abschluß des Vertrags ursprünglich vereinbarten Höhe laufend und gleichbleibend geleistet werden. Für die im Buchstaben a bezeichneten Beiträge ist besondere Voraussetzung, daß vor Ablauf von drei Jahren seit Vertragsabschluß die Versicherungssumme, außer im Schadensfall, weder ganz noch zum Teil ausgezahlt, geleistete Versicherungsbeiträge weder ganz noch zum Teil zurückgezahlt oder Ansprüche aus dem Versicherungsvertrag nicht abgetreten oder beliehen werden. (...) Werden die besonderen Voraussetzungen für die in den Buchstaben a und b bezeichneten Beiträge nicht erfüllt, so ist eine Nachversteuerung nach Maßgabe einer Rechtsverordnung durchzuführen;*
§ 10 Abs. 2 Nr. 3 Buchst. a S. 1	Die Aufwendungen sind bis zu einem Jahresbetrag von *1 000* Deutsche Mark in voller Höhe abzugsfähig.
§ 10 Abs. 2 Nr. 3 Buchst. a S. 2	Dieser Betrag erhöht sich um je *500* Deutsche Mark im Jahr für die Ehefrau und für jedes Kind im Sinn des *32 Abs. 4 Ziff. 4*, für das dem Steuerpflichtigen Kinderermäßigung zusteht oder gewährt wird;
§ 10 Abs. 2 Nr. 3 Buchst. b	bei Steuerpflichtigen, die mindestens vier Monate vor dem Ende des Veranlagungszeitraums das 50. Lebensjahr vollendet haben und in deren Einkommen überwiegend Einkünfte aus selbständiger Arbeit oder aus nichtselbständiger Arbeit enthalten sind, erhöhen sich der im *Buchstaben* a Satz 1 bezeichnete Jahresbetrag von *1 000* Deutsche Mark auf *2 000* Deutsche Mark und der im *Buchstaben* a Satz 2 bezeichnete Betrag von je *500* Deutsche Mark auf je *1 000* Deutsche Mark; [§ 10 Abs. 2 Nr. 3 Buchst. c wurde § 10 Abs. 2 Nr. 3 Buchst. b]

| § 10 Abs. 2 Nr. 3 Buchst. c | übersteigen die Sonderausgaben im Sinn des Absatzes 1 Ziffer 2 die in *den Buchstaben a und b bezeichneten* Beträge, *so kann der darüber hinausgehende Betrag zur Hälfte, höchstens jedoch bis zu 50 vom Hundert der in den Buchstaben a und b bezeichneten Beträge abgezogen werden.* [§ 10 Abs. 2 Nr. 3 Buchst. b S. 1-2 wurde § 10 Abs. 2 Nr. 3 Buchst. c] |

EStG 1953 vom 15.09.1953 (BStBl. I 1953 S. 378).

| § 10 Abs. 2 Nr. 4 | Hat die Steuerpflicht nicht während eines vollen Kalenderjahres bestanden, so sind die Jahresbeträge nach Ziffer 3 *Buchstaben a und b* entsprechend der Zahl der vollen Monate, in denen die Steuerpflicht bestanden hat, herabzusetzen und auf volle Deutsche Mark nach unten abzurunden. |

Das EStG 1953 vom 15.09.1953 (BStBl. I 1953 S. 378) i.d.F. des Gesetzes zur Neuordnung von Steuern vom 16.12.1954 (BStBl. I 1954 S. 575).

§ 10 Abs. 1 Einführungssatz	Sonderausgaben, die vom Gesamtbetrag der Einkünfte abgezogen werden, sind die *folgenden Aufwendungen, wenn sie weder Betriebsausgaben noch Werbungskosten sind:...*
§ 10 Abs. 1 Nr. 2	Beiträge und Versicherungsprämien zu Kranken-, Unfall- *und* Haftpflichtversicherungen, *zu den gesetzlichen Rentenversicherungen und der Arbeitslosenversicherung,* zu Versicherungen auf den Lebens- oder Todesfall und zu Witwen-, Waisen-, Versorgungs- und Sterbekassen; [§ 10 Abs. 1 Nr. 2 Buchst. a wurde § 10 Abs. 1 Nr. 2]
§ 10 Abs. 1 Nr. 4	*nach Maßgabe einer Rechtsverordnung* vor dem 1. Januar *1958* geleistete Beiträge auf Grund von Kapitalansammlungsverträgen *(allgemeine Sparverträge, Sparverträge mit festgelegten Sparraten und diesen Verträgen gleichzustellende Kapitalansammlungsverträge), wenn die angesammelten Beträge auf sieben Jahre festgelegt werden. Der Zeitraum von sieben Jahren verlängert sich auf zehn Jahre, wenn der Steuerpflichtige zur Zeit des Vertragsabschlusses das 50. Lebensjahr noch nicht vollendet hat. Bei Sparverträgen mit festgelegten Sparraten sind auch die nach dem 31. Dezember 1957 geleisteten Beiträge Sonderausgaben, wenn mindestens die erste Einzahlung vor dem 1. Januar 1957 geleistet worden ist;* [§ 10 Abs. 1 Nr. 2 Buchst. d und der nach § 10 Abs. 1 Nr. 2 Buchst. d angehängte Absatz werden teilweise § 10 Abs. 1 Nr. 4]
§ 10 Abs. 2 Einführungssatz	Nach Maßgabe einer Rechtsverordnung *ist* eine Nachversteuerung *durchzuführen...*

§ 10 Abs. 2 Nr. 1	*bei Versicherungen (Absatz 1 Ziffer 2) gegen einmalige Beitragsleistung bei Beginn des Versicherungsvertrags (Einmalbeitrag), bei denen die volle oder teilweise Rückzahlung von geleisteten Beiträgen verlangt werden kann,* wenn vor Ablauf von *zehn* Jahren seit *Vertragsabschluß* die Versicherungssumme, außer im Schadensfall *und in der Rentenversicherung auch bei Erbringung der vertragsmäßigen Rentenleistung,* ganz *oder* zum Teil ausgezahlt *oder die bezeichneten Einmalbeiträge* ganz *oder* zum Teil zurückgezahlt oder Ansprüche aus dem Versicherungsvertrag *ganz oder zum Teil* abgetreten oder beliehen werden; [§ 10 Abs. 1 Nr. 2 nach Buchst. d angehängter Absatz wurde zum Teil § 10 Abs. 2 Nr. 1]
§ 10 Abs. 2 Nr. 3	bei Kapitalansammlungsverträgen (Absatz 1 Ziffer 4), wenn vor Ablauf der in Absatz 1 Ziffer 4 bezeichneten Zeiträume die angesammelten Beträge ganz oder zum Teil zurückgezahlt oder Ansprüche aus dem Kapitalansammlungsvertrag abgetreten oder beliehen werden; das gilt nicht, wenn der Sparer stirbt oder nach dem Vertragsabschluß völlig erwerbsunfähig wird. [eingefügt]
§ 10 Abs. 3 Nr. 1	Unter Absatz 1 fallen auch Sonderausgaben für die Ehefrau und diejenigen Kinder des Steuerpflichtigen, die mit ihm zusammen veranlagt werden, oder für über 18 Jahre alte Kinder, für die dem Steuerpflichtigen Kinderermäßigung gewährt wird. [§ 10 Abs. 2 Nr. 1 wurde § 10 Abs. 3 Nr. 1]
§ 10 Abs. 3 Nr. 2	Beträge und Versicherungsprämien an solche Versicherungsunternehmen und Bausparkassen, die weder ihre Geschäftsleitung noch ihren Sitz im Inland haben, sind nur dann abzugsfähig, wenn diesen Unternehmen die Erlaubnis zum Geschäftsbetrieb im Inland erteilt ist. [§ 10 Abs. 2 Nr. 2 wurde § 10 Abs. 3 Nr. 2]
§ 10 Abs. 3 Nr. 3 Einführungssatz	Für die Sonderausgaben im Sinn des Absatz 1 Ziffer 2 bis 4 gilt das folgende:… [§ 10 Abs. 2 Nr. 3 wurde § 10 Abs. 3 Nr. 3]
§ 10 Abs. 3 Nr. 3 Buchst. a S. 1	*Sie können* bis zu einem *Betrag* von *800* Deutsche Mark *im Kalenderjahr* in voller Höhe *abgezogen werden.* [§ 10 Abs. 2 Nr. 3 Buchst. a S. 1 wurde § 10 Abs. 3 Nr. 3 Buchst. a S. 1]
§ 10 Abs. 3 Nr. 3 Buchst. a S. 2	Dieser Betrag erhöht sich um *800 Deutsche Mark im Kalenderjahr für die Ehefrau und um je 500 Deutsche Mark für jedes Kind* im Sinn des § 32 Abs. 4 Ziff. 4, für das dem Steuerpflichtigen Kinderermäßigung zusteht oder gewährt wird; [§ 10 Abs. 2 Nr. 3 Buchst. a S. 2 wurde § 10 Abs. 3 Nr. 3 Buchst. a S. 2]

§ 10 Abs. 3 Nr. 3 Buchst. b S. 1	bei Steuerpflichtigen, die mindestens vier Monate vor dem Ende des Veranlagungszeitraums das 50. Lebensjahr vollendet haben, *erhöhen sich die im Buchstaben a bezeichneten Beträge* von *je 800 Deutsche Mark auf je 1 600 Deutsche Mark und von je 500 Deutsche Mark auf je 1 000 Deutsche Mark, wenn in dem* Einkommen überwiegend Einkünfte aus selbständiger Arbeit oder aus nichtselbständiger Arbeit enthalten sind *oder wenn das steuerpflichtige Vermögen, das sich zu Beginn des Veranlagungszeitraumes auf Grund der letzten Vermögensteuerveranlagung des Steuerpflichtigen ergibt, 40 000 Deutsche Mark nicht übersteigt.* [§ 10 Abs. 2 Nr. 3 Buchst. c wurde § 10 Abs. 3 Nr. 3 Buchst. b S. 1]
§ 10 Abs. 3 Nr. 3 Buchst. b S. 2	*Das gilt nicht bei Steuerpflichtigen, die nach dem 31. Dezember 1957 das 50. Lebensjahr vollenden;* [angehängt]
§ 10 Abs. 3 Nr. 3 Buchst. c	übersteigen die Sonderausgaben im Sinn des Absatzes 1 *Ziffern 2 bis 4* die in den Buchstaben a und b bezeichneten Beträge, so kann der darüber hinausgehende Betrag zur Hälfte, höchstens jedoch bis zu 50 vom Hundert der in den Buchstaben a und b bezeichneten Beträge abgezogen werden. [§ 10 Abs. 2 Nr. 3 Buchst. b wurde § 10 Abs. 3 Nr. 3 Buchst. c]
§ 10c S. 1 Einführungssatz	*Für Sonderausgaben im Sinn der §§ 10 und 10b sind bei der Ermittlung des Einkommens die folgenden Pauschbeträge abzuziehen, wenn nicht höhere Sonderausgaben nachgewiesen werden:...* [bisheriger § 10c wurde ersetzt]
§ 10c S. 1 Nr. 1	*in den Fällen, in denen in dem Gesamtbetrag der Einkünfte Einnahmen aus nichtselbständiger Arbeit oder wiederkehrende Bezüge (§ 22 Ziff. 1) enthalten sind:* *ein Pauschbetrag von insgesamt 624 Deutsche Mark;* [bisheriger § 10c wurde ersetzt]
§ 10c S. 1 Nr. 2	*in anderen Fällen:* *ein Pauschbetrag von 200 Deutsche Mark.* [bisheriger § 10c wurde ersetzt]

EStG 1955 vom 21.12.1954 (BStBl. I 1954 S. 668) i.d.F. des ESt- und KStÄndG 1956 I vom 5.10.1956 (BStBl. I 1956 S. 433).

§ 10 Abs. 1 S. 1 Nr. 4 S. 1	nach Maßgabe einer Rechtsverordnung nach dem 1. Januar *1956 und vor dem 1. Januar 1959* geleistete Beiträge auf Grund von Kapitalansammlungsverträgen (allgemeine Sparverträge, Sparverträge mit festgelegten Sparraten und diesen Verträgen gleichzustellende Kapitalansammlungsverträge), wenn die angesammelten Beträge auf *drei* Jahre festgelegt werden.

§ 10 Abs. 1 S. 1 Nr. 4 S. 2	Bei Sparverträgen mit festgelegten Sparraten sind auch die nach dem 31. Dezember *1958* geleisteten Beiträge Sonderausgaben, wenn mindestens die erste Einzahlung vor dem 1. Januar *1958* geleistet worden ist; [Satz 2 entfiel; Satz 3 wurde Satz 2; die Verlängerung der Festlegungsfrist bei Überschreiten einer bestimmten Altersgrenze entfiel]
§ 10 Abs. 1 S. 2	*Voraussetzung für die Abzugsfähigkeit der in den Ziffern 2 bis 4 bezeichneten Aufwendungen ist, daß sie weder unmittelbar noch mittelbar in wirtschaftlichem Zusammenhang mit der Aufnahme eines Kredits stehen.* [angefügt]
§ 10 Abs. 1 S. 3	*Das gilt nicht, soweit die in den Ziffern 2 und 3 bezeichneten Beiträge nach Ablauf von fünf Jahren seit Vertragsabschluß in der beim Abschluß des Vertrages ursprünglich vereinbarten Höhe laufend und gleichbleibend geleistet werden.* [angefügt]
§ 10 Abs. 2 Nr. 1	bei Versicherungen (Absatz 1 Ziffer 2) gegen einmalige Beitragsleistung bei Beginn des Versicherungsvertrages (Einmalbeitrag), bei denen die volle oder teilweise Rückzahlung von geleisteten Beiträgen verlangt werden kann, wenn vor Ablauf von *fünf* Jahren seit Versicherungsabschluß die Versicherungssumme, außer im Schadensfall und in der Rentenversicherung auch bei Erbringung der vertragsmäßigen Rentenleistung, ganz oder zum Teil ausgezahlt oder die bezeichneten Einmalbeiträge ganz oder zum Teil zurückgezahlt oder Ansprüche aus dem Versicherungsvertrag ganz oder zum Teil abgetreten oder beliehen werden;
§ 10 Abs. 3 Nr. 3 Buchst. a S. 3	*Für die Veranlagungszeiträume 1956 bis 1958 tritt an die Stelle der in den Sätzen 1 und 2 bezeichneten Beträge von 800 Deutsche Mark jeweils der Betrag von 1 000 Deutsche Mark.* [angefügt]
§ 10 Abs. 3 Nr. 3 Buchst. b S. 2	Das gilt nicht bei Steuerpflichtigen, die nach dem 31. Dezember *1958* das 50. Lebensjahr vollenden.
§ 10 Abs. 3 Nr. 3 Buchst. b S. 3	*Für die Veranlagungszeiträume 1956 bis 1958 treten in Satz 1 an die Stelle des Betrages von 800 Deutsche Mark der Betrag von 1 000 Deutsche Mark, an die Stelle des Betrags von 1 600 Deutsche Mark der Betrag von 2 000 Deutsche Mark und an die Stelle des Betrags von 40 000 Deutsche Mark der Betrag von 60 000 Deutsche Mark.* [angefügt]

122

Das EStG 1955 vom 21.12.1954 (BStBl. I 1954 S. 668) i.d.F. des ESt- und KStÄndG 1956 II vom 19.12.1956 (BStBl. I 1957 S. 4).

§ 10 Abs. 1 Nr. 4 S. 1	nach Maßgabe einer Rechtsverordnung vor dem 1. Januar 1959 geleistete Beiträge auf Grund von Kapitalansammlungsverträgen (allgemeine Sparverträge, Sparverträge mit festgelegten Sparraten und *der Erwerb bestimmter neuausgegebener festverzinslicher Schuldverschreibungen, die auf Grund ihrer Ausgabebedingungen unter Berücksichtigung ihres volkswirtschaftlichen Zwecks als besonders förderungsbedürftige anerkannt sind),* wenn die angesammelten Beträge auf drei Jahre festgelegt werden. [Voraussetzung der Einzahlung nach dem 01.01.1958; entfiel]
§ 10 Abs. 2 Nr. 1	bei Versicherungen (Absatz 1 Ziffer 2) gegen einmalige Beitragsleistung bei Beginn des Versicherungsvertrages (Einmalbeitrag), bei denen die volle oder teilweise Rückzahlung von geleisteten Beiträgen verlangt werden kann, wenn vor Ablauf von *drei* Jahren seit Versicherungsabschluß die Versicherungssumme, außer im Schadensfall und in der Rentenversicherung auch bei Erbringung der vertragsmäßigen Rentenleistung, ganz oder zum Teil ausgezahlt oder die bezeichneten Einmalbeiträge ganz oder zum Teil zurückgezahlt oder Ansprüche aus dem Versicherungsvertrag ganz oder zum Teil abgetreten oder beliehen werden;
§ 10 Abs. 3 Nr. 3 Buchst. b S. 3	*Für die Veranlagungszeiträume 1956 bis 1958 gilt Satz 1 in folgender Fassung: Bei Steuerpflichtigen, die mindestens vier Monate vor dem Ende des Veranlagungszeitraumes das 50. Lebensjahr vollendet haben, erhöhen sich die im Buchstaben a bezeichneten Beträge von je 1 000 Deutsche Mark auf je 2 000 Deutsche Mark und von je 500 Deutsche Mark auf je 1 000 Deutsche Mark;* [befristete Erhöhung der Vermögensgrenze; entfiel]
§ 10 Abs. 3 Nr. 3 Buchst. c S. 2-5	[weitere Vergünstigungen bei Verwendung der Versicherungen zur Finanzierung des sozialen Wohnungsbaus und zur Kreditversorgung nichtbuchführungspflichtiger Landwirte; eingefügt]

EStG 1957 vom 13.11.1957 (BStBl. I 1957 S. 548) i.d.F. des Gesetzes zur Änderung steuerlicher Vorschriften auf dem Gebiet der Steuern vom Einkommen und Ertrag und des Verfahrensrechts vom 18.07.1958 (BStBl. I 1958 S. 412).

§ 10 Abs. 1 Nr. 2 Einführungssatz	Beiträge zu... [§ 10 Abs. 1 Nr. 2 wurde unterteilt in Buchst. a und b]

§ 10 Abs. 1 Nr. 2 Buchst. a	Kranken-, Unfall-, Haftpflichtversicherungen, den gesetzlichen Rentenversicherungen und der Arbeitslosenversicherung,
§ 10 Abs. 1 Nr. 2 Buchst. b	zu Versicherungen auf den Lebens- oder Todesfall *sowie* zu Witwen-, Waisen-, Versorgungs- und Sterbekassen, *wenn bei einmaliger Beitragsleistung zu Beginn des Vertrags (Einmalbeitrag) dieser für die Dauer von mindestens zehn Jahren oder bei laufender Beitragsleistung für die Dauer von mindestens fünf Jahren abgeschlossen worden ist;*
§ 10 Abs. 1 Nr. 4	[Begünstigung von Kapitalansammlungsverträgen; entfiel]
§ 10 Abs. 1 S. 2	Voraussetzung für die Abzugsfähigkeit der in den *Ziffern 2 und 3* bezeichneten Aufwendungen ist, daß sie weder unmittelbar noch mittelbar in wirtschaftlichem Zusammenhang mit der Aufnahme eines Kredits stehen.
§ 10 Abs. 2 Nr. 1	*bei Versicherungen gegen Einmalbeitrag (Absatz 1 Ziff. 2 Buchst. b),* bei denen die volle oder teilweise Rückzahlung von geleisteten Beiträgen verlangt werden kann, wenn vor Ablauf von *zehn* Jahren seit Versicherungsabschluß die Versicherungssumme, außer im Schadensfall und in der Rentenversicherung auch bei Erbringung der vertragsmäßigen Rentenleistung, ganz oder zum Teil ausgezahlt oder die bezeichneten Einmalbeiträge ganz oder zum Teil zurückgezahlt oder Ansprüche aus dem Versicherungsvertrag ganz oder zum Teil abgetreten oder beliehen werden;
§ 10 Abs. 2 Nr. 3	[Steuerbegünstigung von Kapitalansammlungsverträgen; entfiel]
§ 10 Abs. 3 Nr. 1	Unter Absatz 1 fallen auch Sonderausgaben für *den Ehegatten* und diejenigen Kinder des Steuerpflichtigen, die mit ihm zusammen veranlagt werden, oder für über 18 Jahre alte Kinder, für die dem Steuerpflichtigen Kinderermäßigung gewährt wird. [§ 10 Abs. 2 Nr. 1 wurde § 10 Abs. 3 Nr. 1]
§ 10 Abs. 3 Nr. 3 Einführungssatz	Für Sonderausgaben im Sinn des Absatzes 1 Ziff. *2 und 3* gilt das Folgende....
§ 10 Abs. 3 Nr. 3 Buchst. a S. 1	Sie können bis zu *1 100 Deutsche Mark, im Fall der Zusammenveranlagung von Ehegatten bis zu 2 200 Deutsche Mark* im Kalenderjahr in voller Höhe abgezogen werden.

§ 10 Abs. 3 Nr. 3 Buchst. a S. 2	*Für jedes Kind, für das nach § 32 Abs. 2 ein Kinderfreibetrag zusteht oder gewährt wird, erhöhen sich diese Beträge um je 500 Deutsche Mark;*
§ 10 Abs. 3 Nr. 3 Buchst. a S. 3	[Besondere Höchstbeträge für den Veranlagungszeitraum 1956-1958; entfiel]
§ 10 Abs. 3 Nr. 3 Buchst. b S. 1	*hat der Steuerpflichtige oder im Fall der Zusammenveranlagung einer der Ehegatten mindestens vier Monate vor dem Ende des Veranlagungszeitraums das 50. Lebensjahr vollendet, so erhöhen sich die im Buchstaben a bezeichneten Beträge auf das Doppelte.* [Voraussetzung des überwiegenden Bezugs von Einkünften aus nichtselbständiger Arbeit oder aus selbständiger Arbeit und der Einhaltung einer bestimmten Vermögensgrenze; entfiel]
§ 10 Abs. 3 Nr. 3 Buchst. b S. 2	Das gilt nicht bei Steuerpflichtigen, die nach dem 31. Dezember *1963* das 50. Lebensjahr vollenden.
§ 10 Abs. 3 Nr. 3 Buchst. b S. 3	[Besondere Höchstbeträge für den Veranlagungszeitraum 1956-1958; entfiel]
§ 10 Abs. 3 Nr. 3 Buchst. c S. 1	übersteigen die Sonderausgaben im Sinn des Absatzes 1 *Ziff. 2 und 3* die in den Buchstaben a und b bezeichneten Beträge, so kann der darüber hinausgehende Betrag zur Hälfte, höchstens jedoch bis zu 50 vom Hundert der in den Buchstaben a und b bezeichneten Beträge abgezogen werden;
§ 10 Abs. 3 Nr. 3 Buchst. c S. 2-5	[Vergünstigungen bei Verwendung der Versicherungen zur Finanzierung des sozialen Wohnungsbaus und zur Kreditversorgung nichtbuchführungspflichtiger Landwirte; entfiel]
§ 10 Abs. 3 Nr. 4	[Anteilige Anrechnung nach der Dauer des Bestehens der Steuerpflicht; entfiel]

§ 10c S. 1 Nr. 1	in den Fällen, in *denen in den Einkünften des Steuerpflichtigen* Einnahmen aus nichtselbständiger Arbeit oder wiederkehrende Bezüge (§ 22 Ziff. 1) enthalten sind: ein Pauschbetrag von insgesamt *636* Deutsche Mark;

§ 10c S. 2	*Bei Ehegatten, die nach §§ 26, 26b zusammen veranlagt werden, wird für jeden Ehegatten der für ihn in Betracht kommende Pauschbetrag mit der Maßgabe gewährt, daß der Pauschbetrag nach Ziffer 2 nicht doppelt oder neben dem Pauschbetrag nach Ziffer 1 abgezogen werden kann, wenn die Einkünfte der Ehegatten, die nicht Einkünfte aus nichtselbständiger Arbeit sind, insgesamt nicht 800 Deutsche Mark übersteigen.* [angefügt]

EStG 1960 vom 11.10.1960 (BStBl. I 1960 S. 630) i.d.F. des StÄndG 1961 vom 13.07.1961 (BStBl. I 1961 S. 444).

§ 10 Abs. 3 Nr. 3 Buchst. d	*vor Anwendung der Buchstaben a bis c können Sonderausgaben im Sinn des Absatzes 1 Ziff. 2 bis zu 500 Deutsche Mark, im Fall der Zusammenveranlagung von Ehegatten bis zu 1 000 Deutsche Mark im Kalenderjahr in voller Höhe abgezogen werden; diese Beträge vermindern sich, wenn in dem Gesamtbetrag der Einkünfte solche aus nichtselbständiger Arbeit enthalten sind, um den vom Arbeitgeber geleisteten gesetzlichen Beitrag zur gesetzlichen Rentenversicherung.* [angefügt]

EStG 1961 vom 15.08.1961 (BStBl. I 1961 S. 509) i.d.F. des EStÄndG 1963 vom 25.11.1963 (BStBl. I 1963 S. 798).

§ 10 Abs. 3 Nr. 3 Buchst. b S. 2	Das gilt nicht bei Steuerpflichtigen, die nach dem 31. Dezember *1964* das 50. Lebensjahr vollenden.

Das EStG 1961 vom 15.08.1961 (BStBl. I 1961 S. 509) i.d.F. des StÄndG 1964 vom 16.11.1964 (BStBl. I 1964 S. 553).

§ 10 Abs. 3 Nr. 1	[Sonderausgaben für den Ehegatten und die Kinder; entfiel]

§ 10 Abs. 3 Nr. 1	Beiträge und Versicherungsprämien an solche Versicherungsunternehmen und Bausparkassen, die weder ihre Geschäftsleitung noch ihren Sitz im Inland haben, sind nur dann abzugsfähig, wenn diesen Unternehmen die Erlaubnis zum Geschäftsbetrieb im Inland erteilt ist. [§ 10 Abs. 3 Nr. 2 wurde § 10 Abs. 3 Nr. 1]

126

§ 10 Abs. 3 Nr. 2 Einführungssatz	Für Sonderausgaben im Sinn des Absatzes 1 Ziff. 2 und 3 gilt das Folgende:... [§ 10 Abs. 3 Nr. 3 wurde § 10 Abs. 3 Nr. 2]
§ 10 Abs. 3 Nr. 2 Buchst. a S. 1	Sie können bis zu 1 100 Deutsche Mark, im Fall der Zusammenveranlagung von Ehegatten bis zu 2 200 Deutsche Mark im Kalenderjahr in voller Höhe abgezogen werden. [§ 10 Abs. 3 Nr. 3 Buchst. a S. 1 wurde § 10 Abs. 3 Nr. 2 Buchst. a S. 1]
§ 10 Abs. 3 Nr. 2 Buchst. a S. 2	Für jedes Kind, für das nach § 32 Abs. 2 ein Kinderfreibetrag zusteht oder gewährt wird, erhöhen sich diese Beträge um je 500 Deutsche Mark. [§ 10 Abs. 3 Nr. 3 Buchst. a S. 2 wurde § 10 Abs. 3 Nr. 2 Buchst. a S. 2]
§ 10 Abs. 3 Nr. 2 Buchst. b S. 1	hat der Steuerpflichtige oder im Fall der Zusammenveranlagung einer der Ehegatten mindestens vier Monate vor dem Ende des Veranlagungszeitraums das 50. Lebensjahr vollendet, so erhöhen sich die im Buchstaben a bezeichneten Beträge auf das Doppelte. [§ 10 Abs. 3 Nr. 3 Buchst. b S. 1 wurde § 10 Abs. 3 Nr. 2 Buchst. b S. 1]
§ 10 Abs. 3 Nr. 2 Buchst. c	übersteigen die Sonderausgaben im Sinn des Absatzes 1 Ziff. 2 und 3 die in den Buchstaben a und b bezeichneten Beträge, so kann der darüber hinausgehende Betrag zur Hälfte, höchstens jedoch bis zu 50 vom Hundert der in den Buchstaben a und b bezeichneten Beträge abgezogen werden; [§ 10 Abs. 3 Nr. 3 Buchst. c wurde § 10 Abs. 3 Nr. 2 Buchst. c]
§ 10 Abs. 3 Nr. 2 Buchst. d	vor Anwendung der Buchstaben a bis c können Sonderausgaben im Sinn des Absatzes 1 Ziff. 2 bis zu *1 000* Deutsche Mark, im Fall der Zusammenveranlagung von Ehegatten bis zu *2 000* Deutsche Mark im Kalenderjahr in voller Höhe abgezogen werden; diese Beträge vermindern sich, wenn in dem Gesamtbetrag der Einkünfte solche aus nichtselbständiger Arbeit enthalten sind, um den vom Arbeitgeber geleisteten gesetzlichen Beitrag zur gesetzlichen Rentenversicherung. [§ 10 Abs. 3 Nr. 3 Buchst. d wurde § 10 Abs. 3 Nr. 2 Buchst. d]
§ 10 Abs. 3 Nr. 3 Buchst. b S. 2	[Zeitliche Begrenzung der Verdoppelung der Höchstbeträge für ältere Steuerpflichtige; entfiel]
§ 10c S. 1 Nr. 1	in den Fällen, in denen in den Einkünften des Steuerpflichtigen Einnahmen aus *nichtselbständiger Arbeit* enthalten sind: ein Pauschbetrag von *936* Deutsche Mark; [§ 10c S. 1 Nr. 1 wurde unterteilt in § 10c S. 1 Nr. 1 und Nr. 2]

§ 10c S. 1 Nr. 2	*in den Fällen, in denen in den Einkünften des Steuerpflichtigen wiederkehrende Bezüge (§ 22 Ziff. 1), jedoch keine Einnahmen aus nichtselbständiger Arbeit enthalten sind:* *ein Pauschbetrag von 636 Deutsche Mark;* [§ 10c S. 1 Nr. 1 wurde zum Teil § 10c S. 1 Nr. 2]
§ 10c S. 1 Nr. 3	*in anderen Fällen:* *ein Pauschbetrag von 200 Deutsche Mark.* [§ 10c S. 1 Nr. 2 wurde § 10c S. 1 Nr. 3]
§ 10c S. 2	Bei Ehegatten, die nach §§ 26, 26 b zusammen veranlagt werden, wird für jeden Ehegatten der für ihn in Betracht kommende Pauschbetrag mit der Maßgabe gewährt, daß der Pauschbetrag nach *Ziffer 3* nicht doppelt oder neben *den Pauschbeträgen nach den Ziffern 1 oder 2* abgezogen werden kann, wenn die Einkünfte der Ehegatten, die nicht Einkünfte aus nichtselbständiger Arbeit sind, insgesamt nicht 800 Deutsche Mark übersteigen.

Das EStG 1961 vom 15.08.1961 (BStBl. I 1961 S. 509) i.d.F. des StÄndG 1965 vom 14.05.1965 (BStBl. I 1965 S. 217).

§ 10 Abs. 1 Nr. 2 Buchst. b	Versicherungen auf den Lebens- oder Todesfall sowie zu Witwen-, Waisen-, Versorgungs- und Sterbekassen, wenn bei einmaliger Beitragsleistung zu Beginn des Vertrags (Einmalbeitrag) dieser für die Dauer von mindestens zehn Jahren oder bei laufender Beitragsleistung für die Dauer von mindestens *sieben* Jahren abgeschlossen worden ist, *Lebensrisikoversicherungen, die nur für den Todesfall eine Leistung vorsehen, ohne Rücksicht auf die Vertragsdauer;*

EStG 1965 vom 10.12.1965 (BStBl. I 1965 S. 686) i.d.F. des StÄndG 1966 vom 23.12.1966 (BStBl. I 1967 S. 2).

§ 10 Abs. 1 Nr. 2 Buchst. b S. 1	*zu* Versicherungen auf den *Erlebens-* oder Todesfall sowie zu Witwen-, Waisen-, Versorgungs- und Sterbekassen, wenn *der Vertrag für die Dauer von mindestens 12 Jahren abgeschlossen worden ist. Hat der Steuerpflichtige zur Zeit des Vertragsabschlusses das 48. Lebensjahr vollendet, so verkürzt sich bei laufender Beitragsleistung die Mindestvertragsdauer von 12 Jahren um die Zahl der angefangenen Lebensjahre, um die er älter als 48 Jahre ist, höchstens jedoch auf sieben Jahre.*
§ 10 Abs. 1 Nr. 2 Buchst. b S. 2	*Beiträge zu* Lebensrisikoversicherungen, die nur für den Todesfall eine Leistung vorsehen, *können* ohne Rücksicht auf die Vertragsdauer *abgezogen werden;* [§ 10 Abs. 1 Nr. 2 Buchst. b S. 1 2. HS wurde § 10 Abs. 1 Nr. 2 Buchst. b S. 2]

§ 10 Abs. 2 Nr. 1	bei Versicherungen gegen Einmalbeitrag (Absatz 1 Ziff. 2 Buchst. b), bei denen die volle oder teilweise Rückzahlung von geleisteten Beiträgen verlangt werden kann, wenn vor Ablauf von *zwölf* Jahren seit Versicherungsabschluß die Versicherungssumme, außer im Schadensfall und in der Rentenversicherung auch bei Erbringung der vertragsmäßigen Rentenleistung, ganz oder zum Teil ausgezahlt oder die bezeichneten Einmalbeiträge ganz oder zum Teil zurückgezahlt oder Ansprüche aus dem Versicherungsvertrag ganz oder zum Teil abgetreten oder beliehen werden;

EStG 1967 vom 27.02.1968 (BStBl. I 1968 S. 424) i.d.F. des StÄndG 1968 vom 20.02.1969 (BStBl. I 1969 S. 116).

§ 10 Abs. 3 Nr. 2 Buchst. b	hat der Steuerpflichtige oder im Fall der Zusammenveranlagung einer der Ehegatten mindestens vier Monate vor dem *Beginn* des Veranlagungszeitraums das *49.* Lebensjahr vollendet, so erhöhen sich die im Buchstaben a bezeichneten Beträge auf das Doppelte. [§ 10 Abs. 3 Nr. 3 Buchst. b wurde § 10 Abs. 3 Nr. 2 Buchst. b]

EStG 1969 vom 12.12.1969 (BStBl. I 1969 S. 832) i.d.F. des 2. KVÄG vom 21.12.1970 (BStBl. I 1971 S. 114).

§ 10 Abs. 1 S. 3	*Die in der Ziffer 2 bezeichneten Aufwendungen sind nicht abzugsfähig, soweit sie mit steuerfreien Einnahmen im Sinn des § 3 Ziff. 62 in unmittelbarem wirtschaftlichen Zusammenhang stehen.* [angefügt]
§ 10 Abs. 3 Nr. 2 Buchst. d	vor Anwendung der Buchstaben a bis c können Sonderausgaben im Sinn des Absatzes 1 Ziff. 2 bis zu 1 000 Deutsche Mark, im Fall der Zusammenveranlagung von Ehegatten bis zu 2 000 Deutsche Mark im Kalenderjahr in voller Höhe abgezogen werden; diese Beträge vermindern sich, wenn in dem Gesamtbetrag der Einkünfte solche aus nichtselbständiger Arbeit enthalten sind, um den vom Arbeitgeber geleisteten gesetzlichen Beitrag zur gesetzlichen Rentenversicherung *sowie um steuerfreie Zuschüsse des Arbeitgebers im Sinne des § 3 Ziff. 62 Satz 2 und 3.*

EStG 1974 vom 15.08.1974 (BStBl. I 1974 S. 578) i.d.F. des EStRG vom 05.08.1974 (BStBl. I 1974 S. 530).

§ 10 Abs. 1 Nr. 2 Buchst. a	*Beiträge zu* Kranken-, Unfall-, Haftpflichtversicherungen, zu den gesetzlichen Rentenversicherungen und *an die Bundesanstalt für Arbeit*;
§ 10 Abs. 1 Nr. 2 Buchst. b Einführungssatz	*Beiträge zu den folgenden Versicherungen auf den Erlebens- oder Todesfall:...*

§ 10 Abs. 1 Nr. 2 Buchst. b S. 1 Dop- pelbuchst. aa	*Risikoversicherungen, die nur für den Todesfall eine Leistung vorsehen,* [eingefügt]
§ 10 Abs. 1 Nr. 2 Buchst. b S. 1 Dop- pelbuchst. bb	*Rentenversicherungen ohne Kapitalwahlrecht,* [eingefügt]
§ 10 Abs. 1 Nr. 2 Buchst. b S. 1 Dop- pelbuchst. cc	*Rentenversicherungen mit Kapitalwahlrecht gegen laufende Beitragslei- stung, wenn das Kapitalwahlrecht nicht vor Ablauf von zwölf Jahren seit Vertragsschluß ausgeübt werden kann,* [eingefügt]
§ 10 Abs. 1 Nr. 2 Buchst. b S. 1 Dop- pelbuchst. dd	*Kapitalversicherungen gegen laufende Beitragsleistung mit Sparanteil, wenn der Vertrag für die Dauer von mindestens zwölf Jahren abgeschlos- sen worden ist.* [eingefügt]
§ 10 Abs. 1 Nr. 2 Buchst. b S. 2	*Fondsgebundene Lebensversicherungen sind ausgeschlossen;* [eingefügt]
§ 10 Abs. 1 S. 2-3	[inhaltlich aufgegangen in § 10 Abs. 2 S. 1 Nr. 1 und 2]
§ 10 Abs. 2 S. 1 Einfüh- rungssatz	Voraussetzung für *den Abzug* der in *Absatz 1 Ziff. 2 und 3* bezeichneten *Beiträge (Vorsorgeaufwendungen)* ist, daß sie... [eingefügt]

§ 10 Abs. 2 S. 1 Nr. 1	weder unmittelbar noch mittelbar *im wirtschaftlichen* Zusammenhang mit der Aufnahme eines Kredits stehen, [§ 10 Abs. 1 S. 2 wurde § 10 Abs. 1 S. 1 Nr. 1; die Ausnahme des § 10 Abs. 1 S. 3 entfiel]
§ 10 Abs. 2 S. 1 Nr. 2	*nicht im unmittelbaren wirtschaftlichen Zusammenhang mit steuerfreien Einnahmen stehen und* [§ 10 Abs. 1 S. 3 wurde § 10 Abs. 2 S. 1 Nr. 2]
§ 10 Abs. 2 S. 1 Nr. 3	*an* Versicherungsunternehmen *oder* Bausparkassen, *die* ihren Sitz *oder* ihre Geschäftsleitung im Inland haben *oder denen* die Erlaubnis zum Geschäftsbetrieb im Inland erteilt ist, *oder an einen Sozialversicherungsträger geleistet werden.* [§ 10 Abs. 3 Nr. 1 wurde § 10 Abs. 2 S. 1 Nr. 3]
§ 10 Abs. 3	*Vorsorgeaufwendungen (Absatz 1 Ziff. 2 und 3) können je Kalenderjahr bis zu den folgenden Höchstbeträgen abgezogen werden:* [bisheriger § 10 Abs. 3 wurde ersetzt]
§ 10 Abs. 3 Nr. 1 S. 1	*Beiträge im Sinne des Absatzes 1 Ziff. 2 und 3 zusammen bis zu 1 800 Deutsche Mark,* im Fall der Zusammenveranlagung von Ehegatten bis zu *3 600* Deutsche Mark. [§ 10 Abs. 3 Nr. 2 Buchst. a S. 1 wurde § 10 Abs. 3 Nr. 1 S. 1]
§ 10 Abs. 3 Nr. 1 S. 2	*Diese Beträge erhöhen sich für jedes Kind des Steuerpflichtigen (§ 32 Abs. 4 bis 7) um 600 Deutsche Mark;* [§ 10 Abs. 3 Nr. 2 Buchst. a S. wurde § 10 Abs. 3 Nr. 1 S. 2]
§ 10 Abs. 3 Nr. 2 Buchst. b	[Verdoppelung des Grundhöchstbetrags und der Erhöhungsbeträge für den Ehegatten und die Kinder für ältere Steuerpflichtige; entfiel durch die vollständige Ersetzung des § 10 Abs. 3]
§ 10 Abs. 3 Nr. 2 S. 1	*Beiträge im Sinne des Absatzes 1 Ziff. 2 zusätzlich bis zu 1 500 Deutsche Mark,* *im Fall der Zusammenveranlagung von Ehegatten bis zu 3 000 Deutsche Mark.* [§ 10 Abs. 3 Nr. 2 Buchst. d 1. HS wurde § 10 Abs. 3 Nr. 2 S. 1]
§ 10 Abs. 3 Nr. 2 S. 2	*Diese Beträge vermindern sich bei Arbeitnehmern* um den vom Arbeitgeber geleisteten gesetzlichen Beitrag zur gesetzlichen Rentenversicherung sowie um steuerfreie Zuschüsse des Arbeitgebers im Sinne des § 3 Ziff. 62 Satz 2 und 3; [§ 10 Abs. 3 Nr. 2 Buchst. d 2. HS wurde § 10 Abs. 3 Nr. 2 S. 2]
§ 10 Abs. 3 Nr. 3	*Beiträge im Sinne des Absatzes 1 Ziff. 2 und 3, die die nach den Ziffern 1 und 2 abziehbaren Beträge übersteigen,* zur Hälfte, *höchstens bis zu 50 vom Hundert des Höchstbetrags nach Ziffer 1.* [§ 10 Abs. 3 Nr. 2 Buchst. c wurde § 10 Abs. 3 Nr. 3]

§ 10 Abs. 6 Einführungssatz	Nach Maßgabe einer Rechtsverordnung ist eine Nachversteuerung durchzuführen... [§ 10 Abs. 2 wurde § 10 Abs. 6]
§ 10 Abs. 6 Nr. 1	bei *Rentenversicherungen* gegen Einmalbeitrag (Absatz 1 Ziff. 2 Buchstabe b *Doppelbuchstabe bb*), wenn vor Ablauf von zwölf Jahren seit Versicherungsabschluß, außer im Schadensfall *oder* bei Erbringung der vertragsmäßigen Rentenleistung, Einmalbeiträge ganz oder zum Teil zurückgezahlt oder Ansprüche aus dem Versicherungsvertrag ganz oder zum Teil abgetreten oder beliehen werden; [§ 10 Abs. 2 Nr. 1 wurde § 10 Abs. 6 Nr. 1; Anwendung wurde auf Rentenversicherungen eingeschränkt]
§ 10c	[wurde vollständig ersetzt]
§ 10c Abs. 2	*Für Vorsorgeaufwendungen (§ 10 Abs. 1 Ziff. 2 und 3) wird ein Pauschbetrag von 300 Deutsche Mark abgezogen (Vorsorge-Pauschbetrag), wenn der Steuerpflichtige nicht höhere Aufwendungen nachweist.*
§ 10c Abs. 3 S. 1	*Hat der Steuerpflichtige Arbeitslohn bezogen, tritt an die Stelle des Vorsorge-Pauschbetrags nach Absatz 2 eine Vorsorgepauschale.*
§ 10c Abs. 3 S. 2 Einführungssatz	*Die Vorsorgepauschale beträgt...*
§ 10c Abs. 3 S. 2 Nr. 1	*acht vom Hundert des Arbeitslohns, höchstens 1 800 Deutsche Mark zuzüglich 600 Deutsche Mark für jedes Kind (§ 32 Abs. 4 bis 7), zuzüglich*
§ 10c Abs. 3 S. 2 Nr. 2	*acht vom Hundert des Arbeitslohns, höchstens 900 Deutsche Mark zuzüglich 300 Deutsche Mark für jedes Kind (§ 32 Abs. 4 bis 7),*
§ 10c Abs. 3 S. 2 am Ende	*...mindestens 300 Deutsche Mark.*
§ 10c Abs. 3 S. 3	*Die Vorsorgepauschale ist auf den nächsten durch 30 ohne Rest teilbaren vollen Deutsche-Mark-Betrag abzurunden, wenn sie nicht bereits durch 30 ohne Rest teilbar ist.*
§ 10c Abs. 3 S. 4	*Arbeitslohn im Sinne dieser Vorschrift ist der um die Freibeträge nach § 19 Abs. 2 und 3 und den Altersentlastungsbetrag (§ 24a) verminderte Arbeitslohn, höchstens der Jahresbetrag der maßgebenden Beitragsbemessungsgrenze in der gesetzlichen Rentenversicherung der Angestellten.*

§ 10c Abs. 4 S. 1 Einführ- rungssatz	*Im Fall der Zusammenveranlagung von Ehegatten zur Einkommensteuer gilt folgendes:...*
§ 10c Abs. 4 S. 1 Nr. 1	*der Betrag von 240 Deutsche Mark des Absatzes 1, der Betrag von 300 Deutsche Mark des Absatzes 2 und die Beträge von 1 800 Deutsche Mark, 900 Deutsche Mark sowie der Mindestbetrag von 300 Deutsche Mark des Absatzes 3 sind zu verdoppeln;*
§ 10c Abs. 4 S. 1 Nr. 2	*Absatz 3 ist an Stelle des Absatzes 2 anzuwenden, wenn mindestens einer der Ehegatten Arbeitslohn bezogen hat;*
§ 10c Abs. 4 S. 1 Nr. 3	*Absatz 3 Satz 4 ist auf den Arbeitslohn jedes Ehegatten gesondert anzu-wenden.*
§ 10c Abs. 4 S. 2	*Bei Steuerpflichtigen, bei denen die tarifliche Einkommensteuer nach § 32a Abs. 6 zu ermitteln ist, sind der Betrag von 240 Deutsche Mark des Absatzes 1 und die Beträge von 1 800 Deutsche Mark, 900 Deutsche Mark sowie der Mindestbetrag von 300 Deutsche Mark des Absatzes 3 zu ver-doppeln.*

EStG 1975 vom 05.09.1974 (BStBl. I 1974 S. 733) i.d.F. des StÄndG 1977 vom 16.08.1977 (BStBl. I 1977 S. 442).

§ 10 Abs. 3 Nr. 1 S. 1	Beiträge im Sinne des Absatzes 1 Ziff. 2 und 3 zusammen bis zu *2 100* Deutsche Mark, im Fall der Zusammenveranlagung von Ehegatten bis zu *4 200* Deutsche Mark.
§ 10 Abs. 3 Nr. 2 S. 2 Einführ- rungssatz	Diese Beträge vermindern sich...
§ 10 Abs. 3 Nr. 2 S. 2 Buchst. a	bei Arbeitnehmern um den vom Arbeitgeber geleisteten gesetzlichen Bei-trag zur gesetzlichen Rentenversicherung sowie um steuerfreie Zuschüsse des Arbeitgebers im Sinne des § 3 Ziff. 62 Satz 2 und 3, [§ 10 Abs. 3 S. 1 Nr. 2 Satz 2 wurde § 10 Abs. 3 S. 1 Nr. 2 S. 2 Buchst. a]
§ 10 Abs. 3 Nr. 2 S. 2 Buchst. b Einführ- rungssatz	*bei Steuerpflichtigen, die während des ganzen Kalenderjahrs...*

§ 10 Abs. 3 Nr. 2 S. 2 Buchst. b Doppel- buchst. aa	*in der gesetzlichen Rentenversicherung versicherungsfrei oder auf Antrag des Arbeitgebers von der Versicherungspflicht befreit waren und denen für den Fall ihres Ausscheidens aus der Beschäftigung auf Grund des Beschäftigungsverhältnisses eine lebenslängliche Versorgung oder an deren Stelle eine Abfindung zusteht oder die in der gesetzlichen Rentenversicherung nachzuversichern sind,* [angefügt]
§ 10 Abs. 3 Nr. 2 S. 2 Buchst. b Doppel- buchst. bb	*nicht der gesetzlichen Rentenversicherungspflicht unterliegen, eine Berufstätigkeit ausgeübt und im Zusammenhang damit auf Grund vertraglicher Vereinbarungen Anwartschaftsrechte auf eine Altersversorgung ganz oder teilweise ohne eigene Beitragsleistung erworben haben,* [angefügt]
§ 10 Abs. 3 Nr. 2 S. 2 am Ende	*...um 9 vom Hundert der Einnahmen aus der Beschäftigung oder Tätigkeit, höchstens des Jahresbetrags der Beitragsbemessungsgrenze in der gesetzlichen Rentenversicherung der Angestellten.* [angefügt]
§ 10c Abs. 3 S. 2 Nr. 1	*neun* vom Hundert des Arbeitslohns, höchstens *2 100* Deutsche Mark zuzüglich 600 Deutsche Mark für jedes Kind (§ 32 Abs. 4 bis 7), zuzüglich
§ 10c Abs. 3 S. 2 Nr. 2	*neun* vom Hundert des Arbeitslohns, höchstens *1 050* Deutsche Mark zuzüglich 300 Deutsche Mark für jedes Kind (§ 32 Abs. 4 bis 7),
§ 10c Abs. 4 S. 1 Nr. 1	der Betrag von 240 Deutsche Mark des Absatzes 1, der Betrag von 300 Deutsche Mark des Absatzes 2 und die Beträge von *2 100* Deutsche Mark, *1 050* Deutsche Mark sowie der Mindestbetrag von 300 Deutsche Mark des Absatzes 3 sind zu verdoppeln;
§ 10c Abs. 4 S. 2	Bei Steuerpflichtigen, bei denen die tarifliche Einkommensteuer nach § 32a Abs. 6 zu ermitteln ist, sind der Betrag von 240 Deutsche Mark des Absatzes 1 und die Beträge von *2 100* Deutsche Mark, *1 050* Deutsche Mark sowie der Mindestbetrag von 300 Deutsche Mark des Absatzes 3 zu verdoppeln.
§ 10c Abs. 5	*Im Fall der getrennten Veranlagung von Ehegatten zur Einkommensteuer sind die Beträge von 600 und 300 Deutsche Mark des Absatzes 3 Ziff. 1 und 2 zu halbieren.* [angefügt]

EStG 1977 vom 05.12.1977 (BStBl. I 1977 S. 624) i.d.F. des StÄndG 1979 vom 30.11.1978 (BStBl. I 1978 S. 479).

§ 10 Abs. 1 Einfüh- rungssatz	Sonderausgaben sind die folgenden Aufwendungen, wenn sie weder Betriebsausgaben noch Werbungskosten sind:... [Hinweis auf den Abzug vom Gesamtbetrag der Einkünfte; entfiel]

134

§ 10 Abs. 3 Nr. 1 S. 2 Einführungssatz	Diese Beträge erhöhen sich…
§ 10 Abs. 3 Nr. 1 S. 2 Buchst. a	für jedes Kind des Steuerpflichtigen *im Sinne des* § 32 Abs. 4 bis 7 um 600 Deutsche Mark; [§ 10 Abs. 3 S. 1 Nr. 1 S. 2 wurde § 10 Abs. 3 S. 1 Nr. 1 S. 2 Buchst. a]
§ 10 Abs. 3 Nr. 1 S. 2 Buchst. b	*für jedes Kind des Steuerpflichtigen im Sinne des § 32 Abs. 4 Satz 1, Abs. 5 bis 7, das nach § 32 Abs. 4 Satz 2 und 3 dem anderen Elternteil zugeordnet wird und demgegenüber der Steuerpflichtige seiner Unterhaltsverpflichtung für den Veranlagungszeitraum nachkommt, um 300 Deutsche Mark.* [angefügt]
§ 10 Abs. 3 Nr. 2 S. 1	Beiträge im Sinne des Absatzes 1 Nr. 2 zusätzlich bis zu *2 500* Deutsche Mark, im Fall der Zusammenveranlagung von Ehegatten bis zu *5 000* Deutsche Mark.
§ 10 Abs. 3 Nr. 2 S. 2 Buchst. b Doppelbuchst. bb S. 2	*Als eigene Beitragsleistung gilt auch die Minderung eines etwaigen Ausgleichsanspruch nach § 89 b des Handelsgesetzbuchs durch einen Versorgungsanspruch und die Anrechnung eines etwaigen Ausgleichsanspruchs nach § 89 b des Handelsgesetzbuchs auf einen Versorgungsanspruch,* [angefügt]
§ 10c Abs. 4	*Für jedes Kind des Steuerpflichtigen im Sinne des § 32 Abs. 4 Satz 1, Abs. 5 bis 7, das nach § 32 Abs. 4 Satz 2 und 3 dem anderen Elternteil zugeordnet wird und demgegenüber der Steuerpflichtige seiner Unterhaltsverpflichtung für den Veranlagungszeitraum nachkommt, sind bei der Berechnung der Vorsorgepauschale die Beträge von 600 und 300 Deutsche Mark des Absatzes 3 Nr. 1 und 2 zur Hälfte anzusetzen.* [eingefügt]
§ 10c Abs. 5 S. 1 Einführungssatz	Im Fall der Zusammenveranlagung von Ehegatten zur Einkommensteuer gilt folgendes:… [§ 10c Abs. 4 S. 1 wurde § 10c Abs. 5 S. 1]
§ 10c Abs. 5 S. 1 Nr. 1	der Betrag von 240 Deutsche Mark des Absatzes 1, der Betrag von 300 Deutsche Mark des Absatzes 2 und die Beträge von 2 100 Deutsche Mark, 1 050 Deutsche Mark sowie der Mindestbetrag von 300 Deutsche Mark des Absatzes 3 sind zu verdoppeln; [§ 10c Abs. 4 S. 1 Nr. 1 wurde § 10c Abs. 5 S. 1 Nr. 1]

§ 10c Abs. 5 S. 1 Nr. 2	Absatz 3 ist an Stelle des Absatzes 2 anzuwenden, wenn mindestens einer der Ehegatten Arbeitslohn bezogen hat; [§ 10c Abs. 4 S. 1 Nr. 2 wurde § 10c Abs. 5 S. 1 Nr. 2]
§ 10c Abs. 5 S. 1 Nr. 3	Absatz 3 Satz 4 ist auf den Arbeitslohn jedes Ehegatten gesondert anzuwenden. [§ 10c Abs. 4 S. 1 Nr. 3 wurde § 10c Abs. 5 S. 1 Nr. 3]
§ 10c Abs. 5 S. 2	Bei Steuerpflichtigen, bei denen die tarifliche Einkommensteuer nach § 32a Abs. 6 zu ermitteln ist, sind der Betrag von 240 Deutsche Mark des Absatzes 1 und die Beträge von 2 100 Deutsche Mark, 1 050 Deutsche Mark sowie der Mindestbetrag von 300 Deutsche Mark des Absatzes 3 zu verdoppeln. [§ 10c Abs. 4 S. 2 wurde § 10c Abs. 5 S. 2]
§ 10c Abs. 6	Im Fall der getrennten Veranlagung von Ehegatten zur Einkommensteuer sind die Beträge von 600 und 300 Deutsche Mark des Absatzes 3 Ziff. 1 und 2 zu halbieren. [§ 10c Abs. 5 wurde § 10c Abs. 6]

EStG 1979 vom 21.06.1979 (BStBl. I 1979 S. 379) i.d.F. des StEntlG 1981 vom 16.08.1980 (BStBl. I 1980 S. 534).

§ 10 Abs. 3 Nr. 1 S. 1	Beiträge im Sinne des Absatzes 1 Nr. 2 und 3 zusammen bis zu *2 340* Deutsche Mark, im Fall der Zusammenveranlagung von Ehegatten bis zu *4 680* Deutsche Mark.
§ 10 Abs. 3 Nr. 2 S. 1	Beiträge im Sinne des Absatzes 1 Nr. 2 zusätzlich bis zu *3 000* Deutsche Mark, im Fall der Zusammenveranlagung von Ehegatten bis zu *6 000* Deutsche Mark.
§ 10c Abs. 3 S. 2 Nr. 1	neun vom Hundert des Arbeitslohns, höchstens *2 340* Deutsche Mark zuzüglich 600 Deutsche Mark für jedes Kind (§ 32 Abs. 4 bis 7), zuzüglich
§ 10c Abs. 3 S. 2 Nr. 2	neun vom Hundert des Arbeitslohns, höchstens *1 170* Deutsche Mark zuzüglich 300 Deutsche Mark für jedes Kind (§ 32 Abs. 4 bis 7),
§ 10c Abs. 3 S. 3	Die Vorsorgepauschale ist auf den nächsten durch *54* ohne Rest teilbaren vollen Deutsche-Mark-Betrag abzurunden, wenn sie nicht bereits durch *54* ohne Rest teilbar ist.
§ 10c Abs. 5 S. 1 Nr. 1	Der Betrag von *270* Deutsche Mark des Absatzes 1, der Betrag von 300 Deutsche Mark des Absatzes 2 und die Beträge von *2 340* Deutsche Mark, *1 170* Deutsche Mark sowie der Mindestbetrag von 300 Deutsche Mark des Absatzes 3 sind zu verdoppeln;
§ 10c Abs. 5 S. 2	*Nummer 1 gilt mit Ausnahme der Verdoppelung des Betrags von 300 Deutsche Mark des Absatzes 2 auch, wenn die tarifliche Einkommensteuer nach § 32a Abs. 6 zu ermitteln ist.*

Das EStG 1979 vom 21.06.1979 (BStBl. I 1979 S. 379) i.d.F. des Gesetzes zur Änderung und Vereinfachung des Einkommensteuergesetzes und anderer Gesetze vom 18.08.1980 (BStBl. I 1980 S. 581).

§ 10 Abs. 2 Nr. 1	- *wenn es sich um Versicherungsbeiträge mit Sparanteil oder Bausparbeiträge handelt* - weder unmittelbar noch mittelbar *in* wirtschaftlichen Zusammenhang mit der Aufnahme eines Kredits stehen.

EStG 1979 vom 21.06.1979 (BStBl. I 1979 S. 379) i.d.F. des SubvAbG vom 26.06.1981 (BStBl. I 1981 S. 523).

§ 10 Abs. 2 Nr. 4	*nicht vermögenswirksame Leistungen darstellen, für die eine Arbeitnehmer-Sparzulage nach § 12 Abs. 1 des Dritten Vermögensbildungsgesetzes gewährt wird.* [angefügt]

EStG 1981 vom 06.12.1981 (BStBl. I 1981 S. 666) i.d.F. des Haushaltsbegleitgesetzes 1983 vom 20.12.1982 (BStBl. I 1982 S. 972).

§ 10c Abs. 3 S. 3	*Bei den in Absatz 7 genannten Arbeitnehmern tritt an die Stelle der Beträge von 2 340 Deutsche Mark und 1 170 Deutsche Mark jeweils der Betrag von 1 000 Deutsche Mark.* [eingefügt]
§ 10c Abs. 3 S. 4	Die Vorsorgepauschale ist auf den nächsten durch 54 ohne Rest teilbaren vollen Deutsche-Mark-Betrag abzurunden, wenn sie nicht bereits durch 54 ohne Rest teilbar ist. [§ 10c Abs. 3 S. 3 wurde § 10c Abs. 3 S. 4]
§ 10c Abs. 3 S. 5	Arbeitslohn im Sinne dieser Vorschrift ist der um die Freibeträge nach § 19 Abs. 2 und 3 und den Altersentlastungsbetrag (§ 24a) verminderte Arbeitslohn, höchstens der Jahresbetrag der maßgebenden Bemessungsgrenze in der gesetzlichen Rentenversicherung der Angestellten. [§ 10c Abs. 3 S. 4 wurde § 10c Abs. 3 S. 5]
§ 10c Abs. 4	Für jedes Kind des Steuerpflichtigen im Sinne des § 32 Abs. 4 Satz 1, Abs. 5 bis 7, das nach § 32 Abs. 4 Sätze 2 und 3 dem anderen Elternteil zugeordnet wird und demgegenüber der Steuerpflichtige seiner Unterhaltsverpflichtung für den Veranlagungszeitraum nachkommt, sind bei der Berechnung der Vorsorgepauschale die Beträge von 600 und 300 Deutsche Mark des Absatzes 3 Nr. 1 und 2 *und des Absatzes 8 Nr. 2* zur Hälfte anzusetzen.
§ 10c Abs. 5 S. 1 Nr. 1	Der Betrag von 270 Deutsche Mark des Absatzes 1, der Betrag von 300 Deutsche Mark des Absatzes 2 und die Beträge von 2 340 Deutsche Mark, 1 170 Deutsche Mark, *1 000 Deutsche Mark* sowie der Mindestbetrag von 300 Deutsche Mark des Absatzes 3 sind zu verdoppeln;
§ 10c Abs. 5 S. 1 Nr. 3	Absatz 3 Satz 5 ist auf den Arbeitslohn jedes Ehegatten gesondert anzuwenden.

§ 10c Abs. 7 Einführungssatz	*Absatz 3 Satz 3 gilt für Arbeitnehmer, die während des ganzen oder eines Teils des Kalenderjahrs...* [eingefügt]
§ 10c Abs. 7 Nr. 1	*zu den in § 10 Abs. 3 Nr. 2 Buchstabe b Doppelbuchstabe aa und bb genannten Personen gehören oder* [eingefügt]
§ 10c Abs. 7 Nr. 2	*Versorgungsbezüge im Sinne des § 19 Abs. 2 Nr. 1 erhalten oder* [eingefügt]
§ 10c Abs. 7 Nr. 3	*Altersruhegeld aus der gesetzlichen Rentenversicherung erhalten.* [eingefügt]
§ 10c Abs. 8 S. 1 Einführungssatz	*Beziehen im Fall der Zusammenveranlagung von Ehegatten zur Einkommensteuer beide Ehegatten Arbeitslohn und gehört nur ein Ehegatte zu den in Absatz 7 genannten Arbeitnehmern, so beträgt die Vorsorgepauschale abweichend von den Absätzen 3 bis 5...* [eingefügt]
§ 10c Abs. 8 S. 1 Nr. 1	*18 vom Hundert des Arbeitslohns (Absatz 3 Satz 5) des Ehegatten, der nicht zu dem Personenkreis des Absatzes 7 gehört, zuzüglich* [eingefügt]
§ 10c Abs. 8 S. 1 Nr. 2 Einführungssatz	*vom Arbeitslohn (Absatz 3 Satz 5) des Ehegatten, der zu dem Personenkreis des Absatzes 7 gehört,...* [eingefügt]
§ 10c Abs. 8 S. 1 Nr. 2 Buchst. a	*neun vom Hundert, höchstens 1 000 Deutsche Mark zuzüglich 600 Deutsche Mark für jedes Kind (§ 32 Abs. 4 bis 7), zuzüglich* [eingefügt]
§ 10c Abs. 8 S. 1 Nr. 2 Buchst. b	*neun vom Hundert, höchstens 1 000 Deutsche Mark zuzüglich 300 Deutsche Mark für jedes Kind (§ 32 Abs. 4 bis 7).* [eingefügt]
§ 10c Abs. 8 S. 2	*Dabei dürfen die Höchstbeträge des § 10 Abs. 3 Nr. 1 und 3 nicht überschritten werden.* [eingefügt]
§ 10c Abs. 8 S. 3	*Mindestens ist der Betrag abzuziehen, der sich nach den Absätzen 3 bis 5 ergibt, wenn nur der zu dem Personenkreis des Absatzes 7 gehörende Ehegatte Arbeitslohn bezogen hätte.* [eingefügt]

§ 10c Abs. 8 S. 4	*Die Vorsorgepauschale ist auf den nächsten durch 54 ohne Rest teilbaren vollen Deutsche-Mark-Betrag abzurunden, wenn sie nicht bereits durch 54 ohne Rest teilbar ist.* [eingefügt]

EStG 1983 vom 24.01.1984 (BStBl. I 1984 S. 51) i.d.F. des Steuerbereinigungsgesetz 1985 vom 14.12.1984 (BStBl. I 1984 S. 659).

§ 10 Abs. 2 S. 1 Nr. 4	nicht vermögenswirksame Leistungen darstellen, für die eine Arbeitnehmer-Sparzulage nach § 12 des *Vierten* Vermögensbildungsgesetzes gewährt wird.

EStG 1985 vom 12.06.1985 (BStBl. I 1985 S. 223) i.d.F. des StSenkG 1986/1988 vom 26.06.1985 (BStBl. I 1985 S. 391).

§ 10 Abs. 3 Nr. 1 S. 2 Buchst. a- b	[Erhöhung der Beträge soweit der Steuerpflichtige Kinder hat; entfiel]
§ 10c Abs. 3 S. 2 Nr. 1	neun vom Hundert des Arbeitslohns, höchstens 2 340 Deutsche Mark, zuzüglich [Erhöhung der Beträge soweit der Steuerpflichtige Kinder hat; entfiel]
§ 10c Abs. 3 S. 2 Nr. 2	neun vom Hundert des Arbeitslohns, höchstens 1 170 Deutsche Mark, [Erhöhung der Beträge soweit der Steuerpflichtige Kinder hat; entfiel]
§ 10c Abs. 3 S. 3	Bei den in Absatz 5 genannten Arbeitnehmern tritt an die Stelle der Beträge von 2 340 Deutsche Mark und 1 170 Deutsche Mark jeweils der Betrag von 1 000 Deutsche Mark.
§ 10c Abs. 3 S. 5	Arbeitslohn im Sinne dieser Vorschrift ist der um die Freibeträge nach § 19 Abs. 2 und 3 und den Altersentlastungsbetrag (§ 24a) verminderte Arbeitslohn. [Hinweis auf die Begrenzung auf den Jahresbetrag der maßgebenden Beitragsbemessungsgrenze in der gesetzlichen Rentenversicherung der Angestellten; entfiel]
§ 10c Abs. 4	[Vorsorgepauschalen bei Zuordnung der Kinder zum anderen Elternteil; entfiel]
§ 10c Abs. 4 S. 1 Einführungssatz	Im Fall der Zusammenveranlagung von Ehegatten zur Einkommensteuer gilt folgendes:... [§ 10c Abs. 5 S. 1 wurde § 10c Abs. 4 S. 1]

§ 10c Abs. 4 S. 1 Nr. 1	Der Betrag von 270 Deutsche Mark des Absatzes 1, der Betrag von 300 Deutsche Mark des Absatzes 2 und die Beträge von 2 340 Deutsche Mark, 1 170 Deutsche Mark, 1 000 Deutsche Mark sowie der Mindestbetrag von 300 Deutsche Mark des Absatzes 3 sind zu verdoppeln; [§ 10c Abs. 5 S. 1 Nr. 1 wurde § 10c Abs. 4 S. 1 Nr. 1]
§ 10c Abs. 4 S. 1 Nr. 2	Absatz 3 ist an Stelle des Absatzes 2 anzuwenden, wenn mindestens einer der Ehegatten Arbeitslohn bezogen hat; [§ 10c Abs. 5 S. 1 Nr. 2 wurde § 10c Abs. 4 S. 1 Nr. 2]
§ 10c Abs. 4 S. 1 Nr. 3	Absatz 3 Satz 5 ist auf den Arbeitslohn jedes Ehegatten gesondert anzuwenden. [§ 10c Abs. 5 S. 1 Nr. 3 wurde § 10c Abs. 4 S. 1 Nr. 3]
§ 10c Abs. 4 S. 2	Nummer 1 gilt mit Ausnahme der Verdoppelung des Betrags von 300 Deutsche Mark des Absatzes 2 auch, wenn die tarifliche Einkommensteuer nach § 32a Abs. 6 zu ermitteln ist. [§ 10c Abs. 5 S. 2 wurde § 10c Abs. 4 S. 2]
§ 10c Abs. 5 Einführungssatz	Absatz 3 Satz 3 gilt für Arbeitnehmer, die während des ganzen oder eines Teils des Kalenderjahrs... [§ 10c Abs. 7 wurde § 10c Abs. 5]
§ 10c Abs. 5 Nr. 1	zu den in § 10 Abs. 3 Nr. 2 Buchstabe b Doppelbuchstabe aa und bb genannten Personen gehören oder [§ 10c Abs. 7 Nr. 1 wurde § 10c Abs. 5 Nr. 1]
§ 10c Abs. 5 Nr. 2	Versorgungsbezüge im Sinne des § 19 Abs. 2 Nr. 1 erhalten oder [§ 10c Abs. 7 Nr. 2 wurde § 10c Abs. 5 Nr. 2]
§ 10c Abs. 5 Nr. 3	Altersruhegeld aus der gesetzlichen Rentenversicherung erhalten. [§ 10c Abs. 7 Nr. 3 wurde § 10c Abs. 5 Nr. 3]
§ 10c Abs. 6	[Kinderadditive im Fall der getrennten Veranlagung von Ehegatten; entfiel]
§ 10c Abs. 6 S. 1 Einführungssatz	Beziehen im Fall der Zusammenveranlagung von Ehegatten zur Einkommensteuer beide Ehegatten Arbeitslohn und gehört nur ein Ehegatte zu den in Absatz 5 genannten Arbeitnehmern, so beträgt die Vorsorgepauschale abweichend von den Absätzen 3 *und 4*... [§ 10c Abs. 8 S. 1 wurde § 10c Abs. 6 S. 1]
§ 10c Abs. 6 S. 1 Nr. 1	18 vom Hundert des Arbeitslohns (Absatz 3 Satz 5) des Ehegatten, der nicht zu dem Personenkreis des Absatzes *5* gehört, zuzüglich [§ 10c Abs. 8 S. 1 Nr. 1 wurde § 10c Abs. 6 S. 1 Nr. 1]
§ 10c Abs. 6 S. 1 Nr. 2	*18 v. H. des* Arbeitslohns (Absatz 3 Satz 5) des Ehegatten, der zu dem Personenkreis des Absatzes 5 gehört, *höchstens 2 000 Deutsche Mark.* [§ 10c Abs. 8 S. 1 Nr. 2 wurde § 10c Abs. 6 S. 1 Nr. 2]

§ 10c Abs. 6 S. 2	Dabei dürfen die Höchstbeträge des § 10 Abs. 3 Nr. 1 und 3 nicht überschritten werden. [§ 10c Abs. 8 S. 2 wurde § 10c Abs. 6 S. 2]
§ 10c Abs. 6 S. 3	Mindestens ist der Betrag abzuziehen, der sich nach den Absätzen 3 *und 4* ergibt, wenn nur der zu dem Personenkreis des Absatzes *5* gehörende Ehegatte Arbeitslohn bezogen hätte. [§ 10c Abs. 8 S. 3 wurde § 10c Abs. 6 S. 3]
§ 10c Abs. 6 S. 4	Die Vorsorgepauschale ist auf den nächsten durch 54 ohne Rest teilbaren vollen Deutsche-Mark-Betrag abzurunden, wenn sie nicht bereits durch 54 ohne Rest teilbar ist. [§ 10c Abs. 8 S. 4 wurde § 10c Abs. 6 S. 4]
§ 10c Abs. 8 S. 1 Nr. 2 Buchst. a-b	[Kinderadditive; entfiel]

EStG 1986 vom 15.04.1986 (BStBl. I 1986 S. 172) i.d.F. des Zweiten Vermögensbildungsgesetzes vom 19.12.1986 (BStBl. I 1987 S. 231).

§ 10 Abs. 2 Nr. 4	nicht vermögenswirksame Leistungen darstellen, für die eine Arbeitnehmer-Sparzulage nach § *13* des *Fünften* Vermögensbildungsgesetzes gewährt wird.

EStG 1987 vom 27.02.1987 (BStBl. I 1987 S. 274) i.d.F. des StRG 1990 vom 25.07.1988 (BStBl. I 1988 S. 224).

§ 10 Abs. 2	Voraussetzung für den Abzug der in Absatz 1 Ziff. 2 und 3 bezeichneten *Beträge* (Vorsorgeaufwendungen) ist, daß sie
§ 10 Abs. 2 Nr. 1	nicht in unmittelbaren wirtschaftlichen Zusammenhang mit steuerfreien Einnahmen stehen und [§ 10 Abs. 2 Nr. 2 wurde § 10 Abs. 2 Nr. 1; die frühere Nr. 1 (wirtschaftlicher Zusammenhang mit einer Kreditaufnahme) wurde aufgehoben]
§ 10 Abs. 2 Nr. 2	an Versicherungsunternehmen oder Bausparkassen, die ihren Sitz oder ihre Geschäftsleitung im Inland haben oder denen die Erlaubnis zum Geschäftsbetrieb im Inland erteilt ist, oder an einen Sozialversicherungsträger geleistet werden und [§ 10 Abs. 2 Nr. 3 wurde § 10 Abs. 2 Nr. 2]
§ 10 Abs. 2 Nr. 3	nicht vermögenswirksame Leistungen darstellen, für die *Anspruch auf* eine Arbeitnehmer-Sparzulage nach § 13 des Fünften Vermögensbildungsgesetzes *besteht*. [§ 10 Abs. 2 Nr. 4 wurde § 10 Abs. 2 Nr. 3]

§ 10 Abs. 3 Einführungssatz	*Für Vorsorgeaufwendungen gelten je Kalenderjahr folgende Höchstbeträge:...*
§ 10 Abs. 3 Nr. 1	*ein Grundhöchstbetrag von* 2 340 Deutsche Mark, im Fall der Zusammenveranlagung von Ehegatten von 4 680 Deutsche Mark;
§ 10 Abs. 3 Nr. 2 S. 1	*für Beiträge nach* Absatz 1 Nr. 2 zusätzlich *ein Vorwegabzug von 4 000* Deutsche Mark, im Fall der Zusammenveranlagung von Ehegatten *von 8 000* Deutsche Mark.
§ 10 Abs. 3 Nr. 2 S. 2 Einführungssatz	Diese Beträge *sind zu kürzen...*
§ 10 Abs. 3 Nr. 2 S. 2 Buchst. a Einführungssatz	*bei Steuerpflichtigen...* [eingefügt]
§ 10 Abs. 3 Nr. 2 S. 2 Buchst. a Doppelbuchst. aa	*die bei einem Träger der gesetzlichen Rentenversicherung oder einer öffentlich-rechtlichen Versicherungs- oder Versorgungseinrichtung ihrer Berufsgruppe pflichtversichert sind - ausgenommen bei einer landwirtschaftlichen Alterskasse - und die Pflichtbeiträge nicht allein tragen,* [eingefügt]
§ 10 Abs. 3 Nr. 2 S. 2 Buchst. a Doppelbuchst. bb	*denen für den Fall ihres Ausscheidens aus der Beschäftigung auf Grund des Beschäftigungsverhältnisses oder denen nach Beendigung der Ausübung eines Mandats eine lebenslängliche Versorgung oder an deren Stelle eine Abfindung zusteht oder die in der gesetzlichen Rentenversicherung nachzuversichern sind,* [§ 10 Abs. 3 Nr. 2 S. 2 Buchst. b Doppelbuchst. aa wurde § 10 Abs. 3 Nr. 2 S. 2 Buchst. a Doppelbuchst. bb; Hinweis auf Versicherungsfreiheit in bzw. -befreiung von der gesetzlichen Rentenversicherung entfiel]
§ 10 Abs. 3 Nr. 2 S. 2 Buchst. a Doppelbuchst. cc	*die eine Berufstätigkeit ausüben* und im Zusammenhang damit auf Grund vertraglicher Vereinbarungen Anwartschaftsrechte auf eine Altersversorgung ganz oder teilweise ohne eigene Beitragsleistung *erwerben,* [§ 10 Abs. 3 Nr. 2 S. 2 Buchst. b Doppelbuchst. bb S. 1 wurde § 10 Abs. 3 Nr. 2 S. 2 Buchst. a Doppelbuchst. cc; Hinweis auf die Versicherungspflicht in der gesetzlichen Rentenversicherung entfiel; bisheriger S. 2 mit Hinweis auf § 89 b HGB entfiel]

§ 10 Abs. 3 Nr. 2 S. 2 Buchst. a Doppel- buchst. dd	*für die der Arbeitgeber Ausgaben für die Zukunftssicherung* im Sinne des § 3 Nr. 62 Sätze 2 bis 4 *leistet,* [§ 10 Abs. 3 Nr. 2 S. 2 Buchst. a wurde zum Teil § 10 Abs. 3 Nr. 2 S. 2 Buchst. a Doppelbuchst. dd]
§ 10 Abs. 3 Nr. 2 S. 2 Buchst. a am Ende	*...um 9 vom Hundert,*
§ 10 Abs. 3 Nr. 2 S. 2 am Ende	*...des Arbeitslohns* aus der Beschäftigung, *der Einkünfte nach § 22 Nr. 4 aus der Mandatsausübung und des Gewinns aus der Tätigkeit, mit der die Alters- oder Krankenversorgung zusammenhängt,* höchstens des Jahresbe- trags der Beitragsbemessungsgrenze in der gesetzlichen Rentenversiche- rung der Angestellten *oder des Anteils dieses Jahresbetrags, der auf die Dauer der Beschäftigung, Mandatsausübung oder Tätigkeit im Kalender- jahr entfällt;* [§ 10 Abs. 3 Nr. 2 S. 2 Buchst. b wurde § 10 Abs. 3 Nr. 2 S. 2]
§ 10 Abs. 3 Nr. 3	*soweit die Vorsorgeaufwendungen den Grundhöchstbetrag und den Vor- wegabzug übersteigen, können sie* zur Hälfte, höchstens bis zu 50 vom Hundert des *Grundhöchstbetrags abgezogen werden (hälftiger Höchstbe- trag).*
§ 10 Abs. 5 Einfüh- rungssatz	Nach Maßgabe einer Rechtsverordnung ist eine Nachversteuerung durch- zuführen... [§ 10 Abs. 6 wurde § 10 Abs. 5]
§ 10 Abs. 5 Nr. 1	bei Rentenversicherungen gegen Einmalbeitrag (Absatz 1 Nr. 2 Buchstabe b Doppelbuchstabe bb), wenn vor Ablauf von zwölf Jahren seit Versiche- rungsabschluß, außer im Schadensfall oder bei Erbringung der vertrags- mäßigen Rentenleistung, Einmalbeiträge ganz oder zum Teil zurückgezahlt oder Ansprüche aus dem Versicherungsvertrag ganz oder zum Teil abge- treten oder beliehen werden; [§ 10 Abs. 6 Nr. 1 wurde § 10 Abs. 5 Nr. 1]
§ 10c	[wurde vollständig ersetzt]
§ 10c Abs. 2	[Vorsorge-Pauschbetrag; entfiel]
§ 10c Abs. 2 S. 1	Hat der Steuerpflichtige Arbeitslohn bezogen, *so wird für Vorsorgeauf- wendungen (§ 10 Abs. 1 Nr. 2 und 3) eine Vorsorgepauschale abgezogen, wenn der Steuerpflichtige nicht Aufwendungen nachweist, die zu einem höheren Abzug führen.* [§ 10c Abs. 3 S. 1 wurde § 10c Abs. 2 S. 1]

143

§ 10c Abs. 2 S. 2 Einführungssatz	Die Vorsorgepauschale beträgt *18* vom Hundert des Arbeitslohns, *jedoch...* [§ 10c Abs. 3 S. 2 Nr. 1 wurde zum Teil § 10c Abs. 2 S. 2]
§ 10c Abs. 2 S. 2 Nr. 1	*höchstens 4 000 Deutsche Mark abzüglich 12 vom Hundert des Arbeitslohns zuzüglich* [eingefügt]
§ 10c Abs. 2 S. 2 Nr. 2	höchstens 2 340 Deutsche Mark, *soweit der Teilbetrag nach Nummer 1 überschritten wird, zuzüglich* [§ 10c Abs. 3 S. 2 Nr. 1 wurde zum Teil § 10c Abs. 2 S. 2 Nr. 2]
§ 10c Abs. 2 S. 2 Nr. 3	*höchstens die Hälfte bis zu* 1 170 Deutsche Mark, *soweit die Teilbeträge nach den Nummern 1 und 2 überschritten werden.* [§ 10c Abs. 3 S. 2 Nr. 2 wurde § 10c Abs. 2 S. 2 Nr. 3]
§ 10c Abs. 2 S. 3	Die Vorsorgepauschale ist auf den nächsten durch 54 ohne Rest teilbaren vollen Deutsche-Mark-Betrag abzurunden, wenn sie nicht bereits durch 54 ohne Rest teilbar ist. [§ 10c Abs. 3 S. 4 wurde § 10c Abs. 2 S. 3]
§ 10c Abs. 2 S. 4	Arbeitslohn im Sinne *der Sätze 1 und 2* ist der um den *Versorgungs-Freibetrag (§ 19 Abs. 2)* und den Altersentlastungsbetrag (§ 24a) verminderte Arbeitslohn. [§ 10c Abs. 3 S. 5 wurde § 10c Abs. 2 S. 4]
§ 10c Abs. 3 S. 3	[Mindestbetrag der Vorsorgepauschale; entfiel]
§ 10c Abs. 3 Einführungssatz	*Für Arbeitnehmer, die während des ganzen oder eines Teils des Kalenderjahrs...*
§ 10c Abs. 3 Nr. 1	*in der gesetzlichen Rentenversicherung versicherungsfrei oder auf Antrag des Arbeitgebers von der Versicherungspflicht befreit waren und denen für den Fall ihres Ausscheidens aus der Beschäftigung auf Grund des Beschäftigungsverhältnisses eine lebenslängliche Versorgung oder an deren Stelle eine Abfindung zusteht oder die in der gesetzlichen Rentenversicherung nachzuversichern sind oder* [§ 10c Abs. 5 Nr. 1 wurde zum Teil § 10c Abs. 3 Nr. 1]
§ 10c Abs. 3 Nr. 2	*nicht der gesetzlichen Rentenversicherungspflicht unterliegen, eine Berufstätigkeit ausgeübt und im Zusammenhang damit auf Grund vertraglicher Vereinbarungen Anwartschaftsrechte auf eine Altersversorgung ganz oder teilweise ohne eigene Beitragsleistungen erworben haben oder* [§ 10c Abs. 5 Nr. 1 wurde zum Teil § 10c Abs. 3 Nr. 2]

§ 10c Abs. 3 Nr. 3	Versorgungsbezüge im Sinne des § 19 Abs. 2 Nr. 1 erhalten haben oder [§ 10c Abs. 5 Nr. 2 wurde § 10c Abs. 3 Nr. 3]
§ 10c Abs. 3 Nr. 4	Altersruhegeld aus der gesetzlichen Rentenversicherung erhalten haben, [§ 10c Abs. 5 Nr. 3 wurde § 10c Abs. 3 Nr. 4]
§ 10c Abs. 3 am Ende	*beträgt die Vorsorgepauschale 18 vom Hundert des Arbeitslohns, jedoch höchstens 2 000 Deutsche Mark.* [§ 10c Abs. 3 S. 3 wurde § 10c Abs. 3]
§ 10c Abs. 4 S. 1 Einführungssatz	Im Fall der Zusammenveranlagung von Ehegatten zur Einkommensteuer *sind...*
§ 10c Abs. 4 S. 1 Nr. 1	*die Deutsche-Mark-Beträge nach Absatz 2 Nr. 1 bis 3 und Absatz 3* zu verdoppeln *und*
§ 10c Abs. 4 S. 1 Nr. 2	*Absatz 2 Satz 4 auf den Arbeitslohn jedes Ehegatten gesondert anzuwenden.* [§ 10c Abs. 4 S. 1 Nr. 3 wurde § 10c Abs. 4 S. 1 Nr. 2]
§ 10c Abs. 4 S. 1 Nr. 2	[Ersetzung des Vorsorge-Pauschbetrags durch die Vorsorgepauschale, wenn ein Ehegatte Arbeitslohn bezieht; entfiel]
§ 10c Abs. 4 S. 2	*Wenn beide Ehegatten Arbeitslohn bezogen haben und ein Ehegatte zu dem Personenkreis des Absatzes 3 gehört, ist die höhere Vorsorgepauschale abzuziehen, die sich ergibt, wenn entweder die Deutsche-Mark-Beträge nach Absatz 2 Nr. 1 bis 3 verdoppelt und der sich für den Ehegatten im Sinne des Absatzes 3 nach Absatz 2 Satz 2 erster Halbsatz ergebende Betrag auf 2 000 Deutsche Mark begrenzt wird oder der Arbeitslohn des nicht unter Absatz 3 fallenden Ehegatten außer Betracht bleibt.* [eingefügt]
§ 10c Abs. 4 S. 3	Nummer 1 gilt auch, wenn die tarifliche Einkommensteuer nach § 32a Abs. 6 zu ermitteln ist. [§ 10c Abs. 4 S. 2 wurde § 10c Abs. 4 S. 3; der Hinweis auf den Mindestbetrag entfiel]

EStG 1987 vom 27.02.1987 (BStBl. I 1987 S. 274) i.d.F. des RRG 1992 vom 18.12.1989 (BGBl. I 1989 S. 2261).

§ 10 Abs. 3 Nr. 2 S. 2 am Ende	...des Arbeitslohns aus der Beschäftigung, der Einkünfte nach § 22 Nr. 4 aus der Mandatsausübung und des Gewinns aus der Tätigkeit, mit der die Alters- oder Krankenversorgung zusammenhängt, höchstens des Jahresbetrags der Beitragsbemessungsgrenze in der gesetzlichen Rentenversicherung der *Arbeiter und Angestellten* oder des Anteils dieses Jahresbetrags, der auf die Dauer der Beschäftigung, Mandatsausübung oder Tätigkeit im Kalenderjahr entfällt;
§ 10c Abs. 3 Nr. 4	*Altersrente* aus der gesetzlichen Rentenversicherung erhalten haben,

EStG 1990 vom 07.09.1990 (BStBl. I 1990 S. 453) i.d.F. des KultStiftFG vom 13.12.1990 (BStBl. I 1991 S. 51).

§ 10 Abs. 1 Nr. 2 Buchst. b S. 3-4	*Bei Steuerpflichtigen, die am 31. Dezember 1990 einen Wohnsitz oder ihren gewöhnlichen Aufenthalt in dem in Artikel 3 des Einigungsvertrages genannten Gebiet und vor dem 1. Januar 1991 keinen Wohnsitz oder gewöhnlichen Aufenthalt im bisherigen Geltungsbereich dieses Gesetzes hatten, gilt bis 31. Dezember 1996 folgendes:* *Hat der Steuerpflichtige zur Zeit des Vertragsabschlusses das 47. Lebensjahr vollendet, verkürzt sich bei laufender Beitragsleistung die Mindestvertragsdauer von 12 Jahren um die Zahl der angefangenen Lebensjahre, um die er älter als 47 Jahre ist, höchstens jedoch auf 6 Jahre.* [eingefügt]

EStG 1990 vom 07.09.1990 (BStBl. I 1990 S. 453) i.d.F. des StÄndG 1992 vom 25.02.1992 (BGBl. I 1992 S. 297).

§ 10 Abs. 2 S. 2 Einführungssatz	*Als Sonderausgaben können Beiträge zu Versicherungen im Sinne des Absatzes 1 Nr. 2 Buchstabe b Doppelbuchstaben bb, cc und dd nicht abgezogen werden, wenn die Ansprüche aus Versicherungsverträgen während deren Dauer im Erlebensfall der Tilgung oder Sicherung eines Darlehens dienen, dessen Finanzierungskosten Betriebsausgaben oder Werbungskosten sind, es sei denn,...* [angefügt]
§ 10 Abs. 2 S. 2 Buchst. a	*das Darlehen dient unmittelbar und ausschließlich der Finanzierung von Anschaffungs- oder Herstellungskosten eines Wirtschaftsgutes, das dauernd zur Erzielung von Einkünften bestimmt und keine Forderung ist, und die ganz oder zum Teil zur Tilgung oder Sicherung verwendeten Ansprüche aus Versicherungsverträgen übersteigen nicht die mit dem Darlehen finanzierten Anschaffungs- oder Herstellungskosten,* [angefügt]

146

§ 10 Abs. 2 S. 2 Buchst. b	*es handelt sich um eine Direktversicherung oder* [angefügt]
§ 10 Abs. 2 S. 2 Buchst. c	*die Ansprüche aus Versicherungsverträgen dienen insgesamt nicht länger als drei Jahre der Sicherung betrieblich veranlaßter Darlehen; in diesen Fällen können die Versicherungsbeiträge in den Veranlagungszeiträumen nicht als Sonderausgaben abgezogen werden, in denen die Ansprüche aus Versicherungsverträgen der Sicherung des Darlehens dienen.* [angefügt]
§ 10 Abs. 3 Nr. 2 S. 2 am Ende	...des Arbeitslohns aus der Beschäftigung, der Einkünfte nach § 22 Nr. 4 aus der Mandatsausübung und des Gewinns aus der Tätigkeit, mit der die Alters- oder Krankenversorgung zusammenhängt, höchstens des *zu Beginn des Veranlagungszeitraumes jeweils maßgebenden* Jahresbetrags der Beitragsbemessungsgrenze in der gesetzlichen Rentenversicherung der Arbeiter und Angestellten oder des Anteils dieses Jahresbetrags, der auf die Dauer der Beschäftigung, Mandatsausübung oder Tätigkeit im Kalenderjahr entfällt;
§ 10 Abs. 5 Nr. 1	*bei Versicherungen im Sinne des Absatzes 1 Nr. 2 Buchstabe b Doppelbuchstaben bb, cc und dd, wenn die Voraussetzungen für den Sonderausgabenabzug nach Absatz 2 Satz 2 nicht erfüllt sind;* [eingefügt]
§ 10 Abs. 5 Nr. 2	bei Rentenversicherungen gegen Einmalbeitrag (Absatz 1 Nr. 2 Buchstabe b Doppelbuchstabe bb), wenn vor Ablauf *der Vertragsdauer*, außer im Schadensfall oder bei Erbringung der vertragsmäßigen Rentenleistung, Einmalbeiträge ganz oder zum Teil zurückgezahlt werden; [§ 10 Abs. 5 Nr. 1 wurde § 10 Abs. 5 Nr. 2; Abtretungs- und Beleihungsverbot entfiel]
§ 10c Abs. 4 S. 2	Wenn beide Ehegatten Arbeitslohn bezogen haben und ein Ehegatte zu dem Personenkreis des Absatzes 3 gehört, ist die höhere Vorsorgepauschale abzuziehen, die sich ergibt, wenn entweder die Deutsche-Mark-Beträge nach Absatz *1*, 2 Nr. 1 bis 3 verdoppelt und der sich für den Ehegatten im Sinne des Absatzes 3 nach Absatz 2 Satz 2 erster Halbsatz ergebende Betrag auf 2000 Deutsche Mark begrenzt wird oder der Arbeitslohn des nicht unter Absatz 3 fallenden Ehegatten außer Betracht bleibt.

EStG 1990 vom 07.09.1990 (BStBl. I 1990 S. 453) i.d.F. des Zinsabschlaggesetzes vom 09.11.1992 (BStBl. I 1992 S. 682).

§ 10 Abs. 3 Nr. 1	ein Grundhöchstbetrag von *2 610* Deutsche Mark, im Fall der Zusammenveranlagung von Ehegatten von *5 220* Deutsche Mark;

§ 10 Abs. 3 Nr. 2 S. 1	*für* Beiträge nach Absatzes 1 Nr. 2 zusätzlich ein Vorwegabzug von *6 000* Deutsche Mark, im Fall der Zusammenveranlagung von Ehegatten von *12 000* Deutsche Mark.
§ 10 Abs. 3 Nr. 2 S. 2 am Ende	...des Arbeitslohns aus der Beschäftigung, der Einkünfte nach § 22 Nr. 4 aus der Mandatsausübung und des Gewinns aus der Tätigkeit, mit der die Alters- oder Krankenversorgung, *der Arbeitsplatz oder das Mandat* zusammenhängt, höchstens des zu Beginn des Veranlagungszeitraumes jeweils maßgebenden Jahresbetrags der Beitragsbemessungsgrenze in der gesetzlichen Rentenversicherung der Arbeiter und Angestellten oder des Anteils dieses Jahresbetrags, der auf die Dauer der Beschäftigung, Mandatsausübung oder Tätigkeit im Kalenderjahr entfällt;
§ 10c Abs. 2 S. 2 Nr. 1	höchstens *6 000* Deutsche Mark abzüglich *16* vom Hundert des Arbeitslohns zuzüglich
§ 10c Abs. 2 S. 2 Nr. 2	höchstens *2 610* Deutsche Mark, soweit der Teilbetrag nach Nummer 1 überschritten wird, zuzüglich [§ 10c Abs. 3 S. 2 Nr. 1 wurde zum Teil § 10c Abs. 2 S. 2 Nr. 2]
§ 10c Abs. 2 S. 2 Nr. 3	höchstens die Hälfte bis zu *1 305* Deutsche Mark, soweit die Teilbeträge nach den Nummern 1 und 2 überschritten werden. [§ 10c Abs. 3 S. 2 Nr. 2 wurde § 10c Abs. 2 S. 2 Nr. 3]

148

Anhang 3

Veränderungen des Gesetzeswortlautes des § 20 EStG:

PreußEStG 1891 vom 24.06.1891 (in: Grotefend, G.A. (Hrsg.): Gesetzgebungsmaterial (1891), S. 187).

§ 12 Abs. 1	Als Einkommen aus Kapitalvermögen gelten: Zinsen, Renten und geldwerthe Vortheile aus Kapitalforderungen jeder Art, soweit solche Bezüge nicht bei Landwirthschaft-, Handel- und Gewerbetreibenden behufs Ausmittelung des steuerpflichtigen Einkommens aus Grundvermögen, Pachtungen, Handel oder Gewerbe (§§ 13, 14) als Theile des Geschäftsertrages in Rechnung zu bringen sind.
§ 12 Abs. 2 Einführungssatz	Mit dieser Maßgabe gelten als Einkommen aus Kapitalvermögen insbesondere:...
§ 12 Abs. 2 Buchst. c	Zinsen, welche in unverzinslichen Kapitalforderungen, bei denen ein höheres als das ursprünglich gegebene Kapital zurückgewährt wird, einbegriffen sind;

Durch das Gesetz betreffend die Abänderung des Einkommensteuergesetzes und des Ergänzungssteuergesetzes vom 19.06.1906 (in: Cretschmar, C./Grotefend, G.A. (Hrsg.), Gesetzgebungsmaterial (1906), S. 975) entstand das Preußische Einkommensteuergesetz 1906 (PreußEStG 1906) vom 19.06.1906 (in: Cretschmar, C./Grotefend, G.A. (Hrsg.), Gesetzgebungsmaterial (1906), S. 983).

§ 11 Abs. 1	Als Einkommen aus Kapitalvermögen gelten: Zinsen, Renten und geldwerte *Vorteile* aus Kapitalforderungen jeder Art, soweit solche Bezüge nicht bei *Landwirtschaft-*, Handel- und Gewerbetreibenden behufs Ausmittelung des steuerpflichtigen Einkommens aus Grundvermögen, Pachtungen, Handel oder Gewerbe *(§§ 12, 13)* als *Teile* des *Geschäftsertrags* in Rechnung zu bringen sind. [§ 12 Abs. 1 wurde § 11 Abs. 1]
§ 11 Abs. 2 Einführungssatz	Mit dieser Maßgabe gelten als Einkommen aus Kapitalvermögen insbesondere:... [§ 12 Abs. 2 wurde § 11 Abs. 2]
§ 11 Abs. 2 Buchst. c	Zinsen, welche in unverzinslichen Kapitalforderungen, bei denen ein höheres als das ursprünglich gegebene Kapital zurückgewährt wird, einbegriffen sind, [§ 12 Abs. 2 Buchst. c wurde § 11 Abs. 2 Buchst. c]

EStG 1920 vom 29.03.1920 (RGBl. 1920 S. 359).

§ 8 Abs. 1 Einführungssatz	*Zum Einkommen aus Kapitalvermögen gehören:...* [§ 11 Abs. 1 S. 1 1. HS wurde § 8 Abs. 1]
§ 8 Abs. 1 Nr. 4	*Zinsen aus Kapitalforderungen jeder Art einschließlich der Zinsen aus Einlagen und Guthaben bei Sparkassen, Banken und anderen Kreditanstalten;* [§ 11 Abs. 1 S. 1 2. HS wurde zum Teil § 8 Abs. 1 Nr. 4]
§ 8 Abs. 1 Nr. 5	*Zinsen von Hypotheken und Grundschulden, Renten von Rentenschulden. Bei Tilgungshypotheken und Tilgungsgrundschulden gilt nur der Teil der Zahlung als Einkommen, der auf den jeweiligen Kapitalrest als Zins entrichtet wird:* [eingefügt]
§ 8 Abs. 1 Nr. 6	*vererbliche Rentenbezüge;* [eingefügt]
§ 8 Abs. 2	*Als Erträge aus Kapitalanlagen im Sinne des Abs. 1 gelten auch bestimmte Entgelte oder Vorteile, die neben Kapitalerträgen der im Abs. 1 genannten Art oder an deren Stelle gewährt werden.* [eingefügt]

EStG 1925 vom 10.08.1925 (RGBl. I 1925 S. 189).

§ 37 Abs. 1 Einführungssatz	*Zu den Einkünften* aus Kapitalvermögen gehören *insbesondere:...* [§ 8 Abs. 1 wurde § 37 Abs. 1]
§ 37 Abs. 1 Nr. 4	Zinsen aus Kapitalforderungen jeder Art einschließlich der Zinsen aus Einlagen und Guthaben bei Sparkassen, Banken und anderen Kreditanstalten; [§ 8 Abs. 1 Nr. 4 wurde § 37 Abs. 1 Nr. 4]
§ 37 Abs. 1 Nr. 5	Zinsen von Hypotheken und Grundschulden, Renten von Rentenschulden. Bei Tilgungshypotheken und Tilgungsgrundschulden gilt nur der Teil der Zahlung als *Kapitalertrag,* der auf den jeweiligen Kapitalrest als Zins entrichtet wird. [§ 8 Abs. 1 Nr. 5 wurde § 37 Abs. 1 Nr. 5]
§ 37 Abs. 2 Einführungssatz	Als *Einkünfte* aus *Kapitalvermögen* im Sinne des Abs. 1 gelten auch... [§ 8 Abs. 2 wurde § 37 Abs. 2]
§ 37 Abs. 2 Nr. 1	besondere Entgelte oder Vorteile, die neben Kapitalerträgen der im Abs. 1 genannten Art oder an deren Stelle gewährt werden; [§ 8 Abs. 2 wurde § 37 Abs. 2 Nr. 1]

EStG 1934 vom 16.10.1934 (RGBl. I 1934 S. 1005).

§ 20 Abs. 1 Einführungssatz	Zu den Einkünften aus Kapitalvermögen gehören:... [§ 37 Abs. 1 wurde § 20 Abs. 1]
§ 20 Abs. 1 Nr. 3	Zinsen *aus* Hypotheken und Grundschulden *und* Renten *aus* Rentenschulden. Bei Tilgungshypotheken und Tilgungsgrundschulden *ist* nur der Teil der Zahlung *steuerpflichtig*, der *als Zins* auf den jeweiligen Kapitalrest *entfällt*; [§ 37 Abs. 1 Nr. 5 wurde § 20 Abs. 1 Nr. 3]
§ 20 Abs. 1 Nr. 4	Zinsen aus *sonstigen* Kapitalforderungen jeder Art, z. *B. aus Darlehen, Anleihen*, Einlagen und Guthaben bei Sparkassen, Banken und anderen Kreditanstalten; [§ 37 Abs. 1 Nr. 4 wurde § 20 Abs. 1 Nr. 4]
§ 20 Abs. 2 Einführungssatz	*Zu den Einkünften* aus Kapitalvermögen *gehören* auch:... [§ 37 Abs. 2 wurde § 20 Abs. 2]
§ 20 Abs. 2 Nr. 1	besondere Entgelte oder Vorteile, die neben *den in Absatz 1 bezeichneten Einkünften* oder an deren Stelle gewährt werden; [§37 Abs. 2 Nr. 1 wurde § 20 Abs. 2 Nr. 1]

EStG 1974 vom 15.08.1974 (BStBl. I 1974 S. 578) i.d.F. des EStRG vom 05.08.1974 (BStBl. I 1974 S. 530).

§ 20 Abs. 1 Nr. 6 S. 1	*außerrechnungsmäßige und rechnungsmäßige Zinsen aus den Sparanteilen, die in den Beiträgen zu Versicherungen auf den Erlebens- oder Todesfall enthalten sind.* [eingefügt]
§ 20 Abs. 1 Nr. 6 S. 2	*Dies gilt nicht für Zinsen aus Versicherungen im Sinne des § 10 Abs. 1 Ziff. 2 Buchstabe b, die mit Beiträgen verrechnet oder im Versicherungsfall oder im Fall des Rückkaufs des Vertrages nach Ablauf von zwölf Jahren seit dem Vertragsabschluß ausgezahlt werden.* [eingefügt]
§ 20 Abs. 4 S. 1	*Bei der Ermittlung der Einkünfte aus Kapitalvermögen ist nach Abzug der Werbungskosten ein Betrag von 300 Deutsche Mark abzuziehen (Sparer-Freibetrag).* [angefügt]
§ 20 Abs. 4 S. 2	*Ehegatten, die zusammen veranlagt werden, wird ein gemeinsamer Sparer-Freibetrag von 600 Deutsche Mark gewährt.* [angefügt]

§ 20 Abs. 4 S. 3	*Der gemeinsame Sparer-Freibetrag ist bei der Einkunftsermittlung bei jedem Ehegatten je zur Hälfte abzuziehen; sind die um die Werbungskosten geminderten Kapitalerträge eines Ehegatten niedriger als 300 Deutsche Mark, so ist der anteilige Sparer-Freibetrag insoweit, als er die um die Werbungskosten geminderten Kapitalerträge dieses Ehegatten übersteigt, beim anderen Ehegatten abzuziehen.* [angefügt]
§ 20 Abs. 4 S. 4	*Der Sparer-Freibetrag und der gemeinsame Sparer-Freibetrag dürfen nicht höher sein als die um die Werbungskosten geminderten Kapitalerträge.* [angefügt]

EStG 1975 vom 05.09.1974 (BStBl. I 1974 S. 733) i.d.F. des KStRG vom 31.08.1976 (BStBl. I 1976 S. 445).

§ 20 Abs. 1 Nr. 6 S. 3	*Sätze 1 und 2 sind auf Kapitalerträge aus fondsgebundenen Lebensversicherungen entsprechend anzuwenden;* [angefügt]

EStG 1987 vom 27.02.1987 (BStBl. I 1987 S. 274) i.d.F. des StRG 1990 vom 25.07.1988 (BStBl. I 1988 S. 224).

§ 20 Abs. 1 Nr. 6 S. 1	*Erträge aus Versicherungen auf den Erlebens- oder Todesfall.*
§ 20 Abs. 1 Nr. 6 S. 2	Dies gilt nicht für Zinsen *in Höhe von 3,5 vom Hundert aus den Guthaben der Versicherungsnehmer bei* Versicherungen im Sinne des § 10 Abs. 1 Ziff. 2 Buchstabe b, *wenn die Zinsen* mit Beiträgen verrechnet oder im Versicherungsfall oder im Fall des Rückkaufs des Vertrages nach Ablauf von zwölf Jahren seit dem Vertragsabschluß ausgezahlt werden.
§ 20 Abs. 1 Nr. 6 S. 3	*Außerrechnungsmäßige Zinsen fließen dem Gläubiger der Kapitalerträge außer bei Versicherungen gegen Einmalbeitrag im Zeitpunkt der Gutschrift bei dem Versicherungsvertrag zu.* [eingefügt]
§ 20 Abs. 1 Nr. 6 S. 4	*Die* Sätze 1 *bis 3* sind auf *Erträge* aus fondsgebundenen Lebensversicherungen entsprechend anzuwenden; [§ 20 Abs. 1 Nr. 6 S. 3 wurde § 20 Abs. 1 Nr. 6 S. 4]

EStG 1987 vom 27.02.1987 (BStBl. I 1987 S. 274) i.d.F. des Gesetzes zur Änderung des StRG 1990 sowie zur Förderung des Mietwohnungsbaus und von Arbeitsplätzen in Privathaushalten vom 30.06.1989 (BStBl. I 1989 S. 251).

§ 20 Abs. 1 Nr. 6 S. 1	*außerrechnungsmäßige und rechnungsmäßige Zinsen aus den Sparanteilen, die in den Beiträgen zu* Versicherungen auf den Erlebens- oder Todesfall *enthalten sind.* [letzte Änderung des § 20 Abs. 1 Nr. 6 rückgängig gemacht]

§ 20 Abs. 1 Nr. 6 S. 2	Dies gilt nicht für Zinsen *aus* Versicherungen im Sinne des § 10 Abs. 1 *Nr.* 2 Buchstabe b, *die* mit Beiträgen verrechnet oder im Versicherungsfall oder im Fall des Rückkaufs des Vertrags nach Ablauf von zwölf Jahren seit dem Vertragsabschluß ausgezahlt werden. [letzte Änderung des § 20 Abs. 1 Nr. 6 rückgängig gemacht]
§ 20 Abs. 1 Nr. 6 S. 3	[fingierter Zufluß; letzte Änderung des § 20 Abs. 1 Nr. 6 rückgängig gemacht]
§ 20 Abs. 1 Nr. 6 S. 3	Die Sätze *1 und 2* sind auf *Kapitalerträge* aus fondsgebundenen Lebensversicherungen entsprechend anzuwenden; [§ 20 Abs. 1 Nr. 6 S. 4 wurde § 20 Abs. 1 Nr. 6 S. 3; letzte Änderung des § 20 Abs. 1 Nr. 6 rückgängig gemacht]
§ 20 Abs. 4 S. 1	Bei der Ermittlung der Einkünfte aus Kapitalvermögen ist nach Abzug der Werbungskosten ein Betrag von *600* Deutsche Mark abzuziehen (Sparer-Freibetrag).
§ 20 Abs. 4 S. 2	Ehegatten, die zusammen veranlagt werden, wird ein gemeinsamer Sparer-Freibetrag von *1 200* Deutsche Mark gewährt.
§ 20 Abs. 4 S. 3	Der gemeinsame Sparer-Freibetrag ist bei der Einkunftsermittlung bei jedem Ehegatten je zur Hälfte abzuziehen; sind die um die Werbungskosten geminderten Kapitalerträge eines Ehegatten niedriger als *600* Deutsche Mark, so ist der anteilige Sparer-Freibetrag insoweit, als er die um die Werbungskosten geminderten Kapitalerträge dieses Ehegatten übersteigt, beim anderen Ehegatten abzuziehen.

EStG 1990 vom 07.09.1990 (BStBl. I 1990 S. 453) i.d.F. des StÄndG 1992 vom 25.02.1992 (BGBl. I 1992 S. 297).

§ 20 Abs. 1 Nr. 6 S. 3	*Satz 2 gilt in den Fällen des § 10 Abs. 2 Satz 2 nur, wenn die Voraussetzungen für den Sonderausgabenabzug nach § 10 Abs. 2 Satz 2 Buchstabe a oder b erfüllt sind oder soweit bei Versicherungsverträgen Zinsen in Veranlagungszeiträumen gutgeschrieben werden, in denen Beiträge nach § 10 Abs. 2 Satz 2 Buchstabe c abgezogen werden können.* [eingefügt]
§ 20 Abs. 1 Nr. 6 S. 4	Sätze *1 bis 3* sind auf Kapitalerträge aus fondsgebundenen Lebensversicherungen entsprechend anzuwenden; [§ 20 Abs. 1 Nr. 6 S. 3 wurde § 20 Abs. 1 Nr. 6 S. 4]

EStG 1990 vom 07.09.1990 (BStBl. I 1990 S. 453) i.d.F. des Zinsabschlaggesetzes vom 09.11.1992 (BStBl. I 1992 S. 682).

§ 20 Abs. 4 S. 1	Bei der Ermittlung der Einkünfte aus Kapitalvermögen ist nach Abzug der Werbungskosten ein Betrag von *6 000* Deutsche Mark abzuziehen (Sparer-Freibetrag).

§ 20 Abs. 4 S. 2	Ehegatten, die zusammen veranlagt werden, wird ein gemeinsamer Sparer-Freibetrag von *12 000* Deutsche Mark gewährt.
§ 20 Abs. 4 S. 3	Der gemeinsame Sparer-Freibetrag ist bei der Einkunftsermittlung bei jedem Ehegatten je zur Hälfte abzuziehen; sind die um die Werbungskosten geminderten Kapitalerträge eines Ehegatten niedriger als *6 000* Deutsche Mark, so ist der anteilige Sparer-Freibetrag insoweit, als er die um die Werbungskosten geminderten Kapitalerträge dieses Ehegatten übersteigt, beim anderen Ehegatten abzuziehen.

154

Anhang 4

Veränderungen des Gesetzeswortlautes des § 22 EStG:

PreußEStG 1891 vom 24.06.1891 (in: Grotefend, G.A. (Hrsg.), Gesetzgebungsmaterial (1891), S. 187).

§ 15 Abs. 1	Das Einkommen aus Gewinn bringender Beschäftigung, sowie aus Rechten auf periodische Hebungen und Vortheile irgend welcher Art umfaßt insbesondere den Verdienst der Arbeiter, Dienstboten und Gewerbegehülfen, die Besoldung der Militärpersonen und Beamten jeder Art, ferner den Gewinn aus schriftstellerischer, künstlerischer, wissenschaftlicher, unterrichtender oder erziehender Thätigkeit, sowie Wartegelder, Pensionen und sonstige fortlaufende Einnahmen, welche nicht als Jahresrenten eines beweglichen oder unbeweglichen Vermögens anzusehen sind, endlich solche Rentenbezüge, welche an die Person des Empfangsberechtigten geknüpft sind.

Durch das Gesetz betreffend die Abänderung des Einkommensteuergesetzes und des Ergänzungssteuergesetzes vom 19.06.1906 (in: Cretschmar, C./Grotefend, G.A. (Hrsg.): Gesetzgebungsmaterial (1906), S. 975) entstand das PreußEStG 1906 vom 19.06.1906 (in: Cretschmar, C./Grotefend, G.A. (Hrsg.), Gesetzgebungsmaterial (1906), S. 983).

§ 14 Abs. 1	Das Einkommen aus *gewinnbringender* Beschäftigung sowie aus Rechten auf periodische Hebungen und *Vorteile* irgend welcher Art umfaßt insbesondere den Verdienst der Arbeiter, Dienstboten und *Gewerbegehilfen*, die Besoldung der Militärpersonen und Beamten jeder Art, ferner den Gewinn aus schriftstellerischer, künstlerischer, wissenschaftlicher, unterrichtender oder erziehender *Tätigkeit*, sowie Wartegelder, Pensionen und sonstige fortlaufende Einnahmen, welche nicht als Jahresrenten eines beweglichen oder unbeweglichen Vermögens anzusehen sind, endlich solche Rentenbezüge, welche an die Person des Empfangsberechtigten geknüpft sind. [§ 15 Abs. 1 wurde § 14 Abs. 1]

EStG 1920 vom 29.03.1920 (RGBl. 1920 S. 359).

§ 11 Einführungssatz	*Zu den sonstigen Einnahmen im Sinne des § 5 gehören insbesondere:...* [§ 14 Abs. 1 wurde zum Teil § 11]
§ 11 Nr. 1	*Leibrenten, Leibgedinge, Zeitrenten und andere unvererbliche Renten;* [§ 14 Abs. 1 wurde zum Teil § 11 Nr. 1]
§ 11 Nr. 2 S. 1	*Zuschüsse und sonstige Vorteile, einerlei ob sie auf einem Rechtsanspruch oder ohne Bestehen eines solchen auf freiwilliger Zuwendung beruhen.* [§ 14 Abs. 1 wurde zum Teil § 11 Nr. 2 S. 1]

| § 11 Nr. 2 S. 2 | *Ist die Zuwendung freiwillig oder zur Erfüllung einer gesetzlichen Unterhaltspflicht erfolgt, so hat der Empfänger die Einnahme nicht zu versteuern, wenn der Geber zu den nach § 2 Nr. 1 steuerpflichtigen Personen gehört;*
[eingefügt] |

EStG 1925 vom 10.08.1925 (RGBl. I 1925 S. 189).

§ 40 Einführungssatz	Zu den *andern wiederkehrenden Bezügen* gehören insbesondere:... [§ 11 wurde § 40]
§ 40 Nr. 1	vererbliche *Renten*; [§ 8 S. 1 Nr. 6 wurde § 40 Nr. 1]
§ 40 Nr. 2	Leibrenten, Leibgedinge, Zeitrenten und andere unvererbliche Renten; [§ 11 Nr. 1 wurde § 40 Nr. 2]
§ 40 Nr. 3 S. 1	Zuschüsse und sonstige Vorteile, *die als wiederkehrende Bezüge gewährt werden, und zwar auch dann, wenn ein klagbarer Anspruch auf sie nicht besteht.* [§ 11 Nr. 2 S. 1 wurde § 40 Nr. 3 S. 1]
§ 40 Nr. 3 S. 2	Ist die Zuwendung freiwillig oder zur Erfüllung einer gesetzlichen Unterhaltspflicht erfolgt, so hat *sie* der Empfänger nicht zu versteuern, wenn der Geber *unbeschränkt steuerpflichtig ist (§ 2).* [§ 11 Nr. 2 S. 2 wurde § 40 Nr. 3 S. 2]

EStG 1934 vom 16.10.1934 (RGBl. I 1934 S. 1005).

§ 22 Einführungssatz	*Sonstige Einkünfte sind:...* [§ 40 wurde § 22]
§ 22 Nr. 1 Einführungssatz	*wiederkehrende Bezüge, soweit sie nicht zu anderen Einkunftsarten (§ 2 Absatz 3 Ziffern 1 bis 6) gehören, insbesondere...* [§ 40 wurde § 22 Nr. 1]
§ 22 Nr. 1 Buchst. a	vererbliche Renten, [§ 40 Nr. 1 wurde § 22 Nr. 1 Buchst. a]
§ 22 Nr. 1 Buchst. b	Leibrenten, Leibgedinge, Zeitrenten und andere unvererbliche Renten, [§ 40 Nr. 2 wurde § 22 Nr. 2 Buchst. b]
§ 22 Nr. 1 Buchst. c S. 1	Zuschüsse und sonstige Vorteile, die als wiederkehrende Bezüge gewährt werden. [§ 40 Nr. 3 S. 1 wurde § 22 Nr. 1 Buchst. c S. 1; der Hinweis auf nicht einklagbare Ansprüche entfiel]
§ 22 Nr. 1 Buchst. c S. 2	Ist die Zuwendung freiwillig oder *an eine gesetzlich unterhaltsberechtigte Person gewährt*, so *ist* sie nicht *dem* Empfänger *zuzurechnen*, wenn der Geber unbeschränkt steuerpflichtig ist; [§ 40 Nr. 3 S. 2 wurde § 22 Nr. 1 Buchst. c S. 2; Paragraphenverweis entfiel]

156

EStG 1953 vom 15.09.1953 (BStBl. I 1953 S. 378) i.d.F. des Gesetzes zur Neuordnung von Steuern vom 16.12.1954 (BStBl. I 1954 S. 575).

§ 22 Nr. 1 S. 1	*Einkünfte aus wiederkehrenden Bezügen, soweit sie nicht zu den in § 2 Abs. 3 Ziff. 1 bis 6 bezeichneten Einkunftsarten gehören.*
§ 22 Nr. 1 S. 2	*Werden die Bezüge* freiwillig oder *einer gesetzlich unterhaltsberechtigten Person* gewährt, so *sind* sie nicht dem Empfänger zuzurechnen, wenn der Geber unbeschränkt steuerpflichtig ist. [§ 22 Nr. 1 Buchst. c S. 2 wurde § 22 Nr. 1 S. 2]
§ 22 Nr. 1 S. 3 Einführungssatz	*Zu den in Satz 1 bezeichneten Einkünften gehören auch...* [eingefügt]
§ 22 Nr. 1 S. 3 Buchst. a S. 1	Leibrenten *insoweit, als in den einzelnen Bezügen Einkünfte aus Erträgen des Rentenrechts enthalten sind.* [§ 22 Nr. 1 Buchst. b wurde zum Teil § 22 Nr. 1 S. 3 Buchst. a S. 1]
§ 22 Nr. 1 S. 3 Buchst. a S. 2	*Als Ertrag des Rentenrechts gilt für die gesamte Dauer des Rentenbezugs der Unterschied zwischen dem Jahresbetrag der Rente und dem Betrag, der sich bei gleichmäßiger Verteilung des Kapitalwertes der Rente auf ihre voraussichtliche Laufzeit ergibt; dabei ist der Kapitalwert nach dieser Laufzeit zu berechnen.* [eingefügt]

§ 22 Nr. 1   *Der Ertrag des Rentenrechts (Ertragsanteil) ist aus der nachstehenden*
S. 3   *Tabelle zu entnehmen:*
Buchst. a   [eingefügt]
S. 3

Bei Beginn der Rente vollendetes Lebensjahr des Renten- berechtigten	Ertrags- anteil in v. H.	Bei Beginn der Rente vollendetes Lebensjahr des Renten- berechtigten	Ertrags- anteil in v. H.	Bei Beginn der Rente vollendetes Lebensjahr des Renten- berechtigten	Ertrags- anteil in v. H
0	63	39	43	64	21
1 bis 3	64	40	42	65	20
4 bis 5	63	41 bis 42	41	66	19
6 bis 8	62	43	40	67	18
9 bis 10	61	44	39	68	17
11 bis 12	60	45	38	69	16
13 bis 14	59	46	37	70 bis 71	15
15 bis 16	58	47	36	72	14
17 bis 18	57	48 bis 49	35	73	13
19 bis 20	56	50	34	74	12
21	55	51	33	75 bis 76	11
22 bis 23	54	52	32	77	10
24 bis 25	53	53	31	78 bis 79	9
26	52	54	30	80	8
27 bis 28	51	55	29	81 bis 82	7
29 bis 30	50	56	28	83 bis 84	6
31	49	57	27	85 bis 86	5
32	48	58	26	87 bis 89	4
33 bis 34	47	59 bis 60	25	90 bis 92	3
35	46	61	24	93 bis 98	2
36 bis 37	45	62	23	ab 99	1
38	44	63	22		

§ 22 Nr. 1   *Die Ermittlung des Ertrags aus Leibrenten, die vor dem 1. Januar 1955 zu*
S. 3   *laufen begonnen haben, und aus Renten, deren Dauer von der Lebenszeit*
Buchst. a   *mehrerer Personen oder einer anderen Person als des Rentenberechtigten*
S. 4   *abhängt, sowie aus Leibrenten, die auf eine bestimmte Zeit beschränkt*
            sind, wird durch eine Rechtsverordnung bestimmt;
            [eingefügt]

EStG 1974 vom 15.08.1974 (BStBl. I 1974 S. 578) i.d.F. des EStRG vom 05.08.1974 (BStBl. I 1974 S. 530).

§ 22 Nr. 1 S. 1	Einkünfte aus wiederkehrenden Bezügen, soweit sie nicht zu den in § 2 Abs. 1 Ziff. 1 bis 6 bezeichneten Einkunftsarten gehören.
§ 22 Nr. 1 S. 2	Werden die Bezüge freiwillig *oder auf Grund einer freiwillig begründeten Rechtspflicht* oder einer gesetzlich unterhaltsberechtigten Person gewährt, so sind sie nicht dem Empfänger zuzurechnen, wenn der Geber unbeschränkt steuerpflichtig ist.

EStG 1981 vom 06.12.1981 (BStBl. I 1981 S. 666) i.d.F. des 2. HStruktG vom 22.12.1981 (BStBl. I 1982 S. 235).
§ 22 Nr. 1
S. 3
Buchst. a
S. 3
Tabelle

Bei Beginn der Rente vollendetes Lebensjahr des Renten- berechtigten	Ertrags- anteil in v. H.	Bei Beginn der Rente vollendetes Lebensjahr des Renten- berechtigten	Ertrags- anteil in v. H.	Bei Beginn der Rente vollendetes Lebensjahr des Renten- berechtigten	Ertrags- anteil in v. H
0 bis 2	72	42	48	66	23
3 bis 5	71	43 bis 44	47	67	22
6 bis 8	70	45	46	68	21
9 bis 10	69	46	45	69	20
11 bis 12	68	47	44	70	19
13 bis 14	67	48	43	71	18
15 bis 16	66	49	42	72	17
17 bis 18	65	50	41	73	16
19 bis 20	64	51	39	74	15
21 bis 22	63	52	38	75	14
23 bis 24	62	53	37	76 bis 77	13
25 bis 26	61	54	36	78	12
27	60	55	35	79	11
28 bis 29	59	56	34	80	10
30	58	57	33	81 bis 82	9
31 bis 32	57	58	32	83	8
33	56	59	31	84 bis 85	7
34	55	60	29	86 bis 87	6
35	54	61	28	88 bis 89	5
36 bis 37	53	62	27	90 bis 91	4
38	52	63	26	92 bis 93	3
39	51	64	25	94 bis 96	2
40	50	65	24	ab 97	1
41	49				

Anhang 5

Veränderungen der Vorsorgepauschale:

Gesetz	Inhaltliche Änderung	Bemerkungen/Zweck
EStG 1925 vom 10.08.1925 (RGBl. I 1925 S. 189) (§ 51 EStG 1925)	Einführung eines Mindestabzugs in Höhe von RM 180,-	Zweck: u.a. Sicherstellung, daß Beträge geltend gemacht werden (vgl. RdF, EStG 1925, RT-Drucks. 3/795, S. 64; 6. Ausschuß, Bericht, RT-Drucks. 3/1229, S. 20f., 48ff.; Stenographische Berichte, Reichstag 1925, Bd. 387, S. 3651ff.)
Gesetz über die Senkung der Lohnsteuer vom 19.12.1925 (RGBl. I 1925 S. 469) (§ 51 EStG 1925)	Erhöhung auf RM 240,-	Zweck: Steuersenkung (vgl. RdF, Gesetzes über die Senkung der Lohnsteuer, RT-Drucks. 3/1629)
EStG 1934 vom 16.10.1934 (RGBl. I 1934 S. 1005) (§ 10 Abs. 3 EStG 1934)	• Senkung auf RM 200,- • Einführung des Begriffs "Pauschbetrag"	—
EStÄndG vom 17.02.1939 (RGBl. I 1939 S. 283)	Abschaffung des Pauschbetrages	Im Rahmen der Abschaffung der Kirchensteuer (vgl. Reinhardt, F., Änderungen des EStG, RStBl. 1939 S. 314)
§ 11 **EStDV 1941** (RGBl. I 1941 S. 751) i.V.m. Abschn. 52 **EStR 1941** (RStBl. 1942 S. 97)	Einführung eines Pauschbetrags in Höhe von RM 200,-	—

Gesetz	Inhaltliche Änderung	Bemerkungen/Zweck
§ 11 EStDV 1948 (BFABl. 1948 S. 297)	Einführung einer Zweiteilung: Pauschbetrag für • alle Steuerpflichtige in Höhe von DM 200,- • für Arbeitnehmer in Höhe von DM 312,-	—
Gesetz zur Neuordnung von Steuern vom 16.12.1954 (BStBl. I 1954 S. 575) (§ 10c S. 1 Nr. 1-2 EStG 1953)	Wiederaufnahme in das Gesetz: Pauschbetrag für • alle Steuerpflichtigen in Höhe von DM 200,- • für Steuerpflichtige mit Einkünften aus nichtselbständiger Arbeit oder aus wiederkehrenden Bezügen in Höhe von DM 624,-	—
Gesetz zur Änderung steuerlicher Vorschriften auf dem Gebiet der Steuern vom Einkommen und Ertrag und des Verfahrensrechts vom 18.07.1958 (BStBl. I 1958 S. 412) (§ 10c S. 1 Nr. 1-2, § 10c S. 2 EStG 1957)	Pauschbetrag für: • alle Steuerpflichtigen in Höhe von DM 200,- • für Steuerpflichtige mit Einkünften aus nichtselbständiger Arbeit oder aus wiederkehrenden Bezügen in Höhe von DM 636,- • weitere Sonderregelungen für Ehegatten	—
StÄndG 1964 vom 16.11.1964 (BStBl. I 1964 S. 553) (§ 10c S. 1 Nr. 1-3 EStG 1961)	Einführung einer Dreiteilung: Pauschbetrag für • alle Steuerpflichtigen in Höhe von DM 200,- • für Steuerpflichtige mit Einkünften aus wiederkehrenden Bezügen in Höhe von DM 636,- • für Steuerpflichtige mit Einkünften aus nichtselbständiger Arbeit in Höhe von DM 936,-	Die Gesetzesbegründung nahm zu einer Vielzahl von Gesichtspunkten, die bei dieser Regelung in Betracht gezogen worden waren, nicht aber zu der Dreiteilung Stellung (vgl. Bundeskanzler, StÄndG 1964, BT-Drucks. 4/2400, S. 41, 67f.)

Gesetz	Inhaltliche Änderung	Bemerkungen/Zweck

EStRG vom 05.08.1974 (BStBl. I 1974 S. 530) (§ 10c Abs. 2-4 EStG 1974)	• Vorsorgepauschbetrag für alle Steuerpflichtigen
	• Vorsorgepauschale für Arbeitnehmer:
	  ◻ in Abhängigkeit vom Arbeitslohn
	  ◻ Begrenzung durch Höchst- und Mindestbeträge
	  ◻ Abdeckung des Grundhöchstbetrags und des hälftigen Höchstbetrags
	  ◻ Verdopplung bei Ehegatten sowie weitere Sonderregelungen
	  ◻ Berücksichtigung der Kinderadditive
		Die Vorsorgepauschale wird aus verwaltungstechnischen Gründen sozialversicherungspflichtigen und nichtsozialversicherungspflichtigen Arbeitnehmern gewährt, da Letztere in gleicher Höhe freiwillige Vorsorgeaufwendungen leisten (vgl. Kieschke, H.-U., Lohnsteuerverfahren (DB 1974), S. 1689f.)

StÄndG 1977 vom 16.08.1977 (BStBl. I 1977 S. 442) (§ 10c Abs. 3-5 EStG 1975)	• Erhöhung der Vorsorgepauschale • weitere Sonderregelungen für Ehegatten	—
StÄndG 1979 vom 30.11.1978 (BStBl. I 1978 S. 479) (§ 10c Abs. 4 EStG 1977)	Sonderregelungen bei der Kinderadditiven für unterhaltspflichtige Steuerpflichtige	—
StEntlG 1981 vom 16.08.1980 (BStBl. I 1980 S. 534) (§ 10c Abs. 3, § 10c Abs. 5 EStG 1979)	Erhöhung der Vorsorgepauschale	—

Gesetz	Inhaltliche Änderung	Bemerkungen/Zweck
Haushaltsbegleitgeset z 1983 vom 20.12.1982 (BStBl. I 1982 S. 972) (§ 10c Abs. 3 S. 3, § 10c Abs. 7-8 EStG 1981)	• Einführung geringerer Höchstbeträge für die Vorsorgepauschale bei nichtrentenversicherungspflichtigen Arbeitnehmern und bei Personen, die Versorgungsbezüge oder Altersruhegeld aus der gesetzlichen Rentenversicherung beziehen • Sonderregelungen für Ehegatten	Zweck: Einschränkung der Freibetragswirkung (vgl. Fraktionen der CDU/CSU und FDP, Haushaltsbegleitgesetz 1983, BT-Drucks. 9/2074, S. 64ff.)
StSenkG 1986/1988 vom 26.06.1985 (BStBl. I 1985 S. 391) (§ 10c Abs. 3-6, § 10c Abs. 8 EStG 1985)	• Kinderadditive der Vorsorgepauschale entfällt • Vereinfachung bei der Berechnung des Arbeitslohns	Die Kinderadditive entfiel im Rahmen der Erhöhung der Kinderfreibeträge (vgl. Bundesregierung, StSenkG, BT-Drucks. 10/2884, S. 100)
Steuerreformgesetz 1990 vom 25.07.1988 (BStBl. I 1988 S. 224) (§ 10c Abs. 2-4 EStG 1987)	• Abschaffung des Vorsorgepauschbetrages • Erhöhung der Vorsorgepauschale • Einbeziehung des Vorwegabzuges in die Vorsorgepauschale • weitere Vereinfachungen bei Ehegatten	Zweck: u.a. Steuervereinfachungen, Berücksichtigung der Situation insbesondere kleiner und mittlerer Einkommensbezieher (vgl. Fraktionen der CDU/CSU und FDP, Steuerreformgesetz 1990, BT-Drucks. 11/2157, S. 117f., 145f.)
Zinsabschlaggesetz vom 09.11.1992 (BStBl. I 1992 S. 682) (§ 10c Abs. 2 S. 2 Nr. 1-3 EStG 1990)	Erhöhung der Vorsorgepauschale	Im Rahmen der Erhöhung des Grundhöchstbetrags (vgl. Bundesregierung, Zinsabschlaggesetz, BT-Drucks. 12/2501, S. 15)

Anhang 6

Sonderregelungen für ältere Steuerpflichtige:

Gesetz	Inhaltliche Änderung	Bemerkungen/Zweck
EStG 1925 vom 10.08.1925 (RGBl. I 1925 S. 189) (§ 112 EStG 1925)	Einführung von besonderen Höchstbeträgen für ältere Steuerpflichtige, die nach dem Alter gestaffelt sind	Zweck: Abfangen von sozialen Härten, die durch die Inflation entstanden sind (vgl. 6. Ausschuß, Bericht, RT-Drucks. 3/1229, S. 40f.)
EStG 1934 vom 16.10.1934 (RGBl. I 1934 S. 1005)	Abschaffung der Sonderregelungen	—
Zweites Gesetz zur vorläufigen Neuordnung von Steuern vom 20.04.1949 (WiGBl. 1949 S. 69) (§ 10 Abs. 2 Nr. 3 Buchst. d EStG 1949)	Einführung eines verdoppelten Grundhöchstbetrags für ältere Steuerpflichtige mit Einkünften aus nichtselbständiger und aus selbständiger Arbeit	—
Gesetz zur Neuordnung von Steuern vom 16.12.1954 (BStBl. I 1954 S. 575) (§ 10 Abs. 1 Nr. 4, § 10 Abs. 3 Nr. 3 Buchst. b S. 1 EStG 1953)	• Einführung einer zeitlichen Befristung der Sonderregelungen • Erweiterung der Höchstbetragsregelung auf andere Einkunftsarten soweit das Vermögen des Steuerpflichtigen eine bestimmte Grenze nicht überschreitet • Einführung verkürzter Mindestvertragsdauern für Kapitalansammlungsverträge	Die Befristung wurde eingeführt, da der ursprüngliche Zweck (Ausgleich sozialer Härten aus der Währungsreform) entfallen sei (vgl. Bundeskanzler, Gesetz zur Neuordnung von Steuern, BT-Drucks. 2/481, S. 82f.)
ESt- und KStÄndG I 1956 vom 05.10.1956 (BStBl. I 1956 S. 433) (§ 10 Abs. 1 S.1 Nr. 4 S. 2, § 10 Abs. 3 Nr. 3 Buchst. b S. 2-3 EStG 1955)	• Abschaffung der verkürzten Mindestvertragsdauern bei Kapitalansammlungsverträgen • Verlängerung der zeitlichen Befristung • befristete Erhöhung der Vermögensgrenze	—

Gesetz	Inhaltliche Änderung	Bemerkungen/Zweck
ESt- und KStÄndG 1956 II vom 19.12.1956 (BStBl. I 1957 S. 4) (§ 10 Abs. 3 Nr. 3 Buchst. b S. 3 EStG 1955)	Die Voraussetzung des Erzielens bestimmter Einkunftsarten oder des Nichtüberschreitens der Vermögensgrenze wurden befristet ausgesetzt	—
Gesetz zur Änderung steuerlicher Vorschriften auf dem Gebiet der Steuern vom Einkommen und Ertrag und des Verfahrensrechts vom 18.07.1958 (BStBl. I 1958 S. 412) (§ 10 Abs. 3 Nr. 3 Buchst. b S. 1-2 EStG 1957)	• Verlängerung der Gültigkeitsdauer • endgültige Abschaffung der Voraussetzungen	—
EStÄndG 1963 vom 25.11.1963 (BStBl. I 1963 S. 798) (§ 10 Abs. 3 Nr. 3 Buchst. b S. 2 EStG 1961)	Verlängerung der Gültigkeitsdauer	—
StÄndG 1964 vom 16.11.1964 (BStBl. I 1964 S. 553) (§ 10 Abs. 3 Nr. 3 Buchst. b S. 2 EStG 1961)	Abschaffung der zeitlichen Befristung	Zweck: Ermöglichung des Aufbaus einer Alterssicherung für weite Bevölkerungskreise, insbesondere der Freiberufler, leitenden Angestellten und der Gewerbetreibenden (vgl. Bundeskanzler, StÄndG 1964, BT-Drucks. 4/2400, S. 67)

Gesetz	Inhaltliche Änderung	Bemerkungen/Zweck
StÄndG 1966 vom 23.12.1966 (BStBl. I 1967 S. 2) (§ 10 Abs. 1 Nr. 2 Buchst. b S. 1 EStG 1965)	Wiedereinführung nach dem Alter gestaffelter Mindestvertragsdauern	Die Einführung kürzerer Mindestsperrfristen und die Senkung der Verdoppelung der Höchstbeträge konnte nicht durchgesetzt werden. Begründung wie zum StÄndG 1964 (vgl. Bundeskanzler, StÄndG 1964, BT-Drucks. 4/2400, S. 66f.; Bundeskanzler, StÄndG 1966, BT-Drucks. 5/1068, S. 21)
EStRG vom 05.08.1974 (BStBl. I 1974 S. 530) (§ 10 Abs. 3 Nr. 2 Buchst. b EStG 1974)	Abschaffung der verdoppelten Grundhöchstbeträge und der verkürzten Mindestvertragsdauern	Im Rahmen der Erhöhung der allgemeinen Höchstbeträge Zweck: Vereinfachung (vgl. Bundesregierung, Drittes Steuerreformgesetz, BT-Drucks. 7/1470, S. 214f.)
KultStiftFG vom 13.12.1990 (BStBl. I 1991 S. 51) (§ 10 Abs. 1 Nr. 2 Buchst. b S. 3-4 EStG 1990)	Einführung nach dem Alter gestaffelter Mindestvertragsdauern für ältere Steuerpflichtige im Beitrittsgebiet	—

Literaturverzeichnis

1. Monographien und Aufsätze

Ahrend, P. (Vorschläge der Kommission): Die Vorschläge der Kommission Alterssicherungssysteme zur Neuregelung der Besteuerung der Alterseinkünfte, BB, 39. Jg. (1984), S. 1565-1571.

Albers, W. (Vorsorgeaufwendungen): Die Behandlung von Vorsorgeaufwendungen in der Einkommensteuer, FinArch., N.F., Bd. 38 (1980), S. 23-43.

Andel, N. (Altersversicherungen): Die einkommensteuerliche Behandlung der Beiträge an und der Leistungen von Altersversicherungen, in: Haller, H. u.a. (Hrsg.) (Theorie und Praxis): Theorie und Praxis des finanzpolitischen Interventionismus, Fritz Neumark zum 70. Geburtstag, Tübingen 1970, S. 327-344.

Andel, N. (Einkommensteuer): Einkommensteuer, in: Neumark, F. (Hrsg.) (Finanzwissenschaft): Handbuch der Finanzwissenschaft, 3. Aufl., Tübingen 1979, S. 331-401.

Arndt, H.-W. (Steuerliche Leistungsfähigkeit): Steuerliche Leistungsfähigkeit und Verfassungsrecht, in: Damrau, J. u.a. (Hrsg.) (Festschrift für Otto Mühl): Festschrift für Otto Mühl zum 70. Geburtstag, 10. Oktober 1981, Stuttgart u.a. 1981, S. 17-39.

Arrow, K.J. (Rawls's Theory of Justice): Some Ordinalist-Utilitarian Notes on Rawls's Theory of Justice, The Journal of Philosophy, Vol. 70 (1973), S. 245-263.

Bach, St. (Leistungsfähigkeitsprinzip): Die Perspektiven des Leistungsfähigkeitsprinzips im gegenwärtigen Steuerrecht, StuW, 68. Jg. (1991), S. 116-135.

Bachmann, E.-U. (Kinderbetreuungskosten): Die steuerliche Behandlung der Kinderbetreuungskosten. Anmerkungen zum Beschluß des Bundesverfassungsgerichts vom 11.10.1977 und zur Neufassung des § 33a Abs. 3 S. 1 Nr. 1 EStG, StuW, 56. Jg. (1979), S. 379-389.

Bareis, P. (Privatausgaben): Transparenz bei der Einkommensteuer - Zur systemgerechten Behandlung sogenannter "notwendiger Privatausgaben", StuW, 68. Jg. (1991), S. 38-51.

Bauckner, A. (Einkommensbegriff): Der privatwirtschaftliche Einkommensbegriff, München 1921.

Becker, E. (EStG 1925): Das Einkommensteuergesetz vom 10. August 1925, Stuttgart 1928 (1. Teil), 1929 (2. Teil), 1933 (3. Teil).

Becker, E. (Grundlagen): Die Grundlagen der Einkommensteuer, 1940, Neudruck Herne/Berlin 1982.

Biergans, E. (Latente Einkünfte): Überlegungen zur Zurechnung latenter Einkünfte im Einkommensteuerrecht, FR, 64. Jg. (1982), S. 525-531.

Biergans, E./Stockinger, R. (Einkommensbegriff): Zum Einkommensbegriff und zur persönlichen Zurechnung von Einkünften im Einkommensteuerrecht, FR, 64. Jg. (1982), Erster Teil: Der Einkommensbegriff, S. 1-7, Zweiter Teil: Die persönliche Zurechnung von Einkünften, S. 25-33.

Biergans, E./Wasmer, C. (Leistungsfähigkeitsbegriff): Zum Tatbestand der Besteuerung und zum Leistungsfähigkeitsbegriff in der Einkommensteuer, FR, 67. Jg. (1985), S. 57-63.

Bieri, H.P. (Rentenbesteuerung): Die Besteuerung der Renten und Kapitalabfindungen, Diss. St. Gallen 1970.

Bilsdorfer, P. (Zinsbesteuerungsurteil): Anmerkungen zum Zinsbesteuerungsurteil des Bundesverfassungsgerichts, BB, 46. Jg. (1991), S. 1455-1458.

Birk, D. (Altersvorsorge): Altersvorsorge und Alterseinkünfte im Einkommensteuerrecht. Verfassungsrechtliche Vorgaben, gesetzliche Regelungen, Neuordnungsmodelle, Köln 1987.

Birk, D. (Leistungsfähigkeitsprinzip): Das Leistungsfähigkeitsprinzip als Maßstab der Steuernormen. Ein Beitrag zu den Grundfragen des Verhältnisses Steuerrecht und Verfassungsrecht, Köln 1983.

Birk, D. (Reform): Die Reform der Besteuerung der Alterseinkünfte, Steuerberaterkongress-Report, 28. Jg. (1990), S. 39-52.

Birk, D. (Rentenbesteuerung): Steuergerechtigkeit und Rentenbesteuerung - Überlegungen zu verfassungsrechtlichen Grundfragen der Neuordnung der Rentenbesteuerung, DRV 1986, S. 129-142.

Bockelberg, H. v. (Leistungsfähigkeit): Der Anfang vom Ende der progressiven Besteuerung nach der Leistungsfähigkeit, BB, 26. Jg. (1971), S. 925-927.

Böhm-Bawerk, E. v. (Positive Theorie): Kapital und Kapitalzins, Zweite Abteilung: Positive Theorie des Kapitales, Bd. 1, 4. Aufl., Meisenheim 1961.

Bredt, J.V. (Leistungsfähigkeit): Die Besteuerung nach der Leistungsfähigkeit. Ein Beitrag zur Systematik und Reform der direkten Steuern in Preußen und dem Reiche, Leipzig 1912.

Brockhoff (Private Leibrenten): Die Neuregelung der Besteuerung privater Leibrenten, DStZ (A), 42. Jg. (1954), S. 399-402.

Brockhoff (Rentenbesteuerung): Gedanken zur Rentenbesteuerung, FR, 38. Jg. (1956), S. 438-440.

Brümmerhoff, D. (Sozialversicherungsrenten): Die Einkommensbesteuerung der Sozialversicherungsrenten, StuW, 56. Jg. (1979), S. 219-227.

Bühler, O. (Lastenverteilung): Gleichheit in der Lastenverteilung, in: Nipperdey, H.C. (Hrsg.): Die Grundrechte und Grundpflichten der Reichsverfassung.

Kommentar zum zweiten Teil der Reichsverfassung, Berlin 1930, Bd. 2, S. 313-318.

Buob, H. (Abzug von der Steuerschuld): Der Abzug von der Steuerschuld. Beschränkung des Sonderausgabenabzugs nach den Plänen der Bundesregierung, BB, 26. Jg. (1971), S. 1404-1405.

Carter-Bericht: Report of the Royal Commission of Taxation, Vol. 3: Taxation of Income, Part A: Taxation of Individuals and Families, Ottawa 1966.

Charlier, R. (Renten und andere dauernde Lasten): Renten und andere dauernde Lasten. Ihre Behandlung bei der Einkommensteuer, StbJb., 18. Jg. (1966/1967), S. 279-314.

Dollinger, F.W./Skopp, H.R. (Quellensteuer): Die Besteuerung bislang unbesteuerter Lebensversicherungserträge durch die Quellensteuer - Stellungnahme zu § 20 Abs. 1 Nr. 6 EStG a.F. und n.F., DB, 41. Jg. (1988), S. 2381-2383.

Döring, U. (Realisationsprinzip): Zur Vereinbarkeit des Realisationsprinzips mit dem Prinzip der Gleichmäßigkeit der Besteuerung, DStR, 15. Jg. (1977), S. 271-277.

Dornbusch, H.-L. (StÄndG 1992): Steueränderungsgesetz 1992 - Auswirkungen für den Versicherungsagenten, ZfV, 42 Jg. (1991), S. 616-617.

Dziadkowski, D. (Einkommensteuertarif): Einkommensteuertarif, Grundfreibetrag und Existenzminimum der Familie. 100 Jahre Einkommensteuer in Preußen, BB, 46. Jg. (1991), S. 805-820.

Dziadkowski, D. (Einkommensbesteuerung): Existenzminimum und Einkommensbesteuerung, DStR, 29. Jg. (1991), S. 8-11.

Dziadkowski, D. (Existenzminimum): Zur Besteuerung des Existenzminimums. Zugleich Anmerkung zum Beitrag von Klatt "Steuervermeidungskunst für Kleinverdiener", DStZ (A), 75. Jg. (1987), S. 131-135.

Dziadkowski, D. (Zinsbesteuerung): Zur künftigen Ausgestaltung der Zinsbesteuerung. Plädoyer für eine partielle Steuerbefreiung in Höhe des Spareckzinses, BB, 46. Jg. (1991), S. 1831-1835.

Eckhardt, W. (Steuerreform): Grundsätzliches zur Steuerreform, BB, 9. Jg. (1954), S. 1069-1072.

Farny, D. (Lebensversicherung): Die Lebensversicherung als Investition für die Familienversorgung, VW, 30. Jg. (1975), S. 824-834.

Farny, D. (Rentabilität): Zur Rentabilität langfristiger gemischter Lebensversicherungen (Stand 1983), ZVersWiss, 72. Jg., S. 363-380.

Feddersen, D. (Gewinnermittlung): Methoden und Grenzen der rechtsstaatlichen Gewinnermittlung bei der Einkommensteuer nach deutschem Steuer- und Verfassungsrecht, DStZ (A), 73. Jg. (1985), S. 443-450.

Fisher, I. (Income): Income in Theory and Income Taxation in Practice, Econometrica, Vol. 5 (1937), S. 1-55.

Franz, C. (Einkommensbegriffe): Einkommensbegriffe im Steuer- und Sozialrecht, StuW, 65. Jg. (1988), S. 17-38.

Friauf, K.H. (Aufsichtsratsvergütungen): Zur Frage der Nichtabzugsfähigkeit von Aufsichtsratsvergütungen im Körperschaftsteuerrecht, StuW, 50. Jg. (1973), S. 97-118.

Friedrich, W. (Abschreibungen auf Rentenrechte I): Abschreibungen auf Rentenrechte bei der Einkommensteuer, DStZ, 35. Jg. (1947), S. 163-166.

Friedrich, W. (Abschreibungen auf Rentenrechte II): Abschreibungen auf Rentenrechte bei der Einkommensteuer, StuW, 26. Jg. (1949), Sp. 1-15.

Fuisting, B. (Einkommensbesteuerung): Die Einkommensbesteuerung der Zukunft in Anknüpfung an das Preußische Einkommensteuergesetz, Berlin 1903.

Fuisting, B. (Grundzüge): Die Grundzüge der Steuerlehre, Berlin 1902.

Giloy, J. (Zinsabschlaggesetz): Aktuelle Fragen zum Zinsabschlaggesetz, FR, 75. Jg. (1993), S. 8-15.

Glaser, F. (Veräußerungsrenten): Die einkommensteuerrechtliche Behandlung von Veräußerungsrenten, StuW, 7. Jg. (1928 I), Sp. 1189-1202.

Groh, M. (Vorweggenommene Erbfolge): Die vorweggenommene Erbfolge - ein Veräußerungsgeschäft? - Zum Beschluß des Großen Senats vom 5.7.1990 GrS 4-6/89, DB 1990 S. 2196 -, DB, 43. Jg. (1990), S. 2187-2191.

Haacke, H.R. (Einkommensverwendung): Steuermindernde Einkommensverwendung als Sonderausgaben und außergewöhnliche Belastungen, Steuerberaterkongress-Report 1986, S. 47-68.

Haller, H. (Steuerliche Leistungsfähigkeit): Bemerkungen zur progressiven Besteuerung und zur steuerlichen Leistungsfähigkeit, FinArch., N.F., Bd. 20 (1959/60), S. 35-57.

Haller, H. (Vermögensbesteuerung): Gedanken zur Vermögensbesteuerung, FinArch., N.F., Bd. 36 (1977), S. 222-248.

Heister, K. (Steuerreformvorschlag): Steuerreformvorschlag 1969. Einkommensteuerrechtliche Behandlung von dauernden Lasten und wiederkehrenden geldwerten Vorteilen, Steuer-Kongress-Report 1969, S. 457-490.

Hermann, F.B.W. v.: Staatswirthschaftliche Untersuchungen, 2. Aufl., München 1870.

Herzog, R. (Leitlinien): Leitlinien und Entwicklungstendenzen der Rechtsprechung des Bundesverfassungsgerichts in Steuerfragen, StbJb. 1985/86, S. 27-45.

Heyn, W. (Lebens- und Pensionsversicherung): Die steuerliche Behandlung der Lebens- und Pensionsversicherung in den neuen Steuergesetzen, NZ, 58. Jg. (1935), S. 50-51.

Hicks, J.R. (Value and Capital): Value and Capital, An Inquiry into Some Fundamental Principles of Economic Theory, 2nd edition, 1946, reprinted Oxford 1974.

Hoffmann, J.G.: Die Lehre von den Steuern als Anleitung zu gründlichen Urtheilen über das Steuerwesen mit besonderer Beziehung auf den Preussischen Staat, Berlin 1840.

Karl-Bräuer-Institut des Bundes der Steuerzahler (Hrsg.) (Sonderausgaben): Die Sonderausgaben. Ein Beitrag zur Einkommensteuerreform, Bad Wörishofen 1970.

Kieschke, H.-U./Pogge - v. Strandmann, C.-A. (EStRG): Übersicht über das Einkommensteuer-Reformgesetz, DB, 27. Jg. (1974), S. 1449-1451.

Kirchhof, P. (Altersversorgung): Die steuerliche Behandlung der verschiedenen Leistungen zur Altersversorgung, Schriftenreihe des Deutschen Sozialgerichtsverbandes, Bd. 17 (o.J.), S. 127-144.

Kirchhof, P. (Leistungsfähigkeit I): Der verfassungsrechtliche Auftrag zur Besteuerung nach der Leistungsfähigkeit, StuW, 62. Jg. (1985), S. 319-329.

Kirchhof, P. (Leistungsfähigkeit II): Die Besteuerung nach der Leistungsfähigkeit - ein verfassungsrechtliches Problem im Steueralltag, Steuerberaterkongress-Report, 26. Jg. (1988), S. 29-48.

Kirchhof, P. (Steuergerechtigkeit): Steuergerechtigkeit und sozialstaatliche Geldleistungen, JZ, 37. Jg. (1982), S. 305-312.

Knollmann-Gotha, J. (Sonderausgaben): Versicherungsprämien und Kassenbeiträge als Einkommensteuerfreie Sonderausgaben (§ 10 EStG), Berlin 1935.

Kruse, H.W. (Gleichmäßigkeit): Über die Gleichmäßigkeit der Besteuerung, StuW, 67. Jg. (1990), S. 322-330.

Kruse, H.W. (Liebhaberei): Grundfragen der Liebhaberei, StuW, 57. Jg. (1980), S. 226-234.

Labus, O. (EStÄndG): Das Einkommensteuer-Änderungsgesetz, BB, 12. Jg. (1957), S. 25-26.

Lamers, B. (Einkommenstransfers): Intertemporale Einkommenstransfers - Probleme ihrer einkommensteuerlichen Behandlung und ihrer Begünstigung durch Prämien in der Bundesrepublik Deutschland, Diss. Münster 1975.

Lang, J. (Bemessungsgrundlage): Die Bemessungsgrundlage der Einkommensteuer. Rechtssystematische Grundlagen steuerlicher Leistungsfähigkeit im deutschen Einkommensteuerrecht, Köln 1988.

Lang, J. (EStG 1975): Das Einkommensteuergesetz 1975 - Gewinn an Steuergerechtigkeit und Steuervereinfachung?, StuW, 51. Jg. (1974), S. 293-318.

Lang, J. (Familienbesteuerung): Familienbesteuerung. Zur Tendenzwende der Verfassungsrechtsprechung durch das Urt. des Bundesverfassungsgerichts vom 3.11.1982 und zur Reform der Familienbesteuerung, StuW, 60. Jg. (1983), S. 103-125.

Lang, J. (Familienexistenzminimum): Verfassungsrechtliche Gewährleistung des Familienexistenzminimums im Steuer- und Kindergeldrecht. Zu den Beschlüssen des Bundesverfassungsgerichts vom 29.5.1990 und vom 12.6.1990, StuW, 67. Jg. (1990), S. 331-348.

Lang, J. (Reformentwurf): Reformentwurf zu Grundvorschriften des Einkommensteuergesetzes, Münsteraner Symposium, Bd. 2, Köln 1985.

Lang, J. (Rückwirkende Steuerabzugsverbote): Verfassungsmäßigkeit der rückwirkenden Steuerabzugsverbote für Geldstrafen und Geldbußen. Ein Beitrag zur Anwendung des Gleichheitssatzes und der Rückwirkungsverbote nach Art. 20 III; 103 II GG auf Vorschriften, die das Leistungsfähigkeitsprinzip durchbrechen, StuW, 62. Jg. (1985), S. 10-31.

Längsfeld, H. (StÄndG 1964): Das Steueränderungsgesetz 1964, DB, 17. Jg. (1964), S. 1638-1645.

Lantau, K.-H. (Neuregelung): Die Neuregelung der Besteuerung privater Leibrenten nach dem Einkommensteuergesetz 1955, BB, 10. Jg. (1955), S. 695-698.

Laux, H. (Einkommensteuer und Sparförderung): Einkommensteuer und Sparförderung ab 1975. Die wichtigsten Änderungen beim Einkommensteuertarif, Sonderausgabenabzug und Kinderlastenausgleich sowie beim Spar- und Wohnungsbau-Prämiengesetz, Heidelberg 1974.

Laux, H. (Lebensversicherung): Lebensversicherung und Quellensteuer, BB, 43. Jg. (1988), Beilage Nr. 7, S. 2-4.

Leisner, W. (Leistungsfähigkeit): Von der Leistung zur Leistungsfähigkeit - die soziale Nivellierung. Ein Beitrag wider das Leistungsfähigkeitsprinzip, StuW, 60. Jg. (1983), S. 97-102.

Lion, M. (Einkommensbegriff): Der Einkommensbegriff nach dem Bilanzsteuerrecht und die Schanzsche Einkommenstheorie, in: Teschemacher, H. (Hrsg.) (Festgabe für Georg von Schanz): Beiträge zur Finanzwissenschaft, Festgabe für Georg von Schanz zum 75. Geburtstag, 12. März 1928, Tübingen 1928, Bd. 2, S. 273-300.

Littmann, K. (Alterseinkommen): Besteuerung von Alterseinkommen - Positives und kritisches zu den Empfehlungen der Kommission der Alterssicherungssysteme, Sozialer Fortschritt, 33. Jg. (1984), S. 65-73.

Littmann, K. (Leistungsfähigkeitsprinzip): Ein Valet dem Leistungsfähigkeitsprinzip, in: Haller, H. u.a. (Hrsg.) (Theorie und Praxis): Theorie und Praxis des finanzpolitischen Interventionismus, Fritz Neumark zum 70. Geburtstag, Tübingen 1970, S. 113-134.

Loritz, K.-G. (Systemgerechte Einkommensteuer): Die systemgerechte Einkommensteuer - ein unerreichbares Ziel?, StuW, 63. Jg. (1986), S. 9-20.

174

Loritz, K.-G. (Wiederkehrende Bezüge): Wiederkehrende Bezüge, insbesondere Renten und dauernde Lasten. Aktuelle Rechtsprobleme ihrer Besteuerung, StVj 1991, S. 195-239.

Maatz u.a. (PreußEStG): Handwörterbuch der Preußischen Einkommensteuer und Ergänzungssteuer, Hannover 1915.

Mackscheidt, K. (Harmonisierungsschritte): Grundsätzliche Überlegungen zur Gestaltung von Harmonisierungsschritten. Anmerkungen zum Bericht der Sachverständigenkommission Alterssicherungssysteme, FinArch., N.F., Bd. 42 (1984), S. 237-251.

Martens, J. (Steuergerechtigkeit): Grundrecht auf Steuergerechtigkeit? Die Rechtsprechung des Bundesverfassungsgerichts zum Leistungsfähigkeitsprinzip, KritV, Bd. 2 (1987), S. 39-60.

Mersmann (Steuerneuordnung 1954): Steuerneuordnung 1954. Grundzüge der Steuerneuordnung, DStZ (A), 42. Jg. (1954), S. 373-381.

Maydell, B.v. (Gutachten): Rechtliche Probleme einer Harmonisierung der Alterssicherungssysteme. Gutachten erstattet für den Sozialbeirat, in: Sozialbeirat (Alterssicherung): Langfristige Probleme der Alterssicherung in der Bundesrepublik Deutschland, Bd. 3: Einzelgutachten, Bonn, o.J., S. 1-82.

Meyer, E.H. (Sparkonten): Steuerfreie Sparkonten, DStZ, 11. Jg. (1922), Sp. 1069-1071.

Meyer, R. (Wesen des Einkommens): Das Wesen des Einkommens, Berlin 1887.

Mill, J.St. (Principles): Principles of Political Economy With Some of Their Applications to Social Philosophy, edited by W. Ashley 1909, Neudruck Fairfield 1976.

Mitschke, J. (Ausgabensteuer): Methoden einer indirekten Konsummessung für Zwecke einer persönlichen allgemeinen Ausgabensteuer, FinArch., N.F., Bd. 38 (1980), S. 274-301.

Mitschke, J. (Einkommen, Konsum und Vermögen): Über die Eignung von Einkommen, Konsum und Vermögen als Bemessungsgrundlage der direkten Besteuerung. Eine meßtechnische Analyse, Berlin 1976.

Mitschke, J. (Lebenseinkommensbesteuerung): Lebenseinkommensbesteuerung durch interperiodischen Progressionsausgleich, StuW, 57. Jg. (1980), S. 122-134.

Moll, W. (Steuern): Über Steuern, insbesondere die Einkommensbesteuerung der Gegenwart, Diss. Würzburg 1911.

Musgrave, R.A. (Expenditure Tax): Book Review: An Expenditure Tax. By Nicholas Kaldor, The American Economic Review, Vol. XLVII, March 1957, No. 1, S. 200-205.

Neubeck, J. (Lebensversicherungen): Neue Besteuerung der Altersversorgung durch Lebensversicherungen im Rahmen der geplanten Quellensteuer, BB, 43. Jg. (1988), S. 455-459.

Oeftering (Änderungen der Einkommensteuer): Die Änderungen der Einkommensteuer - Durchführungsverordnung aufgrund der Steuerreformgesetze in den Westzonen, DStZ, 36. Jg. (1948), S. 154-157.

Oeftering: Die Neuordnung der Steuern im Zug der westdeutschen Währungsreform, DStZ, 36. Jg. (1948), S. 34-37.

Oswald (Versicherungsrenten): Die steuerliche Behandlung von Versicherungsrenten - die Rechtslage auf Grund des Urteils des BFH vom 18.9.1952, WPg, 6. Jg. (1953), S. 134.

o.V.: Altersversorgung, in: Schierenbeck, H. (Hrsg.), Bank- und Versicherungslexikon, München/Wien 1990, S. 17.

o.V.: Lebensversicherung, in: Schierenbeck, H. (Hrsg.), Bank- und Versicherungslexikon (1990), S. 435-437.

Paulsdorff, J. (Altersversorgung): Die Altersversorgung in der privaten Wirtschaft, Schriftenreihe des Deutschen Sozialgerichtsverbandes, Bd. 17 (o.J.), S. 79-101.

Paus, B. (Private Renten): Einkommensteuerliche Behandlung privater Renten, StW, 60. Jg. (1987), S. 97-103.

Peffekoven, R. (Ausgabensteuer): Zur Problematik einer persönlichen Ausgabensteuer, FinArch., N.F., Bd. 37 (1979), S. 148-156.

Pogge - v. Strandmann, C.-A. (EStRG): Einkommensteuerreformgesetz. Die Änderungen bei den Sonderausgaben, den außergewöhnlichen Belastungen und der Sparförderung, DB, 27. Jg. (1974), S. 1832-1835.

Pohmer, D./Jurke, G. (Leistungsfähigkeitsprinzip): Zur Geschichte und Bedeutung des Leistungsfähigkeitsprinzips unter besonderer Berücksichtigung der Beiträge im Finanzarchiv und der Entwicklung der deutschen Einkommensbesteuerung, FinArch., N.F., Bd. 42 (1984), S. 445-489.

Porzner, K.: Aktuelle Fragen des Steuerrechts und der Steuerpolitik, StbJb., 25. Jg. (1973/74), S. 29-52.

Reinhardt, F. (Änderungen des EStG), Änderungen des Einkommensteuergesetzes, RStBl. 1939 S. 313-317.

Richter, W.F. (Ertragsanteilsbesteuerung): Neutrale Ertragsanteilsbesteuerung von Renten, DRV 1987, S. 662-685.

Roscher, W. (System): System der Volkswirthschaft, Bd. 1: Die Grundlagen der Nationalökonomie, 6. Aufl., Stuttgart 1866.

Rose, M. (Konsumorientierte Neuordnung des Steuersystems): Argumente zu einer "konsumorientierten Neuordnung des Steuersystems", StuW, 66. Jg. (1989), S. 191-193.

176

Sachverständigenkommission Alterssicherungssysteme (Gutachten): Vergleich der Alterssicherungssysteme und Empfehlungen der Kommission, Gutachten der Sachverständigenkommission vom 19. November 1983, Berichtsband 1, Stuttgart u.a. 1983.

Schanz, G. v. (Einkommensbegriff I): Der Einkommensbegriff und die Einkommensteuergesetze, FinArch., 13. Jg. (1896), S. 1-87.

Schanz, G. v. (Einkommensbegriff II): Der privatwirtschaftliche Einkommensbegriff, FinArch., 39. Jg. (1922), S. 505-523.

Schanz, G. v. (Existenzminimum): Existenzminimum und seine Steuerfreiheit, Handwörterbuch der Staatswissenschaften, Bd. 3, 3. Aufl., Jena 1909, S. 1135-1142.

Schanz, G. v. (Lebensversicherungsprämien): Soll man Lebensversicherungsprämien vom steuerpflichtigen Einkommen abziehen lassen?, FinArch., 13. Jg. (1896), S. 210-223.

Scheil, X.B. (Altersrenten): Steuerbelastung von Altersrenten im internationalen Vergleich, Sozialer Fortschritt, 31. Jg. (1982), S. 250-253.

Scheurmann-Kettner, P./Broudré, A.M. (StÄndG 1992): Steueränderungsgesetz 1992: Änderung beim Abzug von Sonderausgaben, insbesondere Policendarlehen, DB, 45. Jg. (1992), S. 1108-1115.

Schmähl, W. (Rentenreform): Elemente einer künftigen Rentenreform: Veränderung der Anpassung und der Besteuerung von Renten - Analysen und Vorschläge -, in: Sozialbeirat (Alterssicherung): Langfristige Probleme der Alterssicherung in der Bundesrepublik Deutschland, Bd. 3: Einzelgutachten, Bonn, o.J., S. 83-357.

Schmähl, W. (Teilbesteuerung): Teilbesteuerung versus Vollbesteuerung von Renten. - Konzeptionelle Überlegungen zur Neugestaltung der Steuerlichen Behandlung von Vorsorgeaufwendungen und Alterseinkünften -, DRV 1986, S. 101-128.

Schmidt, K. (Leistungsfähigkeitsprinzip): Das Leistungsfähigkeitsprinzip und die Theorie vom proportionalem Opfer, FinArch., N.F., Bd. 26 (1967), S. 385-404.

Smith, A. (Wealth of Nations): An Inquiry into the Nature and Causes of the Wealth of Nations, 1812, Neudruck London ca. 1870.

Schmoller, G. (Grundprincipien): Die Lehre vom Einkommen in ihrem Zusammenhang mit den Grundprincipien der Steuerlehre, Zeitschrift für die gesamte Staatswissenschaft, Bd. 19 (1863), S. 1-86.

Schneider, D. (Allgemeine Betriebswirtschaftslehre): Allgemeine Betriebswirtschaftslehre, 3. Aufl., München/Wien 1987.

Schneider, D. (Bilanzgewinn): Bilanzgewinn und ökonomische Theorie, ZfhF, N.F., 15. Jg. (1963), S. 457-474.

Schneider, D. (Einkommensteuer): Einkommensteuer, Konsumsteuer und Steuerreformen der letzten Jahre, FinArch., N.F., Bd. 49 (1991/92), S. 534-557.

Schneider, D. (Erbschaft- und Vermögensteuer): Zur Rechtfertigung von Erbschaft- und Vermögensteuer, StuW, 56. Jg. (1979), S. 38-42.

Schneider, D. (Gewinnermittlung): Gewinnermittlung und steuerliche Gerechtigkeit, zfbf, 23. Jg. (1971), S. 352-394.

Schneider, D. (Leistungsfähigkeitsprinzip): Leistungsfähigkeitsprinzip und Abzug von der Bemessungsgrundlage, StuW, 61. Jg. (1984), S. 356-367.

Schneider, D. (Realisationsprinzip): Realisationsprinzip und Einkommensbegriff, in: Baetge, J. u.a. (Hrsg.) (Festschrift für Ulrich Leffson): Bilanzfragen. Festschrift zum 65. Geburtstag von Prof. Dr. Ulrich Leffson, Düsseldorf 1976, S. 101-117.

Schneider, D. (Reform der Gewinnermittlung): Eine Reform der steuerlichen Gewinnermittlung? Anmerkungen zum Teil "Gewinnermittlung" des Gutachtens der Steuerreformkommission 1971, StuW, 48. Jg. (1971), S. 326-341.

Schneider, D. (Reform der Unternehmensbesteuerung): Reform der Unternehmensbesteuerung aus betriebswirtschaftlicher Sicht, StuW, 66. Jg. (1989), S. 328-339.

Schneider, D. (Steuerbilanzen): Steuerbilanzen. Rechnungslegung als Messung steuerlicher Leistungsfähigkeit, Wiesbaden 1978.

Schneider, D. (Unternehmensbesteuerung): Grundzüge der Unternehmensbesteuerung, 5. Aufl., Wiesbaden 1990.

Schneider, D. (Vermögensbesteuerung): Bezugsgrößen steuerlicher Leistungsfähigkeit und Vermögensbesteuerung, FinArch., N.F., Bd. 37 (1979), S. 26-49.

Schneider, H.-P. (Alterseinkünfte und Gleichheitssatz): Alterseinkünfte und Gleichheitssatz - Zur Verfassungsmäßigkeit der Einkommensbesteuerung von Versorgungsbezügen und Renten, DRV 1980, S. 213-238 (Teil 1), 302-326 (Teil 2).

Schober, H.-L. (Renten): Die einkommensteuerliche Behandlung der Renten, Diss. Münster 1964.

Schoor, H.W. (Vermögensübertragung): Übertragung von Betriebs- und Privatvermögen gegen Rente, Rate und dauernde Last, FR, 69. Jg. (1987), S. 248-253.

Schreyer, M. (Ertragsanteilsbesteuerung): Die Ertragsanteilsbesteuerung von Renten - eine Modifikation des Steuertarifs?, StuW, 60. Jg. (1983), S. 136-140.

Schreyer, M. (Renten): Probleme der Besteuerung von Renten, Konjunkturpolitik, 23. Jg. (1977), S. 287-307.

Schropp, H. (Steuerreform-Gesetz): Die Sonderausgaben nach dem Steuerreform-Gesetz, DStZ, 36. Jg. (1948), S. 74-83.

Sismondi, J.C.L.S. de (Grundsätze): Neue Grundsätze der Politischen Ökonomie oder Der Reichtum in seinen Beziehungen zu der Bevölkerung, Bd. 2, Berlin 1902.

Söffing, G. (Nettoprinzip): Verletzung des Nettoprinzips, StbJb. 1988/89, S. 121-145.

Söhn, H. (Höchstbeträge): Verfassungsrechtliche Bindungen bei der Beschränkung der Abzugsfähigkeit von Vorsorgeaufwendungen durch Höchstbeträge, StuW, 67. Jg. (1990), S. 356-363.

Söhn, H. (Sonderausgaben): Sonderausgaben (§ 10 EStG) und Besteuerung nach der Leistungsfähigkeit, StuW, 62. Jg. (1985), S. 395-407.

Söhn, H. (Sonderausgaben und Ertragsanteilsbesteuerung): Abzug von Rentenversicherungsbeiträgen als Sonderausgaben (§10 Abs. 1 Nr. 2 EStG) und Ertragsanteilsbesteuerung von Leibrenten (§ 22 Nr. 1 Satz 3 Buchst. a EStG), StuW, 63. Jg. (1986), S. 324-334.

Söhn, H. (Subjektive Leistungsfähigkeit): Verfassungsrechtliche Aspekte der Besteuerung nach der subjektiven Leistungsfähigkeit im Einkommensteuerrecht: Zum persönlichen Existenzminimum. FinArch., N.F., Bd. 46 (1988), S. 154-171.

Sozialbeirat (Gutachten): Gutachten des Sozialbeirats zu den Vorausberechnungen der Bundesregierung über die Entwicklung der Finanzlage der gesetzlichen Rentenversicherungen von 1976 bis 1990 sowie der Empfehlung des Sozialbeirats zur Anpassung der Geldleistungen der gesetzlichen Unfallversicherung, BT-Drucks. 8/132.

Steuerreformkommission (Gutachten): Gutachten der Steuerreformkommission 1971, Schriftenreihe BMF, Heft 17, Bonn 1971.

Strutz, G. (Das neue EStG): Das neue Einkommensteuergesetz, DStZ, 14. Jg. (1925), Sp. 678-694.

Strutz, G. (Grundlehren des Steuerrechts): Grundlehren des Steuerrechts, Berlin 1922.

Strutz, G.[1] (Steuerrecht): Das deutsche Steuerrecht im Jahre 1924. Ein Rückblick und Ausblick, DStZ, 14. Jg. (1925), Sp. 5-14.

Stüssi, H. (Lebensversicherung): Ueber die Besteuerung der in der Lebensversicherung angelegten Gelder, FinArch., 8. Jg. (1891), S. 165-243.

Tipke, K. (Nettoprinzip): Das Bundesverfassungsgericht zum Nettoprinzip. Zum BVerfG-Beschluß vom 7.11.1972, StuW, 51. Jg. (1974), S. 84-86.

Tipke, K. (Chaos, Konglomerat oder System): Steuerrecht - Chaos, Konglomerat oder System?, StuW, 48. Jg. (1971), S. 2-17.

Tipke, K. (Richtiges Steuerrecht): Über "richtiges Steuerrecht", StuW, 65. Jg. (1988), S. 262-282.

---

[1] Bei der Authorenangabe "E. Strutz" in der bezeichneten Ausgabe der DStZ handelt es sich ersichtlich um einen Druckfehler.

Tipke, K./Lang, J. (Steuerrecht): Steuerrecht. Ein systematischer Grundriß, 13. Aufl., Köln 1991.

Transfer-Enquête-Kommission (Bericht): Das Transfersystem in der Bundesrepublik Deutschland, Bericht der Sachverständigenkommission zur Ermittlung des Einflusses staatlicher Transfereinkommen auf das verfügbare Einkommen der privaten Haushalte (Transfer-Enquête-Kommission), Stuttgart u.a. 1981.

Troeger, H. (Hrsg.) (Denkschrift): Denkschrift zur Verbesserung der Einkommensbesteuerung 1957, Stuttgart 1958.

Vickrey, W. (Progressive Taxation): Agenda for Progressive Taxation, 1947, Neudruck Clifton, New Jersey 1972.

Vogel, K. (Zwangsläufige Aufwendungen): Zwangsläufige Aufwendungen - besonders Unterhaltsaufwendungen - müssen realitätsgerecht abziehbar sein. Das Bundesverfassungsgericht verschärft seine Rechtsprechung zum Verfassungsprinzip der Leistungsfähigkeit, StuW, 61. Jg. (1984), S. 197-203.

Wagner, A. (Staatsbesteuerung in Preußen): Die Reform der direkten Staatsbesteuerung in Preußen im Jahre 1891, FinArch., 8. Jg. (1891), S. 551-810.

Walther, C. (Reichseinkommensteuer): Was darf ich für die Reichs-Einkommensteuer als steuerfrei abziehen?, Siegmar-Chemnitz 1921.

Wassermeyer, F. (Einkünfte aus Kapitalvermögen): Zum Besteuerungsgegenstand der Einkünfte aus Kapitalvermögen, StuW, 65. Jg. (1988), S. 283-290.

Weise, H. (Renten): Rentenfinanzierung und Rentenbesteuerung. Das Besteuerungspotential der Renteneinkommen in der Bundesrepublik Deutschland, FinArch., N.F., Bd. 37 (1979), S. 396-436.

Welter, R. (Renten und Gleichbehandlungsgebot): Die Besteuerung von Renten aus der gesetzlichen Rentenversicherung (§ 22 Nr. 1 Buchst. a EStG) und das Gleichbehandlungsgebot (Art. 3 Abs. 1 GG). - Erste Anmerkung zur Entscheidung des Bundesverfassungsgerichts und deren Folgen -, StuW, 57. Jg. (1980), S. 332-341.

Welter, R. (Wiederkehrende Leistungen): Wiederkehrende Leistungen im Zivilrecht und im Steuerrecht, Berlin 1984.

Wissenschaftlergruppe des Sozialbeirats (Gutachten): Gutachten der Wissenschaftlergruppe des Sozialbeirats zu längerfristigen Entwicklungsperspektiven der Rentenversicherung, BT-Drucks. 9/632, S. 17-82.

Wissenschaftlicher Beirat beim BdF (Gutachten): Gutachten zur Reform der direkten Steuern (Einkommensteuer, Vermögensteuer, Erbschaftsteuer), in: BdF (Hrsg.) (Entschließungen): Entschließungen, Stellungnahmen und Gutachten 1949-1973, Tübingen 1974, S. 326-400.

Wissenschaftlicher Beirat beim BdF (Organische Steuerreform): Organische Steuerreform. Bericht des Wissenschaftlichen Beirats beim Bundesministerium der Finanzen, Bonn 1953.

Wöhe, G. (Bilanzierung und Bilanzpolitik): Bilanzierung und Bilanzpolitik. Betriebswirtschaftlich - Handelsrechtlich - Steuerrechtlich, 8. Aufl., München 1992.

Zeine, P. (Lebens- und Pensionsversicherung): Die steuerliche Behandlung der Lebens- und Pensionsversicherung in den neuen Steuergesetzen, NZ, 58. Jg. (1935), S. 20-23.

Zimmermann, E. (Reichseinkommensteuer): Zehn Jahre Reichseinkommensteuer, StuW, 9. Jg. (1930 I), Sp. 1001-1014.

Zitzelsberger, H. (Besteuerung der Alterseinkommen): Reformüberlegungen zur Besteuerung der Alterseinkommen. Anmerkungen zum Gutachten der Sachverständigenkommission Altersicherungssysteme, DStZ (A), 72. Jg. (1984), S. 467-475.

Zitzlaff: Abnutzungsabsetzungen bei Rentenrechten, DStZ, 37. Jg. (1949), S. 191-192.

Zumstein, P. (Ausgabensteuer): Die Ausgabensteuer. Volkswirtschaftlliche Begründung und praktische Durchführbarkeit, Diss. St. Gallen 1977.

2. Kommentare

Becker, E. (EStG 1925): Das Einkommensteuergesetz vom 10. August 1925, Stuttgart 1928 (1. Teil), 1929 (2. Teil), 1933 (3. Teil).

Blümich, W. (EStG 1938): Einkommensteuergesetz vom 6. Februar 1938 mit Durchführungsverordnungen und Verwaltungsanweisungen, 3. Aufl., Berlin 1938.

Blümich, W./Schachian, H. (EStG 1925): Das Einkommensteuergesetz vom 10. August 1925, Berlin 1925.

Breunig, G. v. (BayEStG 1910): Das bayerische Einkommensteuergesetz vom 14. August 1910, München 1911.

Bühler, O. (Reichsverfassung): Die Reichsverfassung vom 11. August 1919, 3. Aufl., Leipzig/Berlin 1929.

Erler, F./Koppe, F. (EStG 1920): Das Reichseinkommensteuergesetz vom 29. März 1920, 2. Aufl., Berlin 1920.

Fernow, A. (PreußEStG 1906): Einkommensteuergesetz, 7. Aufl., Berlin 1908.

Fuisting, B. (PreußEStG 1891): Das Preußische Einkommensteuergesetz vom 24. Juni 1891 und die Ausführungsanweisungen vom 5. August 1891 mit Erläuterungen, 3. Aufl., Berlin 1894.

Fuisting, B./Strutz, G. (PreußEStG 1891): Das Preußische Einkommensteuergesetz vom 24. Juni 1891 nebst Ausführungsanweisungen, 2. Aufl., Berlin 1903.

Fuisting, B./Strutz, G. (PreußEStG 1906): Das Preußische Einkommensteuergesetz vom 24. Juni 1891 in der Fassung der Bekanntmachung vom 19. Juni 1906 nebst Ausführungsanweisung, 5. Aufl., Berlin 1917.

Glaser, F. (EStG 1920): Das Einkommensteuergesetz vom 29. März 1920 in der Fassung der Novellen vom 24. März u. 11. Juli 1921 nebst den Ausführungsbestimmungen, Berlin 1922.

Grieken, W. v./Gutknecht, W. (EStG 1947): Einkommen- und Körperschaftsteuer unter Berücksichtigung der neuesten Bestimmungen, Bd. 1: Einkommensteuer, Heft 1, Berlin 1947.

Heining, A. (EStG 1955): Kommentar zum Einkommensteuergesetz, Körperschaftsteuergesetz und Wohnungsbau-Prämiengesetz in der ab 1955 geltenden Fassung und Erläuterungen zu den Änderungen des Gewerbesteuergesetzes, des Umsatzsteuergesetzes, der steuerlichen Ausfuhrförderung, des Erbschaftsteuergesetzes, der Reichsabgabenordnung und des Notopfers Berlin, Berlin-Frohnau/Neuwied am Rhein 1955.

Herrmann, C./Heuer, G./Raupach, A. (EStG): Einkommensteuer- und Körperschaftsteuergesetz. Kommentar, 20. Aufl., Loseblattsammlung (Stand: Februar 1993, einschließlich 172. Ergänzungslieferung)

Hollaender, A. (EStG): Einkommensteuergesetz und Körperschaftsteuergesetz nebst den zugehörigen Aus- und Durchführungsbestimmungen, Verordnungen und Erlassen, Berlin/Leipzig 1926.

Kirchhof, P./Söhn, H. (Hrsg.) (EStG): Einkommensteuergesetz. Kommentar, Loseblattsammlung (Stand: Oktober 1992, einschließlich 38. Ergänzungslieferung).

Klein, F./Flockermann, P.G./Kühr, C. (EStG): Kommentar zum Einkommensteuergesetz, 3. Aufl., 1981.

Krause, P. (PreußEStG 1891): Das Preußische Einkommensteuergesetz vom 24. Juni 1891 nebst Ausführungsanweisung vom 5. August 1891, erster und zweiter Theil, Berlin 1892.

Kuhn, K. (EStG 1920): Das Einkommensteuergesetz mit den Ausführungsbestimmungen, 2. Aufl., Berlin 1922.

Kuhn, K. (EStG 1925): Das Einkommensteuergesetz vom 10. August 1925, 4. Aufl., Berlin 1926.

Littmann, E. (EStG 1948): Das Einkommensteuerrecht. Eine Darstellung des seit 21.6.1948 geltenden Rechtes mit 550 Beispielen für die Praxis, Düsseldorf/München 1950.

Meißen, R. (Hrsg.) (Klassensteuer): Die Vorschriften über die Klassen- und klassifizierte Einkommensteuer in Preußen, 2. Aufl., Berlin 1887.

Mirre, L. (EStG 1920): Einkommensteuer-Gesetz vom 29. März 1920 nebst den vorläufigen Ausführungsbestimmungen zum Abzug vom Arbeitslohne und den wichtigsten Vorschriften des Landessteuer-Gesetzes und der Reichsabgabenordnung, Mannheim u.a. 1920.

Mrozek, A. (EStG 1925): Handkommentar zum Einkommensteuergesetze vom 10. August 1925 in dessen neuester Fassung, Köln 1926.

Mrozek, A. (PreußEStG): Handkommentar zum Preußischen Einkommensteuergesetze, Köln 1914.

Peters, J.F.H. (EStG): Kommentar zum Einkommensteuergesetz in neuester Fassung sowie zur Mehr-Einkommensteuer und zum Kriegszuschlag zur Einkommensteuer, 4. Aufl., Köln, Loseblattsammlung (Stand: Anfang Juli 1942, einschließlich 11. Ergänzungslieferung).

Pißel, L./Koppe, F. (EStG 1925): Das Einkommensteuergesetz vom 10. August 1925 mit Aus- und Durchführungsbestimmungen, 2. Aufl., Berlin/Wien 1927.

Strutz, G. (EStG 1920): Handausgabe des Einkommensteuergesetzes vom 29. März 1920 in der Fassung vom 24. März 1921 und 11. Juli 1921 nebst den Ausführungsbestimmungen und den Vorschriften über die Rücklagen nach § 59a sowie die Einkommensteuer vom Arbeitslohn, 3. Aufl., Berlin 1921.

Strutz, G. (EStG 1925): Kommentar zum Einkommensteuergesetz vom 10. August 1925 nebst den Ausführungsbestimmungen, Berlin 1927 (1. Bd.), 1929 (2. Bd.), 1930 (Ergänzungsband).

Wieneke, K. (Kontrollratgesetz Nr. 12): Die neue Einkommen- und Körperschaftsteuer. Das Gesetz Nr. 12 des Alliierten Kontrollrats, 3. Aufl., Berlin 1947.

Wilmowski, B. v. (PreußEStG 1891): Kommentar zum Preußischen Einkommensteuergesetz vom 24. Juni 1891, Breslau 1896.

Zimmermann, E. (EStG 1920/1921): Kommentar zum Einkommensteuergesetz vom 29. März 1920/ 24. März 1921, Stuttgart 1921.

Zimmermann, E. (EStG 1925): Kommentar zum Einkommensteuergesetz vom 10. August 1925, 3. Aufl., Stuttgart 1925.

Quellenverzeichnis

1. Gesetze

EStÄndG 1921 I: Gesetz zur Änderung des Einkommensteuergesetzes vom 29. März 1920 vom 24.03.1921, RGBl. 1921 S. 313.

EStÄndG 1921 II: Gesetz zur Änderung des Einkommensteuergesetzes vom 20.12. 1921, RGBl. 1921 S. 1580.

EStÄndG 1922 I: Gesetz zur Änderung des Einkommensteuergesetzes vom 20.07. 1922, RGBl. I 1922 S. 607.

EStÄndG 1922 II: Gesetz zur Änderung des Einkommensteuergesetzes vom 23.12. 1922, RGBl. I 1922 S. 978.

EStÄndG 1927: Gesetz zur Änderung des Einkommensteuergesetzes vom 22.12.1927, RGBl. I 1927 S. 485.

EStÄndG 1939: Gesetz zur Änderung des Einkommensteuergesetzes vom 17.02.1939, RGBl. I 1939 S. 283.

EStÄndG 1963: Gesetz zur Änderung des Einkommensteuergesetzes vom 25.11.1963, BStBl. I 1963 S. 798.

EStG 1920: Einkommensteuergesetz 1920 vom 29.03.1920, RGBl. 1920 S. 359.

EStG 1925: Einkommensteuergesetz 1925 vom 10.08.1925, RGBl. I 1925 S. 189.

EStG 1934: Einkommensteuergesetz 1934 vom 16.10.1934, RGBl. I 1934 S. 1005.

EStG 1938: Einkommensteuergesetz 1938 vom 06.02.1938, RGBl. I 1938 S. 121.

EStG 1939: Einkommensteuergesetz 1939 vom 27.02.1939, RGBl. I 1939 S. 297.

EStG 1947: Einkommensteuergesetz 1947 vom 24.10.1947, STuZBl. 1947 S. 255.

EStG 1949: Einkommensteuergesetz 1949 vom 10.08.1949, WiGBl. 1949 S. 266.

EStG 1950: Einkommensteuergesetz 1950 vom 28.12.1950, BGBl. I 1951 S. 1.

EStG 1951: Einkommensteuergesetz 1951 vom 17.01.1952, BGBl. I 1952 S. 33.

EStG 1953: Einkommensteuergesetz 1953 vom 15.09.1953, BStBl. I 1953 S. 378.

EStG 1955: Einkommensteuergesetz 1955 vom 21.12.1954, BStBl. I 1954 S. 668.

EStG 1957: Einkommensteuergesetz 1957 vom 13.11.1957, BStBl. I 1957 S. 548.

EStG 1960: Einkommensteuergesetz 1960 vom 11.10.1960, BStBl. I 1960 S. 630.

EStG 1961: Einkommensteuergesetz 1961 vom 15.08.1961, BStBl. I 1961 S. 509.

EStG 1965: Einkommensteuergesetz 1965 vom 10.12.1965, BStBl. I 1965 S. 686.

EStG 1967: Einkommensteuergesetz 1967 vom 27.02.1968, BStBl. I 1968 S. 424.

EStG 1969: Einkommensteuergesetz 1969 vom 12.12.1969, BStBl. I 1969 S. 832.

EStG 1974: Einkommensteuergesetz 1974 vom 15.08.1974, BStBl. I 1974 S. 578.

EStG 1975: Einkommensteuergesetz 1975 vom 05.09.1974, BStBl. I 1974 S. 733.

EStG 1977: Einkommensteuergesetz 1977 vom 05.12.1977, BStBl. I 1977 S. 624.

EStG 1979: Einkommensteuergesetz 1979 vom 21.06.1979, BStBl. I 1979 S. 379.

EStG 1981: Einkommensteuergesetz 1981 vom 06.12.1981, BStBl. I 1981 S. 666.

EStG 1983: Einkommensteuergesetz 1983 vom 24.01.1984, BStBl. I 1984 S. 51.

EStG 1985: Einkommensteuergesetz 1985 vom 12.06.1985, BStBl. I 1985 S. 223.

EStG 1986: Einkommensteuergesetz 1986 vom 15.04.1986, BStBl. I 1986 S. 172.

EStG 1987: Einkommensteuergesetz 1987 vom 27.02.1987, BStBl. I 1987 S. 274.

EStG 1990: Einkommensteuergesetz 1990 vom 07.09.1990, BStBl. I 1990 S. 453.

EStRG: Gesetz zur Reform der Einkommensteuer, des Familienlastenausgleichs und der Sparförderung (Einkommensteuerreformgesetz - EStRG) vom 05. 08.1974, BStBl. I 1974 S. 530.

ESt- und KStÄndG 1950: Gesetz zur Änderung des Einkommensteuergesetzes und des Körperschaftsteuergesetzes vom 29.04.1950, BGBl. 1950 S. 95.

ESt- und KStÄndG 1951: Gesetz zur Änderung und Vereinfachung des Einkommensteuergesetzes und des Körperschaftsteuergesetzes (ESt- und KSt-Änderungsgesetz 1951) vom 27.06.1951, BGBl. I 1951 S. 411.

ESt- und KStÄndG 1956 I: Gesetz zur Änderung des Einkommensteuergesetzes und des Körperschaftsteuergesetzes vom 05.10.1956, BStBl. I 1956 S. 433.

ESt- und KStÄndG 1956 II: Gesetz zur Änderung des Gesetzes zur Änderung des Einkommensteuergesetzes und des Körperschaftsteuergesetzes vom 19. 12.1956, BStBl. I 1957 S. 4.

Gesetz betreffend die Abänderung des Einkommensteuergesetzes und des Ergänzungssteuergesetzes vom 19.06.1906, in: Cretschmar, C./Grotefend, G.A. (Hrsg.) (Gesetzgebungsmaterial): Das gesamte deutsche und preußische Gesetzgebungs-Material, Düsseldorf 1906, S. 975.

Gesetz betreffend die Einführung einer Klassen- und klassifizirten Einkommensteuer vom 01.05.1851, GS 1951 S. 193.

Gesetz Nr. 64: Gesetz Nr. 64 der Militärregierung zur vorläufigen Neuordnung von Steuern vom 20.06.1948, WiGBl. 1948 Nr. 14 Beilage 4.

Gesetz über die Senkung der Lohnsteuer vom 19.12.1925, RGBl. I 1925 S. 469.

Gesetz wegen Abänderung des Gesetzes vom 1. Mai 1851, betreffend die Einführung einer Klassen- und klassifizirten Einkommensteuer vom 25.05.1873, GS 1873 S. 213.

Gesetz zur Änderung des Entwicklungsländer-Steuergesetzes und des Einkommensteuergesetzes vom 21.05.1979, BStBl. I 1979 S. 288.

Gesetz zur Änderung des Steuerreformgesetzes 1990 sowie zur Förderung des Mietwohnungsbaus und von Arbeitsplätzen in Privathaushalten vom
30.06.1989, BStBl. I 1989 S. 251.

Gesetz zur Änderung steuerlicher Vorschriften auf dem Gebiet der Steuern vom Einkommen und Ertrag und des Verfahrensrechts vom 18.07.1958, BStBl.
I 1958 S. 412.

Gesetz zur Änderung steuerlicher Vorschriften und zur Sicherung der Haushaltsführung vom 24.06.1953, BStBl. I 1953 S. 192.

Gesetz zur Änderung und Vereinfachung des Einkommensteuergesetzes und anderer
Gesetze vom 18.08.1980, BStBl. I 1980 S. 581.

Gesetz zur Neuordnung von Steuern vom 16.12.1954, BStBl. I 1954 S. 575.

Haushaltsbegleitgesetz 1983: Gesetz zur Wiederbelebung der Wirtschaft und Beschäftigung und zur Entlastung des Bundeshaushalts (Haushaltsbegleitgesetz 1983) vom 20.12.1982, BStBl. I 1982 S. 972.

KEStG 1920: Kapitalertragsteuergesetz vom 29.03.1920, RGBl. 1920 S. 345.

Kontrollrat Gesetz Nr. 12: Alliierte Kontrollbehörde - Kontrollrat Gesetz Nr. 12 vom
11.02.1946, STuZBl. 1946 S. 2.

KStRG: Körperschaftsteuerreformgesetz vom 31.08.1976, BStBl. I 1976 S. 445.

KultStiftFG: Gesetz zur steuerlichen Förderung von Kunst, Kultur und Stiftungen sowie zur Änderung steuerrechtlicher Vorschriften (Kultur- und Stif-
tungsförderungsgesetz - KultStiftFG -) vom 13.12.1990, BStBl. I 1991
S. 51.

PreußEStG 1891: Preußisches Einkommensteuergesetz 1891 (Preuß. EStG 1891) vom
24.06.1891, in: Grotefend, G.A. (Hrsg.) (Gesetzgebungsmaterial): Das
gesamte preußisch-deutsche Gesetzgebungs-Material, Düsseldorf
1891, S. 187.

PreußEStG 1906: Preußisches Einkommensteuergesetz 1906 (Preuß. EStG 1906) vom
19.06.1906, in: Cretschmar, C./Grotefend, G.A. (Hrsg.)
(Gesetzgebungsmaterial): Das gesamte deutsche und preußische Gesetzgebungs-Material, Düsseldorf 1906, S. 983.

RRG 1992: Gesetz zur Reform der gesetzlichen Rentenversicherung
(Rentenreformgesetz 1992 - RRG 1992) vom 18.12.1989, BGBl. I
1989 S. 2261.

StÄndG 1961: Gesetz zur Änderung des Einkommensteuergesetzes, des Körperschaftsteuergesetzes, des Gewerbesteuergesetzes, des Bewertungsgesetzes, des Vermögensteuergesetzes, des Steuersäumnisgesetzes, der
Reichsabgabenordnung, des Steueranpassungsgesetzes, des Gesetzes
zur Förderung der Wirtschaft von Berlin (West) und anderer Gesetze
(Steueränderungsgesetz 1961) vom 13.07.1961, BStBl. I 1961 S. 444.

StÄndG 1964: Gesetz zur Änderung des Einkommensteuergesetzes, des Spar-Prämiengesetzes und anderer Gesetze (Steueränderungsgesetz 1964) vom
16.11.1964, BStBl. I 1964 S. 553.

StÄndG 1965: Gesetz zur Änderung des Einkommensteuergesetzes, des Körperschaftsteuergesetzes, des Gewerbesteuergesetzes, des Bewertungsgesetzes, des Steuersäumnisgesetzes, der Reichsabgabenordnung und
anderer Gesetze (Steueränderungsgesetz 1965) vom 14.05.1965,
BStBl. I 1965 S. 217.

StÄndG 1966: Zweites Gesetz zur Überleitung der Haushaltswirtschaft des Bundes in
eine mehrjährige Finanzplanung (Steueränderungsgesetz 1966) vom
23.12.1966, BStBl. I 1967 S. 2.

StÄndG 1968: Gesetz zur Änderung steuerrechtlicher Vorschriften (Steueränderungsgesetz 1968) vom 20.02.1969, BStBl. I 1969 S. 116.

StÄndG 1977: Gesetz zur Änderung des Umsatzsteuergesetzes, des Bundeskindergeldgesetzes, des Einkommensteuergesetzes und anderer Gesetze (Steueränderungsgesetz 1977 - StÄndG 1977) vom 16.08.1977, BStBl. I 1977
S. 442.

StÄndG 1979: Gesetz zur Änderung des Einkommensteuergesetzes, des Gewerbesteuergesetzes, des Umsatzsteuergesetzes und anderer Gesetze (Steueränderungsgesetz 1979 - StÄndG 1979) vom 30.11.1978, BStBl. I 1978
S. 479.

StÄndG 1992: Gesetz zur Entlastung der Familien und zur Verbesserung der Rahmenbedingungen für Investitionen und Arbeitsplätze (Steueränderungsgesetz 1992 - StÄndG 1992) vom 25.02.1992, BGBl. I 1992 S. 297.

StEntlG 1981: Gesetz zur Steuerentlastung und Familienförderung (Steuerentlastungsgesetz 1981 - StEntlG 1981) vom 16.08.1980, BStBl. I 1980 S. 534.

Steuerbereinigungsgesetz 1985: Steuerbereinigungsgesetz 1985 vom 14.12.1984,
BStBl. I 1984 S. 659.

Steuerreformgesetz 1990: Steuerreformgesetz 1990 vom 25.07.1988, BStBl. I 1988
S. 224.

StSenkG 1986/1988: Gesetz zur leistungsfördernden Steuersenkung und zur Entlastung
der Familie (Steuersenkungsgesetz 1986/1988 - StSenkG 1986/1988)
vom 26.06.1985, BStBl. I 1985 S. 391.

SubvAbG: Gesetz zum Abbau von Subventionen und sonstigen Vergünstigungen, zur
Erhöhung der Postablieferung sowie zur Klarstellung von Wohngeld-
regelungen (Subventionsabbaugesetz - SubvAbG) vom 26.06.1981,
BStBl. I 1981 S. 523.

WoBauFG: Gesetz zur steuerlichen Förderung des Wohnungsbaus und zur Ergänzung
des Steuerreformgesetzes 1990 (Wohnungsbauförderungsgesetz -
WoBauFG) vom 22.12.1989, BStBl. I 1989 S. 505.

Zinsabschlaggesetz: Gesetz zur Neuregelung der Zinsbesteuerung (Zinsabschlaggesetz) vom 09.11.1992, BStBl. I 1992 S. 682.

Zweites Gesetz zur vorläufigen Neuordnung von Steuern vom 20.04.1949, WiGBl. 1949 S. 69.

2. HStruktG: Zweites Gesetz zur Verbesserung der Haushaltsstruktur (2. Haushaltsstrukturgesetz - 2. HStruktG) vom 22.12.1981, BStBl. I 1982 S. 235.

2. KVÄG: Gesetz zur Weiterentwicklung des Rechts der gesetzlichen Krankenversicherung (Zweites Krankenversicherungsänderungsgesetz - 2. KVÄG) vom 21.12.1970, BStBl. I 1971 S. 114.

2. Vermögensbildungsgesetz: Zweites Gesetz zur Förderung der Vermögensbildung der Arbeitnehmer durch Kapitalbeteiligungen (Zweites Vermögensbildungsgesetz) vom 19.12.1986, BStBl. I 1987 S. 231.

2. Ausführungsanweisungen und Verfügungen

Alliierte Hohe Kommission für Deutschland: Schreiben vom 21.04.1950, BT-Drucks. 1/854.

Ausführungsanweisungen 1891: Anweisung des Finanzministers vom 5. August 1891 zur Ausführung des Einkommensteuergesetzes vom 24. Juni 1891, in: Wilmowski, B. v., PreußEStG 1891 (1896), S. 179-246.

Ausführungsanweisungen 1900: Anweisung des Finanzministers vom 6. Juli 1900 zur Ausführung des Einkommensteuergesetzes vom 24. Juni 1891, in: Fuisting, B./Strutz, G., PreußEStG 1891 (1903), S. 221-425.

BMF, Schreiben des BMF vom 31.08.1979 - IV B 4 - S 2252 - 77/79, Betr.: Steuerliche Behandlung der rechnungsmäßigen und außerrechnungsmäßigen Zinsen aus Lebensversicherungen, BStBl. I 1979 S. 592-595.

BMF, Schreiben des BMF vom 03.12.1992 - IV B 6 - S 2361 - 75/92, Betr.: Beschluß des Bundesverfassungsgerichts vom 25. September 1992 (BGBl. I S. 1851), hier: Steuerfreistellung des Existenzminimums im Lohnsteuerabzugsverfahren für 1993, BStBl. I 1992 S. 736-737.

BMF, Schreiben des BMF vom 21.12.1992 - IV B1 - S 2221 - 210/92 / IV B 2 - S 2134 - 90/92, Betr.: Anwendung des § 10 Abs. 2 Satz 2 und des § 52 Abs. 13a Satz 4 EStG in der Fassung des Steueränderungsgesetzes 1992 vom 25. Februar 1992 (BGBl. I S. 297, BStBl. I S. 146), BStBl. I 1993 S. 10-13.

BMF, Schreiben des BMF vom 23.12.1992 - IV B 1 - S 2297 - 31/92, Betr.: Beschluß des Bundesverfassungsgerichts vom 25. September 1992 (BGBl. I S. 1851), hier: Steuerfreistellung des Existenzminimums im Einkommensteuervorauszahlungsverfahren für 1993, BStBl. I 1993 S. 14-15.

EStDV 1941: Einkommensteuer-Durchführungsverordnung vom 07.12.1941, RGBl. I 1941 S. 751.

EStDV 1948: Verordnung zur Änderung der Einkommensteuer-Durchführungsverordnung vom 16.10.1948, BFABl., 3. Jg. (1948), S. 297.

EStER 1943: Einkommensteuer-Ergänzungsrichtlinien i.d.F. des RdF-Erlaß vom 24.02.1944 - S 2209 - 1150 III -, RStBl. 1944 S. 65.

EStR 1941: Einkommensteuer-Richtlinien für 1941, RStBl. 1942 S. 97.

Instruktion 1877: Instruktion vom 3. Januar 1877, IV.45, betreffend die Feststellung des der Klassen- und klassifizirten Einkommensteuer unterliegenden Einkommens, in: Meißen, R. (Hrsg.) (Klassensteuer): Die Vorschriften über die Klassen- und klassifizirte Einkommensteuer in Preußen, 2. Aufl., Berlin 1887, S. 91-139.

RdF-Erlaß vom 14.05.1942 - S 2184 A - 50 III, BStBl. 1942 S. 507.

3. Stenographische Berichte und Drucksachen

Bundeskanzler: Entwurf eines Gesetzes zur Änderung steuerlicher Vorschriften und zur Sicherung der Haushaltsführung, BT-Drucks. 1/4092.

Bundeskanzler (EStÄndG): Entwurf eines Gesetzes zur Änderung des Einkommensteuergesetzes, BT-Drucks. 1/317.

Bundeskanzler (ESt- und KStÄndG 1951): Entwurf eines Gesetzes zur Änderung und Vereinfachung des Einkommensteuergesetzes und des Körperschaftsteuergesetzes (ESt- und KSt-Änderungsgesetz 1951), BT-Drucks. 1/1982.

Bundeskanzler (Gesetz zur Änderung steuerlicher Vorschriften): Entwurf eines Gesetzes zur Änderung steuerlicher Vorschriften auf dem Gebiet der Steuern vom Einkommen und Ertrag und des Verfahrensrechts, BT-Drucks. 3/260.

Bundeskanzler (Gesetz zur Neuordnung von Steuern): Entwurf eines Gesetzes zur Neuordnung von Steuern, BT-Drucks. 2/481.

Bundeskanzler (StÄndG 1961): Entwurf eines Gesetzes zur Änderung des Einkommensteuergesetzes, des Körperschaftsteuergesetzes, des Gewerbesteuergesetzes, des Bewertungsgesetzes, des Vermögensteuergesetzes, des Steuersäumnisgesetzes, der Reichsabgabenordnung, des Steueranpassungsgesetzes und des Gesetzes zur Förderung der Wirtschaft von Berlin (West) - Steueränderungsgesetz 1961 -, BT-Drucks. 3/2573.

Bundeskanzler (StÄndG 1964): Entwurf eines Gesetzes zur Änderung des Einkommensteuergesetzes, des Körperschaftsteuergesetzes, des Spar-Prämiengesetzes, des Wohnungsbau-Prämiengesetzes und anderer Gesetze (Steueränderungsgesetz 1964), BT-Drucks. 4/2400.

Bundeskanzler (StÄndG 1966): Entwurf eines Zweiten Gesetzes zur Überleitung der Haushaltswirtschaft des Bundes in eine mehrjährige Finanzplanung (Steueränderungsgesetz 1966), BT-Drucks. 5/1068.

Bundeskanzler (2. KVÄG): Entwurf eines Gesetzes zur Änderung des Rechts der gesetzlichen Krankenversicherung (Zweites Krankenversicherungsänderungsgesetz - 2. KVÄG), BT-Drucks. 6/1130.

Bundesregierung (Drittes Steuerreformgesetz): Entwurf eines Dritten Steuerreformgesetzes, BT-Drucks. 7/1470.

Bundesregierung: Entwurf eines Gesetzes zur Änderung und Vereinfachung des Einkommensteuergesetzes und anderer Gesetze, BT-Drucks. 8/3688.

Bundesregierung (Gesetz zur Änderung des Steuerreformgesetzes 1990): Entwurf eines Gesetzes zur Änderung des Steuerreformgesetzes 1990 sowie zur Förderung des Mietwohnungsbaus und von Arbeitsplätzen in Privathaushalten, BT-Drucks. 11/4688.

Bundesregierung (StÄndG 1977): Entwurf eines Gesetzes zur Änderung des Umsatzsteuergesetzes, des Bundeskindergeldgesetzes, des Einkommensteuergesetzes und anderer Gesetze (Steueränderungsgesetz 1977 - StÄndG 1977-), BT-Drucks. 8/292.

Bundesregierung (StÄndG 1979): Entwurf eines Gesetzes zur Änderung des Einkommensteuergesetzes, des Gewerbesteuergesetzes, des Umsatzsteuergesetzes und anderer Gesetze (Steueränderungsgesetz 1979 - StÄndG 1979), BT-Drucks. 8/2118.

Bundesregierung (StEntlG 1981): Entwurf eines Gesetzes zur Steuerentlastung und Familienförderung (Steuerentlastungsgesetz 1981 - StEntlG 1981 -), BT-Drucks. 8/3901.

Bundesregierung (StSenkG): Entwurf eines Gesetzes zur leistungsfördernden Steuersenkung und zur Entlastung der Familie (Steuersenkungsgesetz - StSenkG), BT-Drucks. 10/2884.

Bundesregierung (Zinsabschlaggesetz): Entwurf eines Gesetzes zur Neuregelung der Zinsbesteuerung (Zinsabschlaggesetz), BT-Drucks. 12/2501.

Crispien und Genossen (EStÄndG 1922 I): Entwurf eines Gesetzes zur Änderung des Einkommensteuergesetzes, RT-Drucks. 1/4203.

Finanzausschuß (Steuerreformgesetz 1990): Erster Bericht des Finanzausschusses (7. Ausschuß) zu dem Gesetzentwurf der Fraktionen der CDU/CSU und FDP - Drucksache 11/2157 - Entwurf eines Steuerreformgesetzes 1990, zu dem Gesetzentwurf der Bundesregierung - Drucksache 11/2266, 11/2299 - Entwurf eines Steuerreformgesetzes 1990, BT-Drucks. 11/2536.

Finanzminister (PreußEStG 1891): Entwurf eines Einkommensteuergesetzes vom 3. November 1890, FinArch., 7. Jg. (1890), S. 643-708.

Fraktionen der CDU/CSU, DP, DA (EStÄndG): Entwurf eines Gesetzes zur Änderung des Einkommensteuergesetzes, BT-Drucks. 2/2283.

Fraktionen der CDU/CSU, DP, FVP (ESt- und KStÄndG): Entwurf eines Gesetzes zur Änderung des Gesetzes zur Änderung des Einkommensteuergesetzes und des Körperschaftsteuergesetzes, BT-Drucks. 2/2724.

Fraktionen der CDU/CSU und FDP (Haushaltsbegleitgesetz 1983): Entwurf eines Gesetzes zur Wiederbelebung der Wirtschaft und Beschäftigung und zur Entlastung des Bundeshaushalts (Haushaltsbegleitgesetz 1983), BT-Drucks. 9/2074.

Fraktionen der CDU/CSU und FDP (StÄndG 1992): Entwurf eines Gesetzes zur Entlastung der Familien und zur Verbesserung der Rahmenbedingungen für Investitionen und Arbeitsplätze (Steueränderungsgesetz 1992 - StÄndG 1992), BT-Drucks. 12/1108.

Fraktionen der CDU/CSU und FDP (Steuerreformgesetz 1990): Entwurf eines Steuerreformgesetzes 1990, BT-Drucks. 11/2157.

Fraktionen der SPD und FDP (2. HStruktG): Entwurf eines Zweiten Gesetzes zur Verbesserung der Haushaltsstruktur (2. Haushaltsstrukturgesetz - 2. HStruktG), BT-Drucks. 9/795.

Lückhoff u.a. (Antrag): Antrag zu der zweiten Berathung des Entwurfs eines Einkommensteuergesetzes - Nr. 75 der Drucksachen -, HdA-Drucks. Session 1890-91/101.

Marx, Emminger und Genossen (Änderung des EStG): Entwurf eines Gesetzes zur Änderung des Einkommensteuergesetzes, RT-Drucks. 1/3129.

o.V.: Entwurf eines Kapitalertragsteuergesetzes, DNV-Drucks. 1625.

o.V. (EStG 1920): Entwurf eines Reichseinkommensteuergesetzes, DNV-Drucks. 1624.

o.V. (EStG 1934): Begründung zum Einkommensteuergesetz vom 16. Oktober 1934 (Reichsgesetzbl. I S. 1005), RStBl. 1935 S. 33-60.

o.V. (ESt- und Ergänzungssteueränderungsgesetz I): Entwurf eines Gesetzes betreffend die Abänderung des Einkommensteuergesetzes und des Ergänzungssteuergesetzes, HdA-Drucks. Session 1905-06/9.

o.V. (ESt- und Ergänzungssteueränderungsgesetz II): Entwurf eines Gesetzes betreffend die Änderung des Einkommensteuergesetzes und des Ergänzungssteuergesetzes, HH-Drucks. Session 1905-06/106.

o.V. (Zusammenstellung 1891): Zusammenstellung des Entwurfs eines Einkommensteuergesetzes - Nr. 5, Nr. 75 und Zu Nr. 75 der Drucksachen - mit den in der zweiten Berathung im Plenum des Abgeordnetenhauses über denselben gefaßten Beschlüssen, HdA-Drucks. Session 1890-91/153.

o.V. (Zusammenstellung 1920 I): Zusammenstellung des Entwurfs eines Gesetzes zur Änderung des Einkommensteuergesetzes vom 29. März 1920 - Nr. 1205 der Drucksachen - mit den Beschlüssen des 11. Ausschusses, RT-Drucks. 1/1710.

o.V. (Zusammenstellung 1920 II): Zusammenstellung des Entwurfs eines Gesetzes zur Änderung des Einkommensteuergesetzes - Nr. 5195 der Drucksachen - mit den Beschlüssen des 11. Ausschusses, RT-Drucks. 1/5335.

RdF (EStÄndG 1921 I): Entwurf eines Gesetzes zur Änderung des Einkommensteuergesetzes vom 29. März 1920, RT-Drucks. 1/1205.

RdF (EStÄndG 1922 II): Entwurf eines Gesetzes zur Änderung des Einkommensteuergesetzes, RT-Drucks. 1/5195.

RdF (EStÄndG 1927): Entwurf eines Gesetzes zur Änderung des Einkommensteuergesetzes, RT-Drucks. 3/3772.

RdF (EStG 1925): Entwurf eines Einkommensteuergesetzes, RT-Drucks. 3/795.

RdF (Gesetzes über die Senkung der Lohnsteuer): Entwurf eines Gesetzes über die Senkung der Lohnsteuer, RT-Drucks. 3/1629.

Richter (Antrag): Antrag zu der zweiten Berathung des Entwurfs eines Einkommensteuergesetzes - Nr. 75 der Drucksachen -, HdA-Drucks. Session 1890-91/99.

Rickert (Antrag): Antrag zu der zweiten Berathung des Entwurfs eines Einkommensteuergesetzes - Nr. 75 der Drucksachen -, HdA-Drucks. Session 1890-91/113.

Stenographische Berichte, Deutsche Nationalversammlung: Verhandlungen der verfassunggebenden Deutschen Nationalversammlung, Bd. 332, Berlin 1920.

Stenographische Berichte, Haus der Abgeordneten 1891: Stenographische Berichte über die Verhandlungen der durch die Allerhöchste Verordnung vom 21. Oktober 1890 einberufenen beiden Häuser des Landtages, Haus der Abgeordneten, Bd. 2 und 3, Berlin 1891.

Stenographische Berichte, Haus der Abgeordneten 1906: Stenographische Berichte über die Verhandlungen des Preußischen Hauses der Abgeordneten, 20. Legislaturperiode, II. Session 1905/06, Bd. 1 und 4, Berlin 1906.

Stenographische Berichte, Herrenhaus 1891: Stenographische Berichte über die Verhandlungen der durch die Allerhöchste Verordnung vom 21. Oktober 1890 einberufenen beiden Häuser des Landtages der Monarchie, Herrenhaus, Bd. 1, Berlin 1891.

Stenographische Berichte, Herrenhaus 1906: Stenographische Berichte über die Verhandlungen des Preußischen Herrenhauses in der Session 1905/06, Berlin 1906.

Stenographische Berichte, Reichstag 1925: Verhandlungen des Reichstags, III. Wahlperiode 1924, Bd. 387 und 394, Berlin 1925.

6. Ausschuß (Bericht): Bericht des 6. Ausschusses (Steuerfragen) über den Entwurf eines Einkommensteuergesetzes - Nr. 795 der Drucksachen -, RT-Drucks. 3/1229.

6. Ausschuß (Mündlicher Bericht): Mündlicher Bericht des 6. Ausschusses (Steuerfragen) über 1. den Entwurf eines Gesetzes zur Änderung des Einkommensteuergesetzes - Nr. 3772 der Drucksachen - , 2. den von den Abgeordneten Müller (Franken) und Genossen beantragten Entwurf eines Gesetzes über die Senkung der Lohnsteuer - Nr. 3649 der Drucksachen -, 3. den von den Abgeordneten Stoecker, Höllein, Dr. Neubauer und Genossen beantragten Entwurf eines Gesetzes über die Aufhebung des Steuerabzugs vom Arbeitslohn - Nr. 3696 der Drucksachen -, RT-Drucks. 3/3840.

10. Ausschuß (Bericht I): Bericht des 10. Ausschusses über den Entwurf eines Reichseinkommensteuergesetzes - Nr. 1624 der Drucksachen -, DNV-Drucks. 2149.

10. Ausschuß (Bericht II): Bericht des 10. Ausschusses über den Entwurf eines Kapitalertragsteuergesetzes - Nr. 1625 der Drucksachen -, DNV-Drucks. 2157.

10. Kommission (Bericht): Bericht der 10. Kommission über den Entwurf eines Einkommensteuergesetzes - Nr. 5 der Drucksachen -, HdA-Drucks. Session 1890-91/75.

11. Ausschuß (Bericht): Mündlicher Bericht des 11. Ausschusses über den von den Abgeordneten Marx, Emminger und Genossen beantragten Entwurf eines Gesetzes zur Änderung des Einkommensteuergesetzes - Nr. 3129 der Drucksachen -, RT-Drucks. 1/3228.

11. Kommission (Bericht 1891): Bericht der 11. Kommission über den Entwurf eines Einkommensteuergesetzes - Nr. 52 der Drucksachen -, HH-Drucks. Session 1890-91/77.

11. Kommission (Bericht 1906 I): Bericht der 11. Kommission über den Gesetzentwurf, betreffend die Abänderung des Einkommensteuergesetzes und des Ergänzungssteuergesetzes, Drucksachen Nr. 9, A und B zu Nr. 9, HdA-Drucks. Session 1905-06/259.

11. Kommission (Bericht 1906 II): Bericht der 11. Kommission über den Gesetzentwurf, betreffend die Abänderung des Einkommensteuergesetzes und des Ergänzungssteuergesetzes - Nr. 106 und Zu Nr. 106 der Drucksachen - sowie über den Antrag Graf von Mirbach-Sorquitten zum Entwurf eines Gesetzes, betreffend die Abänderung des Ergänzungssteuergesetzes vom 14. Juli 1893 (Gesetzsamml. S. 134) - Nr. 94 der Drucksachen -, HH-Drucks. Session 1905-06/113.

11. Steuerausschuß (Bericht): Mündlicher Bericht des 11. (Steuer-) Ausschusses über den von den Abgeordneten Crispien und Genossen eingebrachten Entwurf eines Gesetzes zur Änderung des Einkommensteuergesetzes - Nr. 4203 der Drucksachen, RT-Drucks. 1/4768.

Entscheidungsregister

1. Bundesverfassungsgericht

BVerfG, Beschluß vom 30.06.1964 - 1 BvL 16 bis 25/62, DB, 17. Jg. (1964), S. 1094-1095.

BVerfG, Beschluß vom 02.10.1969 - 1 BvL 12/68, BVerfGE, Bd. 27, S. 58-70.

BVerfG, Beschluß vom 07.11.1972 - 1 BvR 338/68, BVerfGE, Bd. 34, S. 103-118.

BVerfG, Beschluß vom 23.11.1976 - 1 BvR 150/75, BVerfGE, Bd. 43, S. 108-125.

BVerfG, Beschluß vom 11.10.1977 - 1 BvR 343/73, 83/74, 183 und 428/75, BVerfGE, Bd. 47, S. 1-33.

BVerfG, Beschluß vom 26.03.1980 - 1 BvR 121, 122/76, BVerfGE, Bd. 54, S. 11-39.

BVerfG, Beschluß vom 03.11.1982 - 1 BvR 620/78, 1335/78, 1104/ 79 und 363/80, BVerfGE, Bd. 61, S. 319-357.

BVerfG, Beschluß vom 22.02.1984 - 1 BvL 10/80, BVerfGE, Bd. 66, S. 214-226.

BVerfG, Beschluß vom 04.10.1984 - 1 BvR 789/79, BVerfGE, Bd. 67, S. 290-299.

BVerfG, Beschluß vom 17.10.1984 - 1 BvR 527/80, 528/81 und 441/82, BVerfGE, Bd. 68, S. 143-155.

BVerfG, Beschluß vom 29.05.1990 - 1 BvL 20, 26, 184 und 4/86, BVerfGE, Bd. 82, S. 60-105.

BVerfG, Beschluß vom 12.06.1990 - 1 BvL 72/86, BVerfGE, Bd. 82, S. 198-208.

BVerfG, Beschluß vom 27.06.1991 - 2 BvR 1493/89, BVerfGE, Bd. 84, S. 239-285.

BVerfG, Beschluß vom 24.06.1992 - 1 BvR 459, 467/87, BVerfGE, Bd. 86, S. 369-381.

BVerfG, Beschluß vom 25.09.1992 - 1 BvL 5, 8, 14/91, BVerfGE, Bd. 87, S. 153-181.

2. Bundesfinanzhof

BFH, Urteil vom 18.09.1952 - IV 70/49 U, BStBl III. 1952 S. 290-292.

BFH, Urteil vom 20.11.1952 - IV 6/52 U, BStBl. III 1953 S. 36-38.

BFH, Urteil vom 05.02.1953 - IV 41/49 U, BStBl. III 1953 S. 105-106.

BFH, Urteil vom 11.02.1954 - IV 331/53 U, BFHE, Bd. 58, S. 597-601.

BFH, Urteil vom 04.05.1955 - IV 579/53, DB, 8. Jg. (1955), S. 743.

BFH, Urteil vom 07.08.1959 - VI 284/58 U, BStBl. III 1959 S. 463-464.

3. Reichsfinanzhof

RFH, Urteil vom 01.10.1924 - VIe A 181/24, RStBl. 1925 S. 10-11.

RFH, Urteil vom 06.05.1925 - VI A 102/25, RFHE, Bd. 16, S. 179-180.

RFH, Urteil vom 03.12.1927 - VI A 597/27, StuW, 7. Jg. (1928 II), Nr. 66, Sp. 117-119.

RFH, Urteil vom 07.05.1930 - VI A 827/27, StuW, 9. Jg. (1930 II), Nr. 975, Sp. 1417-1421.

RFH, Urteil vom 07.05.1930 - VI A 1483/28, StuW, 9. Jg. (1930 II), Nr. 979, Sp. 1425-1426.

RFH, Urteil vom 14.05.1930 - VI A 706/28, StuW, 9. Jg. (1930 II), Nr. 973, Sp. 1408-1415.

RFH, Urteil vom 12.12.1934 - VI A 1284/33, StuW, 14. Jg. (1935 II), Nr. 90, Sp. 208-211.

RFH, Urteil vom 27.03.1935 - VI A 905/34, StuW, 14. Jg. (1935 II), Nr. 279, Sp. 669-670.

RFH, Urteil vom 29.05.1935 - VI A 671/34, StuW, 14. Jg. (1935 II), Nr. 467, Sp. 1108-1109.

RFH, Urteil vom 14.10.1936 - VI A 82/36, RStBl. 1937 S. 110.

RFH, Urteil vom 16.01.1942 - IV 75/41, RStBl. 1942 S. 364-365.

Betriebswirtschaftliche Steuerlehre

Eine Einführung für Fortgeschrittene

von

Dr. Dr. h. c. Gerd Rose

Steuerberater
Universitätsprofessor (em.) der Betriebswirtschaftslehre an der Universität zu Köln

Die Bedeutung der Steuerkomponente für wirtschaftliche Entscheidungen in Unternehmungen ist groß und nimmt weiter zu. Bedarfsgerecht hat die Betriebswirtschaftslehre deshalb in den letzten zwei Jahrzehnten ihre Anstrengungen zur Erforschung und Verdeutlichung der zahlreichen einschlägigen Einflüsse und Reaktionen vervielfacht: die Teildisziplin „Betriebswirtschaftliche Steuerlehre" ist – auch im Hinblick auf die Aufgaben der modernen Steuerberatungspraxis – stark ausgebaut worden.

Zwischen den Darstellungen der steuerrechtlichen Grundlagen und den vertieften Spezialbearbeitungen in wissenschaftlichen Monographien und Aufsätzen klaffte aber bisher eine breite Lücke. Sie machte es dem Interessierten schwer, sich über die Gesamtheit der Tatsachen und Probleme zu informieren, die für die Unternehmensbesteuerung von Relevanz sind.

Roses „Betriebswirtschaftliche Steuerlehre" schließt diese Lücke. Zupackend, konkret und sachkundig erörtert der bekannte Autor darin in gestraffter, durch viele Abbildungen unterstützter Form das Umfeld, die Aufgaben und Methoden der Betriebswirtschaftlichen Steuerlehre, die Einflüsse der Besteuerung auf Standort, Rechtsform und Betriebsverbindungen, die betrieblichen Prozesse und Funktionen (z. B. Investition, Finanzierung, Absatz) sowie die steuerlichen Optionen (Rechnungspolitik, Ausnutzung von Rechtswahlmöglichkeiten).

Besonders intensiv werden u. a. die Quantifizierung der Steuerwirkung mit Hilfe der Teilsteuerrechnung, die steuerbedingten Unterschiede zwischen den Unternehmensrechtsformen und die Besteuerung von Umwandlungen und Verschmelzungen behandelt.

Betriebswirtschaftlicher Verlag Dr. Th. Gabler, Taunusstraße 54, 65183 Wiesbaden

Betrieb und Steuer

Grundlagen zur Betriebswirtschaftlichen Steuerlehre

von

Dr. Dr. h. c. Gerd Rose

Steuerberater
Universitätsprofessor (em.) der Betriebswirtschaftslehre an der Universität zu Köln

Erstes Buch
Die Ertragsteuern
Einkommensteuer, Körperschaftsteuer, Gewerbeertragsteuer

Zweites Buch
Die Verkehrsteuern
Umsatzsteuer, Gesellschaftsteuer, Grunderwerbsteuer u. a.

Drittes Buch
Die Substanzsteuern
Bewertungsgesetz, Vermögensteuer, Grundsteuer,
Gewerbekapitalsteuer, Erbschaft- und Schenkungsteuer

Viertes Buch
Grundzüge des Besteuerungsverfahrens

Fünftes Buch
Grundzüge des Internationalen Steuerrechts
Doppelbesteuerung, Internationale Minderbesteuerung,
Unternehmensaktivitäten im Ausland

Betriebswirtschaftlicher Verlag Dr. Th. Gabler, Taunusstraße 54, 65183 Wiesbaden